JN081565

How-nual　Shuwasystem Industry Trend Guide Book

図解入門
業界研究

最新 福祉ビジネスの動向とカラクリがよくわかる本

業界人、就職、転職に役立つ情報満載

大坪 信喜 著

秀和システム

●**注意**

(1) 本書は著者が独自に調査した結果を出版したものです。

(2) 本書は内容について万全を期して作成いたしましたが、万一、ご不審な点や誤り、記載漏れなどお気付きの点がありましたら、出版元まで書面にてご連絡ください。

(3) 本書の内容に関して運用した結果の影響については、上記(2)項にかかわらず責任を負いかねます。あらかじめご了承ください。

(4) 本書の全部または一部について、出版元から文書による承諾を得ずに複製することは禁じられています。

(5) 本書に記載されているホームページのアドレスなどは、予告なく変更されることがあります。

(6) 商標

本書に記載されている会社名、商品名などは一般に各社の商標または登録商標です。

はじめに

「福祉業界は、特殊な業界ですね」――一〇年ほど前、地方の講演先で、ある受講者から投げかけられた言葉を思い出しています。その当時、すでに多くの人が、異業種から福祉事業に参入されていました。一般的な業種から参入して、初めて感じる戸惑いやカルチャーショックが、そのような「問いかけ」になったのでしょう。実際、私も、二五年前に電機メーカーから転職してきて、そう感じた一人です。

福祉業界は、外から見ているだけでは、なかなかわかりづらく、中に入ってみて初めてわかることが多いのも事実です。かつての自分の経験をもとに、他業種から福祉業界に参入する経営者、事業者、また転職を考えている人に、少しでもお役に立てる情報をと考えて、この本を書きました。

私が転職した当時の福祉業界は、いうなればニッチな産業だったと思いますが、あれから二五年経って見渡しますと、保育・障害・介護の制度ビジネスだけでも市場規模は一五兆円を優に超え、従事者も三五〇万人を数える一大産業になりました。しかし残念ながら、他産業と比べると一般の大学生の関心は低く、一部の法人企業を除いて、新卒大学生の採用率は極めて低いのが現状ではないでしょうか。私は、福祉業界が真の意味で成長産業になるためには、現役の大学生や高校生から注目してもらわなければならないと思っています。多くの大学生や高校生に、福祉に興味を持ってもらいたい、加えて、福祉業界の将来を担っていただきたいという思いから、福祉系以外の一般大学生に向けたメッセージも盛り込みました。

「社会事業といえども〝良き思い〟だけでは存続できない時代になってくる。これからの社会事業には、企業が備えている〝戦略とマネジメント〟が不可欠になるだろう」。アメリカの著名な社会起業家がこう述べています。福祉業界は、いままでの〝良き思いの家内工業〟から脱却し、〝戦略とマネジメント〟を携えた、科学的な経営へと変革していかなくてはならない時代になっているのではないでしょうか。その変革に成功すれば、結果として現役の大学生や高校生にも注目されるようになるのではないかと思います。

社会福祉制度改革推進法では、「自助・互助・共助・公助」を以下のように定義しています。「自助」とは、自ら働いて、または自らの年金収入等により、自らの生活を支え、自らの健康は自ら維持すること。「互助」とは、インフォーマルな相互扶助であり、例えば近隣での助け合いやボランティア等。「共助」とは、社会保険のような制度化された相互扶助。「公助」とは、自助・互助・共助では対応できない困窮等に対し、所得や生活水準・家庭状況等の受給要件を定めた上で、必要な生活保障を行う社会福祉等とされています。

昨今の社会構造の変化や、それに伴う政策、さらには人々の生活スタイルの変化によって、福祉ビジネスの範疇（はんちゅう）はますます拡大を続け、現在では、自助以外のすべてが、福祉ビジネスの対象のように感じます。仮に、高齢者の健康維持までを福祉と捉えるなら、自助さえも福祉ビジネスになる勢いです。このように、福祉ビジネスは、日に日に拡大を続けているわけですが、この本では、主に共助と公助の制度ビジネスについて書いていることをお断りしておきます。

最後に、社会福祉法人ゆずの木の理事長・山口義明様には、本書をまとめるにあたって、貴重なお時間を割いていただきましたことを深く感謝申し上げます。また、株式会社秀和システム編集本部には、細部にわたりエビデンスを確認していただき、筆者の誤りに気付かせてくださったことを改めてお礼申し上げます。

この本が、賢明な読者の皆様の一助になりますことを心より願っております。

令和二年初冬　大坪 信喜

How-nual 図解入門 業界研究

最新福祉ビジネスの動向とカラクリがよくわかる本

●目次

第3章 福祉業界のビジネス

第4章 福祉業界の経営実態

第5章 福祉事業の経営ノウハウ

第6章 福祉業界で働く人々

第7章 福祉業界の周辺ビジネス

第1章

福祉業界の制度と仕組み

福祉業界には戦後から続く歴史があり、様々な制度が整備されています。本章では日本の福祉制度の変遷をみた上で、主な制度の仕組みや福祉業界の課題について解説します。

福祉制度の歴史

我が国の福祉制度は、戦後の混乱からの復興を目指して、救貧対策を中心に整備されていきました。また、日本国憲法の思想が色濃く反映されたものであり、それが現在の福祉制度にも受け継がれています。

福祉三法から始まる

戦後の日本の福祉制度は、一九四六（昭和二一）年の**生活保護法**、一九四七（昭和二二）年の**児童福祉法**、一九四九（昭和二四）年の**身体障害者福祉法**の、いわゆる**福祉三法**から始まります。

その後、一九五一（昭和二六）年に成立した**社会福祉事業法**では、福祉事業を**第一種社会福祉事業**と**第二種社会福祉事業**に分けて、福祉事業の範囲を明確化し、併せて、特別な公益法人としての**社会福祉法人制度**を創設しました。これにより、戦後の社会福祉の基盤が、ほぼ確立したといえるでしょう。

社会福祉事業法は、**日本国憲法第二五条（生存権）**＊を根拠としていますが、昭和二六年というと戦後間もない時代で、戦争で被災された方がなんと九七〇万人もいて、国中に戦災孤児や傷痍（しょうい）軍人、戦争未亡人があふれていました。そうした時代背景から、「被災された方の保護・救済」が主な目的であったようです。

社会福祉事業法により、戦災孤児を入所させる児童養護施設、傷痍軍人のための身体障害者更生施設、貧しい人たちのための救護施設といった入所施設が、社会福祉法人により整備されていきます。

＊**日本国憲法第25条**　1項で「すべて国民は、健康で文化的な最低限度の生活を営む権利を有する」、2項で「国は、すべての生活部面について、社会福祉、社会保障及び公衆衛生の向上及び増進に努めなければならない」と定めている。

老人福祉法が制定

その後、昭和三〇年代に入って**知的障害者福祉法、老人福祉法、母子及び父子並びに寡婦福祉法**が加わり、**福祉六法**といわれる時代が到来し、現在につながる福祉の諸制度が整備されました。

とりわけ、一九六三（昭和三八）年に制定された老人福祉法は、当時、世界に類のない法律として、**養護老人ホーム、特別養護老人ホーム**そして**軽費老人ホーム**の３種類の老人ホームと、**老人デイサービスセンター、老人短期入所施設、老人家庭奉仕員（ホームヘルパー）**といった在宅サービスが整備され、高齢者介護の基盤が築かれ、二〇〇〇（平成一二）年に導入された**介護保険制度**へと引き継がれています。

福祉関連年表と社会の動き（図表1）

西暦(和暦)年	月	福祉関連年表と社会の動き
1945(昭和20)	8	広島・長崎に原子爆弾投下
〃	8	終戦(ポツダム宣言受諾)
1946(昭和21)	9	生活保護法公布(10月施行)
〃	11	日本国憲法公布('47年5月施行)
1947(昭和22)	12	児童福祉法公布
1949(昭和24)	12	身体障害者福祉法公布
1951(昭和26)	3	社会福祉事業法公布(6月施行)
1958(昭和33)	12	国民健康保険法公布('59年1月施行)
1959(昭和34)	4	国民年金法制定
1960(昭和35)	3	精神薄弱者福祉法(現在の知的障害者福祉法)公布(4月施行)
1961(昭和36)	4	国民皆年金・皆保険制度が発足

西暦（和暦）年	月	福祉関連年表と社会の動き
1963（昭和38）	7	老人福祉法公布（8月施行）
1964（昭和39）	7	母子福祉法施行
〃	10	東京オリンピック開催
1987（昭和62）	5	社会福祉士及び介護福祉士法公布
1989（平成元）	12	ゴールドプラン策定
1990（平成2）	2	株価の暴落（バブル経済の崩壊）
1994（平成6）	12	エンゼルプラン策定
〃	12	新ゴールドプラン策定
1995（平成7）	1	阪神・淡路大震災発生
〃	12	障害者プラン策定
1997（平成9）	6	児童福祉法等の一部改正
〃	12	介護保険法成立（'00年4月施行）
1998（平成10）	6	「社会福祉基礎構造改革について（中間まとめ）」発表
〃	12	「社会福祉基礎構造改革を進めるに当たって（追加意見）」発表
1999（平成11）	12	ゴールドプラン21策定
2000（平成12）	4	介護保険制度施行
〃	6	社会福祉法等改正（6月一部施行、'03年4月全面施行）
2003（平成15）	4	障害者支援費制度施行
2004（平成16）	10	新潟県中越地震発生
2005（平成17）	4	個人情報保護法施行
〃	6	介護保険法改正（'06年4月施行）
〃	10	障害者自立支援法公布（'06年4月施行）
2006（平成18）	6	認定こども園設置法公布（10月施行）
2007（平成19）	7	新潟県中越沖地震発生
〃	12	老人福祉法改正
2008（平成20）	2	新待機児童ゼロ作戦発表

（全国社会福祉協議会資料を参考に筆者作成）

2 措置制度

我が国の福祉制度は、半世紀以上にわたって、措置制度により運用されてきました。ここでは、措置制度の仕組みと功罪についてみていきます。

措置制度の問題点

第一種社会福祉事業と第二種社会福祉事業で規定された福祉サービスは、戦後五〇年あまり、**措置制度**と呼ばれるシステムで運用されました。措置とは、行政処分を意味しますが、措置制度は、行政処分により、限られた恵まれない人（社会的弱者）に対して、資産調査等を行い、要件を満たした場合だけ、行政が指定する施設等の福祉サービスを利用することができるというものです。そして、施設の運営費は、措置費という名目で、一〇〇%公費で賄われる仕組みでした。

この措置制度は、財政面や弱者救済という点で、当初は合理的であったわけですが、時代が移り変わるとともに、次第に次のような問題が表出してきます。

①利用者がサービスや施設を選択できる仕組みではない（行政主導）。

②利用者とサービス提供者の関係が対等ではない（提供者側に「世話をしてやっている」という意識が強い）。

③国や自治体が示す最低基準が、そのまま平均的サービスになっている（利用者ニーズ軽視）。

④施設に支払われる措置費は出来高払いではなく、定員に対する包括払い。加えて、職員の昇給を見越し

て毎年、措置単価が上昇する（財政の逼迫）。

⑤利益が出たら行政に返還しなければならない（事業の経営効率や生産性の阻害）。

利用者が限られ供給者が主体

①について補足しますと、国民の誰もが受けられるサービスではなく、利用者は選別され、希望しない施設であっても入所せざるを得ない状況でした。利用者にも「国のお世話になっているから仕方がない」というあきらめの意識が強かったといえます。

②については、いわゆる供給者主体という言葉のとおり、利用者ニーズに無頓着なことが問題視されてきました。例えば、職員の退勤時間に合わせて、夕食の時間が一六時台ということが一般的に行われていました。

③は、例えば入浴は週二回が最低基準となっていましたが、利用者がそれ以上を望んだとしても、叶えられることは、まずありませんでした。

そして、④と⑤については財政的にも経済的にもムダが多かったと思われます。④では、月初の一日の在籍者数で年間の措置費が決まるという仕組みでしたので、職員の夏休み期間中や年末年始は、できる限り利用者を外泊させるということが一般化していました。

さらには、措置費の単価が年々引き上げられ、右肩上がりで収入が増えていったので、経営努力は必要ありませんでした。逆に、経営努力をして収支差（利益という概念はありません）が出たら、所轄庁に返還しなければならないというシステムであったので、利用者をたくさん受け入れて、サービスの質を向上させ、経営効率を高めるというインセンティブは働かなかったわけです。

また、この措置制度は、社会福祉法人を中心に運用されていましたので、外部から見えにくく、その当時の多くの許認可事業と同じく**護送船団方式***といわれていました。

用語解説

＊**護送船団方式**　護送船団（戦時などに貨物船や輸送船等を敵国から守る船団）が、船団の中で最も速度の遅い船に速度を合わせて、全体の統制を確保しながら進むことにたとえて、特定の業界の中で経営体力・競争力に最も欠ける事業者（企業）が存続していけるよう、行政官庁が許認可権限などを駆使して、業界全体をコントロールすること。

措置制度（図表2）

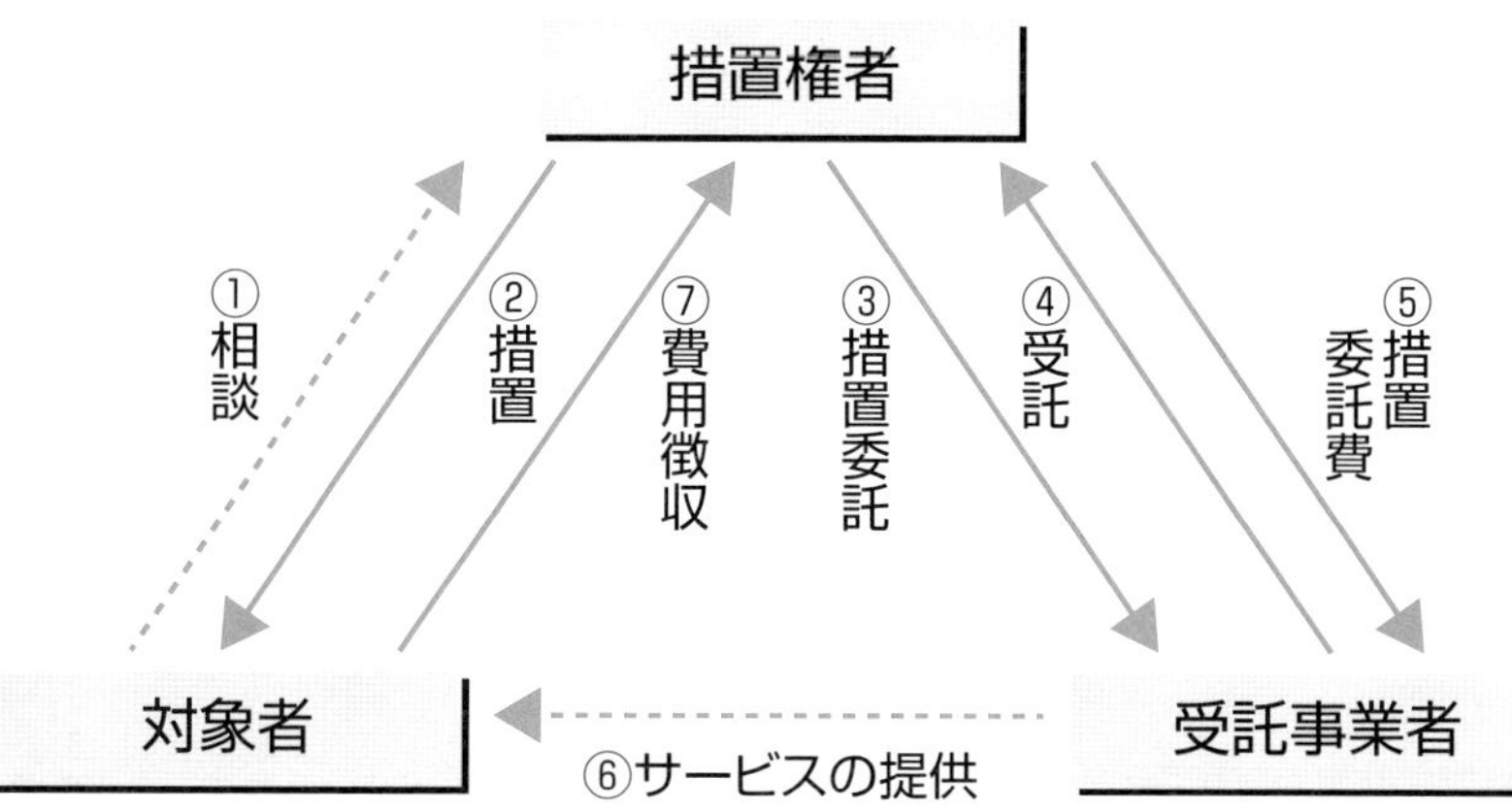

社会福祉施設の措置費（運営費・給付費）負担割合（図表3）

施設種別	措置権者	入所先施設の区分	措置費支弁者	費用負担			
				国	都道府県 指定都市 中核市	市	町村
保護施設	知事・指定都市長・中核市長	都道府県立施設 市町村立施設	都道府県・指定都市・中核市	3/4	1/4	-	-
	市長	私設施設	市	3/4	-	1/4	-
老人福祉施設	市町村長	都道府県立施設 市町村立施設 私設施設	市町村	-	-	10/10	
婦人保護施設	知事	都道府県立施設 市町村立施設	都道府県	5/10	5/10	-	-
児童福祉施設	知事・指定都市長・児童相談所設置市長	都道府県立施設 市町村立施設 私設施設	都道府県・指定都市・児童相談所設置市	1/2	1/2	-	-
母子生活支援施設 助産施設	市長	都道府県立施設	都道府県	1/2	1/2	-	-
		市町村立施設 私設施設	市	1/2	1/4	1/4	-
	知事・指定都市長・中核市長	都道府県立施設 市町村立施設 私設施設	都道府県・指定都市・中核市	1/2	1/2	-	-
保育所 幼保連携型認定こども園 小規模保育事業（所）	市町村長	私設施設	市町村	1/2	1/4	1/4	
身体障害者社会参加支援施設	知事・指定都市長・中核市長	都道府県立施設 市町村立施設	都道府県・指定都市・中核市	5/10	5/10	-	-
	市町村長	私設施設	市町村	5/10	-	5/10	

（出典：厚生労働省）

3

社会福祉基礎構造改革

バブル崩壊後、失われた一〇年を経て、福祉業界にも新自由主義の思想が導入されていきます。いわゆる規制緩和による「小さな政府」を目指し、我が国の福祉制度も抜本的な改革が行われました。

社会福祉基礎構造改革の理念

今後も変化し続けるであろう、福祉制度と福祉業界を理解するためには、一九九八(平成一〇)年の**社会福祉基礎構造改革**を押さえておく必要があります。

この社会福祉基礎構造改革は、新自由主義が唱える規制改革、つまり「**小さな政府**」で「民間ができることは民間に委ねる」という考え方をもとに一九九七(平成九)年から議論が始まりました。

社会福祉基礎構造改革の理念は、以下の七つに集約されます。

①サービスの利用者と提供者との間に対等な関係を確立する(措置から契約へ)。

②利用者本位の考え方に立って、保健・医療・福祉の総合的なサービスを最も身近な地域において構築する(保健・医療・福祉の統合)。

③利用者の幅広い需要に応えるために多様なサービス提供主体の参入を促進する(民間開放)。

④市場原理を活用することにより、サービスの質と効率性の向上を促す(福祉の市場化)。

⑤サービスの内容や評価等に関する情報を開示し、事業運営の透明性を確保する(護送船団方式からの脱却)。

⑥増大する社会福祉の費用を公平かつ公正に負担する(応能負担から応益負担へ)。

⑦自助、共助、公助があいまって、地域に根ざした個性ある福祉文化を創造する(地域包括ケア)。

契約による利用制度への転換（図表４）

契約による利用制度への転換により、利用者の選択や権利性が確保され、事業者の創意工夫を活かした経営が可能になる。

種目	契約による利用制度	措置制度
市区町村等の立場	契約による利用制度の管理者（基盤整備、利用料助成）	措置の実施者
サービス利用の決定	利用者と事業者の合意	市区町村が独自に決定
費用負担	利用者（市区町村が利用者負担を除く部分を助成。市区町村の助成に対しては、国および都道府県が一定割合を補助）	市区町村
公費負担形式	助成金（利用者補助） ・市区町村が利用者ごとに給付額を決定 ・事業者が代理受領 ・使途制限なし（報酬） ・サービス内容に応じた一律単価	措置委託費（事業者補助） ・使途制限あり（委託費） ・定員規模等により区分された単価 ・供給主体の体制等に応じた加算制度あり
利用者負担	自己負担（簡素化された所得段階別定額負担）	費用徴収（応能負担0円～全額）
事業者	指定事業者	委託事業者
不服審査	申請却下決定、助成取り消し、給付内容に対して可能	措置決定、解除、停止、変更処分に対して可能

※利用制度になじまない制度については、措置制度を存続させる。

（厚生労働省資料より著者作成）

社会福祉制度全体を介護保険化

この理念のもと、主に以下の七つの点に整理され、それが現在の福祉制度につながっています。

①時代にそぐわない一部の事業を除いて、引き続き、第一種社会福祉事業と第二種社会福祉事業を社会福祉事業と位置付ける。
②介護保険と同様、他の福祉サービスにおいても多様なサービスが提供できるよう、経営主体の規制のあり方を見直す。
③応能負担から応益負担へと変更し、負担の公平性を担保する。
④法人単位での経営を可能にするため、会計間の資金移動を弾力化し、積立金や引当金を認める。
⑤サービスの対価として得られる収入を借入金の返済に充てられるように、制限を緩和する。
⑥成年後見制度の利用や、自己決定能力が低下している利用者を援助する制度の導入・強化を促進する。
⑦職員の専任・常勤規制や業務の外部委託についての制限を緩和する。

介護保険法の成立が一九九七(平成九)年一二月。これに対して社会福祉基礎構造改革の中間取りまとめが一九九八年六月。介護保険法では、すでに措置から契約による利用制度への転換および公的保険による財源確保が打ち出されていました。

したがって、社会福祉基礎構造改革は、高齢者福祉に留まることなく、障害者、児童も含めた社会福祉制度全体を介護保険化するところにその本質があると考えられます。

4 社会福祉法人制度

現在でも我が国の福祉サービスは、社会福祉法人を中心に展開されていますが、ここでは、その社会福祉法人がなぜ生まれたのか、その生い立ちと役割、そして現状についてみていきます。

特別な公益法人としての社会福祉法人

一九五一(昭和二六)年に成立した社会福祉事業法により、特別な公益法人としての社会福祉法人制度が創設されたと述べましたが、なぜ、社会福祉法人制度が必要だったのでしょうか。これも日本国憲法と関係があります。**日本国憲法第八九条**＊【公の財産の支出及び利用の制限】では、「公金その他の公の財産は、宗教上の組織若しくは団体の使用、便益若しくは維持のため、又は公の支配に属しない慈善、教育若しくは博愛の事業に対し、これを支出し、又はその利用に供してはならない」と明記されています。

これは、公的ではない民間団体に対して、たとえ慈善、博愛といった福祉事業であっても、公金(税金)を使って補助をしてはならないという主旨です。平たくいうと、「ボランティア的なことに公金を使うな」という意味になります。

日本国憲法が成立するまでは、民間の篤志家や慈善家が、財団法人等の民間法人の形をとって、恵まれない人たちに福祉サービスを供給していました。しかし、八九条が入っていたことで、このような財団法人に対して、税金による補助の道が閉ざされてしまったのです。

用語解説

＊**日本国憲法第89条**　条文は本文に示したとおり。一般的に「良いこと」に公金を使うな、ということを示しているともみえる点で、この条文が日本の現状に合わないのではないかということは、以前から指摘されていたようだ。最近、憲法改正論議が盛んだが、こうした指摘を踏まえて改正の矢面に立たされる条文の1つともいえる。

さらには、憲法第25条では「国は社会福祉の向上、増進に努めなければならない」と定められていますが、すべての福祉サービスを国公立で供給することは、実際上、不可能なわけです。そこで国は、民間が福祉事業を行うことを可能にするために、「公の支配下」つまり、国の管理監督下に置くことのできる、特別な公益法人としての社会福祉法人制度を新たに作ることで、八九条との整合性を確保しました。

こうして、公的責任である福祉事業を民間が行うことを可能にし、併せて、公金による補助・助成を可能にしたわけです。

社会福祉法人は、第一種社会福祉事業と第二種社会福祉事業に加えて、公益事業、さらには収益事業も営むことができます。しかし、収益事業を営んでいる社会福祉法人はそう多くはありません。これは、行政の指導監査で、収益事業を行うことを善としない指導があったためです。収益事業に熱心になるあまり、本業の社会福祉事業がおろそかにならないようにとの意図があります。

ちなみに、社会福祉法人の事業にかかる税金は、収益事業を除いてすべて免除されます。

社会福祉法人の三つの分類

社会福祉法人は、その設立経緯から以下の三つに分類されます。

①民設民営：土地持ちの民間オーナーが土地を寄付することで社会福祉法人を設立し、福祉事業を経営する。

②公設民営：国や行政が施設を建設し、それを民間社会福祉法人に運営委託する。

③公設公営：国や行政が施設を建設し、それを自ら運営する。あるいは、外郭団体（市区町村立施設、市区町村社会福祉協議会、県・市・区の社会福祉事業団）に運営委託する。

現在、社会福祉法人は全国に約二万法人ありますが、その事業規模や経営する施設は多岐にわたります。事業規模でみると、年間の事業収入が一二〇〇億円から数千万円まで大小様々です。

　また、老人、障害者、児童など幅広く福祉サービスを展開している法人もあれば、保育所だけ経営している法人もあります。そして、一法人一施設の比較的小規模な法人が約半数を占めています。

　本書の執筆時、管政権は中小企業の再編、経営統合の促進に向け、「中小企業基本法」の見直しに言及していますが、厚労省は、それに呼応するかのように「社会福祉法人の合併、事業譲渡等の主な手続きと留意点」をマニュアルにして公開しています。このマニュアルでは、事業を譲り受ける法人と事業を譲り渡す法人に分けて、詳細な手続きが示されています。施行は令和三年四月となっています。

　これにより、今後、内部留保がなくなり、事業継続が困難となった法人施設の吸収合併、事業譲渡が促進されていくのではないかと思われます。

社会福祉法人が行う事業（図表5）

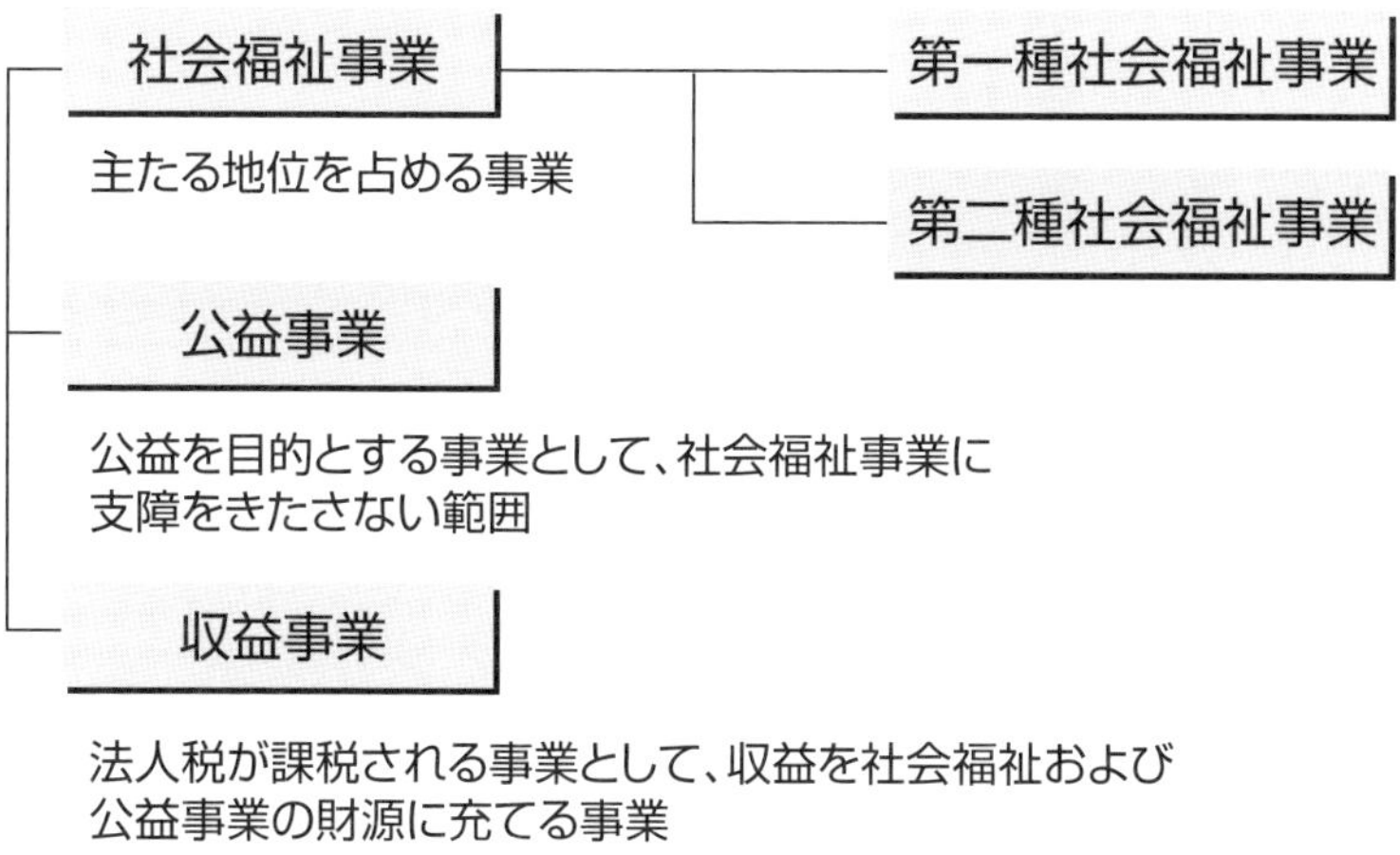

- 社会福祉事業
  - 主たる地位を占める事業
  - 第一種社会福祉事業
  - 第二種社会福祉事業
- 公益事業
  - 公益を目的とする事業として、社会福祉事業に支障をきたさない範囲
- 収益事業
  - 法人税が課税される事業として、収益を社会福祉および公益事業の財源に充てる事業

5 第一種社会福祉事業

第一種社会福祉事業は、地方公共団体ならびに社会福祉法人にしか開放されていません。ここでは、第一種社会福祉事業の福祉サービスとその特徴をみていきます。

第一種社会福祉事業の概要

第一種社会福祉事業と呼ばれるものには、図表6に掲げた事業があります。この第一種社会福祉事業は、基本、入所施設に限られます。利用者が何らかの理由で住居がない場合や、家族との折り合いが悪くて家族と一緒に住めないような場合に、家族から離れて入所してもらうための施設が、第一種社会福祉事業に位置付けられています。これは、帰る場所がない利用者の権利が損なわれることと、事業不振による撤退で利用者の行き場がなくなることを防ぐのが目的だとされています。

特別養護老人ホームが「終の棲家（ついのすみか）」と呼ばれることがありますが、それはこうした理由からです。

第一種社会福祉事業は、老人福祉法、障害者福祉法、児童福祉法、母子及び父子並びに寡婦福祉法および生活保護法が根拠法であるとともに、介護保険法、障害者総合支援法、子ども・子育て支援法等も適用されます。

例を挙げると、特別養護老人ホームは老人福祉法上の名称であり、要介護高齢者のための入所施設ですが、**介護報酬**の給付は、**介護保険法**が適用されます。そして、**介護老人福祉施設**という名称で呼ばれます。

通常は、指定介護老人福祉施設として、介護保険制度下で経営されていますが、家族の虐待などにより利用者を緊急に入所させる必要が生じた場合などは、老人福祉法の措置入所という扱いになり、特別養護老人ホームとしての機能を発揮することになります。

第一種社会福祉事業（図表6）

(1)児童福祉法関連事業

社会福祉法上の事業名	児童福祉法上の事業名	社会福祉法
乳児院	同左	第2条第2項第2号
母子生活支援事業	同左	
児童養護施設	同左	
障害児入所施設	同左	
児童心理治療施設	同左	
児童自立支援施設	同左	

(2)老人福祉法・介護保険法関連事業

社会福祉法上の事業名	介護保険法上の事業名	社会福祉法
養護老人ホーム	特定施設入居者生活介護	第2条第2項第3号
特別養護老人ホーム	介護老人福祉施設(地域密着型)	
軽費老人ホーム	特定施設入居者生活介護(地域密着型)(介護予防特定施設)	

(3)障害者総合支援法関連事業

社会福祉法上の事業名	障害者総合支援法上の事業名	社会福祉法
障害者支援施設	障害者支援施設(施設入所支援)	第2条第2項第4号

6 第二種社会福祉事業

第二種社会福祉事業は、社会福祉基礎構造改革を経て、株式会社等の民間法人すべてに開放されました。ここでは、第二種社会福祉事業の福祉サービスとその特徴をみていきます。

第二種社会福祉事業の概要

第二種社会福祉事業も、介護保険制度、障害者支援費制度等が導入されるまでは、地方公共団体や社会福祉法人以外には開放されていませんでした。

二〇〇〇年以降、介護保険法、**障害者総合支援法**が施行されてから、第二種社会福祉事業は原則としてすべての経営主体、つまり株式会社、合同会社、医療法人、NPO法人、一般社団法人、生協、農協も参入することができるようになりました。ただし、法人化していない個人事業主が参入することはできません。

開設や廃業は市場に任せられる

第二種社会福祉事業は、在宅サービスとも呼ばれ、利用者は基本的に自宅(居場所)があって、そこから通ってくるという枠組みなので、人権侵害の恐れや事業所撤退による影響は、第一種社会福祉事業ほど顕著ではありません。

ですから、事業の開設や廃業による撤退は、市場に任せられます。事実、デイサービスなどは、新規開設、廃業撤退が繰り返されています。

また、**総量規制**というものがあって、**認知症対応型老人共同生活介護(グループホーム)**や小規模デイサービスなどは、財源が市区町村なので、市区町村の公募がなければ開設できません。

グループホームやデイサービス、障害児の放課後等デイサービスなどは収益性が高く、いわゆる「儲(もう)かる」事業ということで営利企業の参入も盛んです。

第二種社会福祉事業（図表7）

(1)児童福祉法関連事業

社会福祉法上の事業名	児童福祉法上の事業名	社会福祉法
障害児通所支援事業	児童発達支援事業	第2条第3項第2号
	医療型児童発達支援事業	
	放課後等デイサービス事業	
	保育所等訪問支援事業	
障害児相談支援事業	障害児支援利用援助事業	
	継続障害児利用援助事業	
児童自立生活援助事業	同左	
放課後児童健全育成事業	同左	
子育て短期支援事業	同左	
乳児家庭全戸訪問事業	同左	
養育支援訪問事業	同左	
地域子育て支援拠点事業	同左	
一時預かり事業	同左	
小規模住居型児童養育事業	同左	
助産施設	同左	
保育所	同左	
児童厚生施設	同左	
児童家庭支援センター	同左	
児童の福祉の推進について相談に応ずる事業	同左	

(2)老人福祉法・介護保険法関連事業

社会福祉法上の事業名	介護保険法上の事業名	社会福祉法
老人居宅介護等事業	訪問介護 定期巡回・随時対応型訪問介護看護 夜間対応型訪問介護 介護予防訪問介護	第2条第3項第4号
老人デイサービス事業 老人デイサービスセンター	通所介護 認知症対応型通所介護 （介護予防通所介護） （介護予防認知症通所介護）	
老人短期入所事業 老人短期入所施設	短期入所生活介護 （介護予防短期入所）	

(2)老人福祉法・介護保険法関連事業(続き)

社会福祉法上の事業名	介護保険法上の事業名	社会福祉法
小規模多機能型居宅介護	小規模多機能型居宅介護 (介護予防小規模多機能)	第2条第3項第4号
認知症対応型老人共同生活援助事業	認知症対応型老人共同生活援助事業 (介護予防共同生活援助)	
複合型サービス福祉事業	同左	
老人福祉センター		
老人介護支援センター		
無料低額介護老人保健施設	介護老人福祉施設	第2条第3項第10号

(3)障害者総合支援法関連事業

社会福祉法上の事業名	障害者総合支援法上の事業名	社会福祉法
障害福祉サービス	居宅介護	第2条 第3項 第4号の2
	重度訪問介護	
	同行援護	
	行動援護	
	療養介護	
	生活介護	
	短期入所	
	重度障害者等包括支援	
	自立訓練	
	就労移行支援	
	共同生活援助	
一般相談支援事業	一般相談支援(基本相談支援)	
	一般相談支援(地域相談支援)	
特定相談支援事業	特定相談支援(基本相談支援)	
	特定相談支援(計画相談支援)	
移動支援事業	同左	
地域活動支援センター	同左	
福祉ホーム	同左	

7 制度ビジネスの長所と短所

福祉の制度ビジネスは、一般産業に比べると安定収入が見込めるというメリットもありますが、一般産業にはみられない制限や規制も多くあります。ここでは、制度ビジネスの長所と短所をみていきます。

値決めができない

福祉介護の制度ビジネスは、第一種社会福祉事業と第二種社会福祉事業が対象です。制度ビジネスの長所は、国が胴元なので貸し倒れがないことですが、一方ですべてのサービスが基本、公定価格なので、経営する上で重要なファクターである「値決め」ができないという短所があります。

職員をどんなに多く配置してサービスを手厚くしたとしても、それを価格に転嫁できません。「うちは他事業所と比べて、こんなにサービスが充実しています」と訴えたとしても、それによって報酬単価が上がるわけではなく、利用者に多く負担してもらうこともできません。

ですから、人員基準を超えて職員を多く雇用したりすると、たちどころに収益が悪化します。極端な場合、恒常的な赤字体質になります。

一方で、業務を効率化して職員数を減らせたとしても、それで国の配置基準の人員数を割ってしまうと減算されます。また、根拠法を遵守せず、不正請求を行ったりすると指定取り消しになり、原則、二度と事業ができなくなります。このような長所・短所があることを勘案しながら、参入する必要があります。

参入時の注意点

参入するにあたっては、投資とリターンという点も、吟味する必要があります。福祉介護事業は、例外もありますが、基本、定員がある事業です。つまり、施設を用意する必要があります。施設という箱物を用意する必要があるという点で、装置産業の面も併せ持っているわけです。

また、福祉介護事業の定員は、列車の定員のように定員オーバーでも乗車できるという性質のものではありません。定員をオーバーすると報酬が減算されます。ですから定員以上の収入は得られないわけです。MAXの収入は決まってしまいます。

また、三年に一度の**報酬改定**があり、報酬単価が増減します。増減するといっても、国の**プライマリーバランス**（**財政均衡**）が基本なので、どこかを上げれば、どこかを下げるという仕組みでコントロールされます。

ある事業で儲かるビジネスを確立できたとしても、三年後、報酬を大きく下げられたりすると、そのビジネスモデルは作り替えなければならなくなります。デイサービスなどは、過去に全国平均の利益率が一〇％を超えていましたので、二〇一五（平成二七）年度の報酬改定で一〇％以上も単価が削減された結果、その環境に適応できず倒産・廃業するところが続出しました。

コストを価格に転嫁できない制度ビジネスでは、それに見合った投資（施設設備の開設費用）になっていないと早晩、破綻します。投資とリターンの検討がなされないまま、周辺業者の言いなりになって多大な費用をかけた施設を開設すると経営が厳しくなります。仕方なく人件費を削ってやりくりしようとすると、職員の離職や、サービスの低下につながります。こうして廃業、撤退していく事業者は少なくありません。

開設主体別施設数の構成割合（詳細表）（図表 8）

（単位:%）　2017年10月1日現在

介護保険施設	総数	都道府県	市区町村	広域連合・一部事務組合	日本赤十字社・社会保険関係団体・独立行政法人	社会福祉協議会	社会福祉法人（社会福祉協議会以外）	医療法人	社団・財団法人	その他の法人	その他
介護老人福祉施設	100.0	0.5	3.1	1.3	0.1	0.2	94.8	−	−	0.0	−
介護老人保健施設	100.0	0.0	3.6	0.5	1.7	−	15.0	75.3	2.8	1.0	0.1
介護療養型医療施設	100.0	−	4.7	0.3	1.1	−	1.1	83.4	2.3	0.6	6.6

プライマリーバランスの均衡（図表 9）

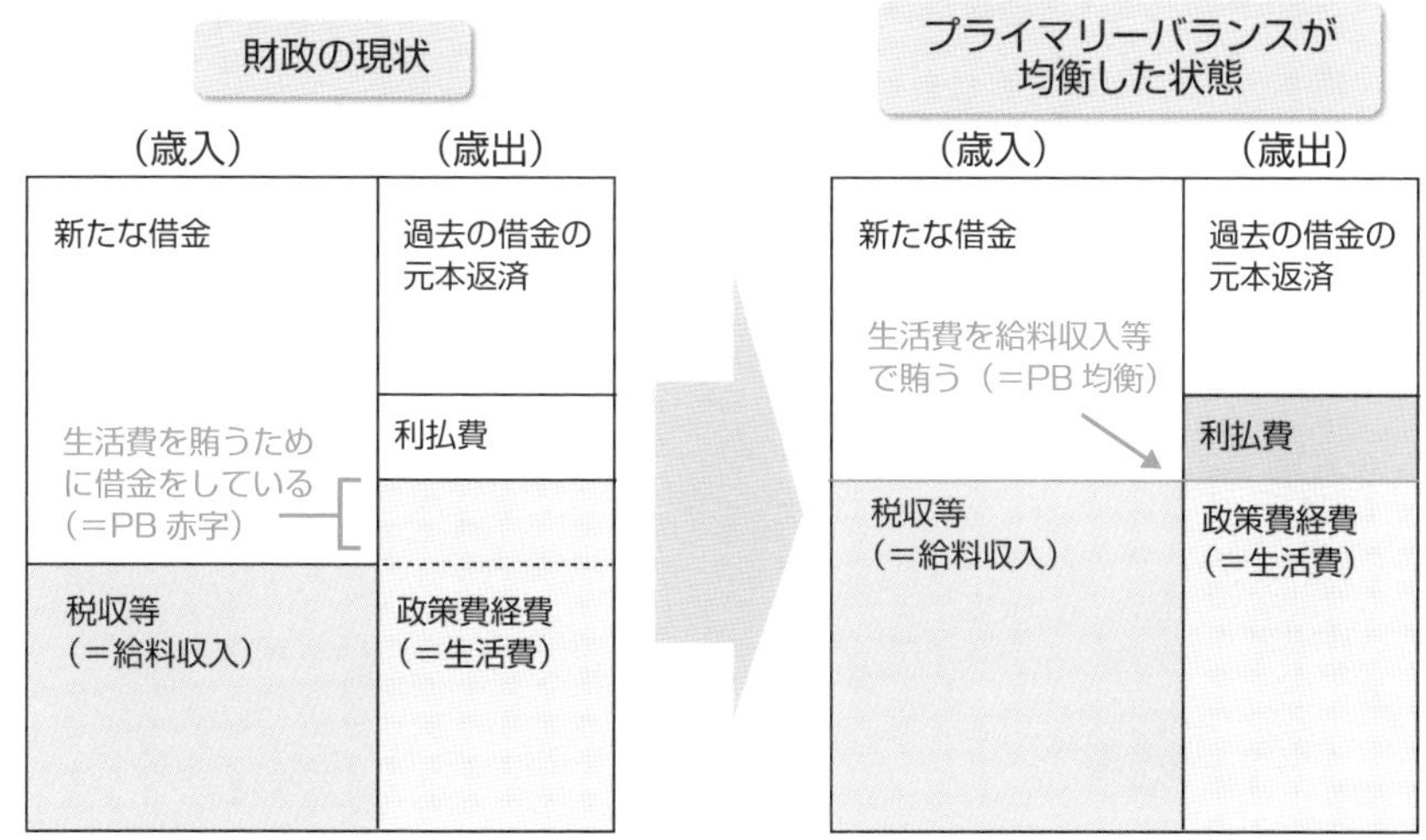

福祉ビジネスと利益

特別養護老人ホーム（特養）やデイサービス、障害者施設や保育所など、いわゆる福祉業界で働く職員さんたちから、「私たちは福祉をやっているのだから儲けてはいけない」とか、「利益は残さず、職員に分配すべきだ」という意見を聞くことがあります。

果たして福祉は、利益を出してはいけないものなのでしょうか。あるいは、福祉といえども、利益は出すべきでしょうか。「福祉」というと何やら非営利なもの、金儲けや営利とは無縁なもの、利益を上げてはいけないものというイメージがあります。しかしながら、福祉であっても経営体が経営する以上、これは立派な経済活動です。一般的に経済活動とは、「土地と労働、資本をフルに活用して、サービスを提供し、その結果、財を生み出すもの」と定義されます。

福祉であっても財を生まない（利益が出ない）と存続できません。存続できないということは、職員の雇用も守れないということになります。また、雨漏りがして修繕が必要になっても、お金がないので直せません。雨漏りがしている状態では、良質な利用者サービスは叶えられません。そのように考えると、「福祉をやっているのだから儲けてはいけない」とか「利益は残さず、すべて職員に分配すべきだ」という考えは、正しくないといえるのではないでしょうか。

第2章

福祉業界の市場規模

福祉業界の市場規模は拡大を続けており、社会保障費は国家予算の3割を占めるほどになっています。本章では国内の年齢別人口や地域別資料等を踏まえて、福祉業界の今後の成長性や市場性、将来の見通しなどについて解説します。

二〇二〇年度社会保障関係予算

1

二〇二〇（令和二）年度の社会保障関係予算は三五兆円。国家予算全体の約三割を占めます。その中で、福祉ビジネスに投じられる国家予算は約一一兆円。年々、右肩上がりで増え続けています。

社会保障関係の予算規模

二〇二〇（令和二）年度の我が国の一般会計予算は、一〇二兆六五八〇億円。うち、社会保障関係予算は三五兆八〇〇〇億円であり、国家予算全体の三割以上を占めています。

その内訳をみますと、年金が一二・五兆円（三五％）、医療一二・二兆円（三四％）、介護三・四兆円（九％）、福祉等四・七兆円（一三・一％）、少子化対策三兆円（八％）となっており、年金、医療、介護、福祉等（障害、児童、生活保護）、少子化対策のそれぞれの割合がほぼ三・五：三・五：一：一：一になります。

ちなみに、三〇年前の社会保障関係予算は約一〇兆円でしたので、現在はその三倍の規模になり、この三〇年間で二〇兆円も増えたことになります。いうまでもなく、六五歳以上の人口が右肩上がりで増え続け、現在約三六〇〇万人、高齢化率は二八％で四人に一人以上が高齢者となり、年金、医療、介護への支出が増えたことが要因です。

また、生活保護受給者数も三〇年前の一九九〇（平成二）年は約一〇一万人だったものが、二〇一七（平成二九）年には二一四万人と倍増しています。

2-1 2020年度社会保障関係予算

2020年度社会保障関係予算（図表1）

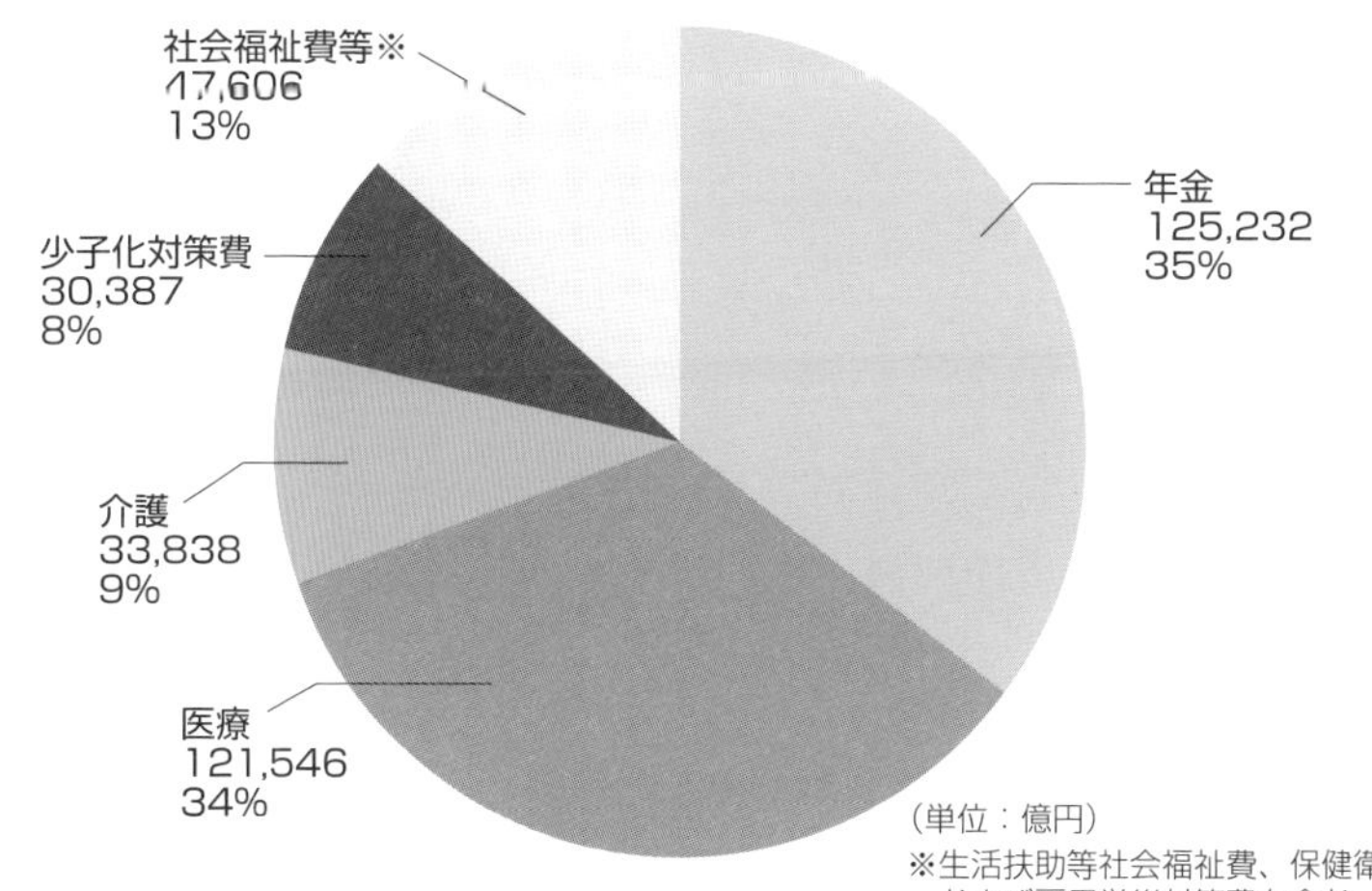

（単位：億円）
※生活扶助等社会福祉費、保健衛生対策費および雇用労災対策費を含む。

（参考：厚生労働委員会調査室）

2020年度社会保障関係予算抜粋（図表2）

（単位：百万円）

大区分	中区分	主要事項	2019年度予算額	2020年度予算案
介護	介護	安心で質の高い介護サービスの確保	3,189,349	3,360,100
福祉	障害者	障害福祉サービスの確保、地域生活支援などの障害児・障害者支援の推進	1,980,381	2,131,153
		地域移行・地域定着支援などの精神障害者施策の推進	21,437	21,644
		障害者への就労支援の推進	18,339	18,641
	児童	「子育て安心プラン」をはじめとした総合的な子育て支援など	373,746	321,416
		児童虐待防止対策・社会的養育の迅速かつ強力な推進	169,763	175,375
共通	共通	福祉・介護人材確保対策等の推進	34,580	35,704
		福祉分野における生産性向上の推進	3,826	4,684
		成年後見制度の利用促進	351	803

（厚生労働省資料より著者作成）

2 総人口と将来の見通し

福祉ビジネスは、人が人に直接サービスする対人サービスなので、マーケットの将来性、可能性を把握する上で、人口動態について概観しておく必要があります。これから日本は、本格的な人口減少社会が到来し、首都圏と地方の二極化がますます進むでしょう。

合計特殊出生率の低下

図表3のグラフから明らかですが、一九五〇（昭和二五）年以降、一貫して増え続けた人口が、二〇一〇年を境に減少に転じました。これは、**合計特殊出生率***という女性が産む子どもの数を示す指標が、一九七五（昭和五〇）年から二を割るようになり、その後も一貫して減り続け、二〇一六（平成二八）年に一・四四まで下がった結果であり、当然の帰結ともいえます。

男女二人が結婚して二人以上生まなければ、当然、人口は減っていきます。合計特殊出生率の低下の原因は、女性の社会進出、それに伴う女性の晩婚化、共働き夫婦の増加、社会不安等、語り尽くされた感があります。

また最近は、生涯未婚のままで一生を過ごす人も増えてきました。なお、二〇一八（平成三〇）年度の合計特殊出生率では、OECD加盟国三四ヵ国中、日本は二七位です。

都道府県別の人口減少と高齢者人口

図表4では、都道府県別の人口減少の実態がわかります。二〇一九年には、**自然減少***、**社会減少***の両方の要因で人口が減少している地域が四七都道府県中、三三県（道）もあります。この三三県（道）の人口は、おそらく、今後も減り続けることでしょう。一方、自然減少

＊**合計特殊出生率**　「15～49歳の女性の年齢別出生率を合計したもの」で、1人の女性がその年の年齢別出生率で一生の間に子どもを産むとしたときの子どもの数に相当する。その年における各年齢（15～49歳）の女性の出生率を合計し、女性人口の年齢構成の違いを除くことで求め、「その年の出生率」を示す。

しているものの人口は増えている東京、千葉、埼玉、神奈川、愛知といった首都圏、大都市圏でも、今後、自然減少が社会増加を上回り、減少に転じると推測されます。

一方で、高齢者は二〇五〇年まで増加が続いて約一〇〇〇万人増えると予測されます。東京、千葉、埼玉、神奈川、愛知といった首都圏、大都市圏では、今後、高齢者は増加していきますが、人口が減少している三三県（道）の多くは、高齢者も減少か横ばいに留まると考えられます。今後は、ますます人口の二極化が進むことでしょう。

今回の新型コロナウイルス感染症の流行でも明らかになりましたが、社会保障制度や経済活動の持続化を考えたとき、いまのような東京一極集中は、早急に解消しなければならない課題ではないでしょうか。実際、「経済財政運営と改革の基本方針二〇二〇」（令和二年七月一七日閣議決定、いわゆる「骨太の方針」）には、「東京一極集中型から多核連携型の国作りへ」という項目が盛り込まれています。

人口増減数と増減率（図表3）

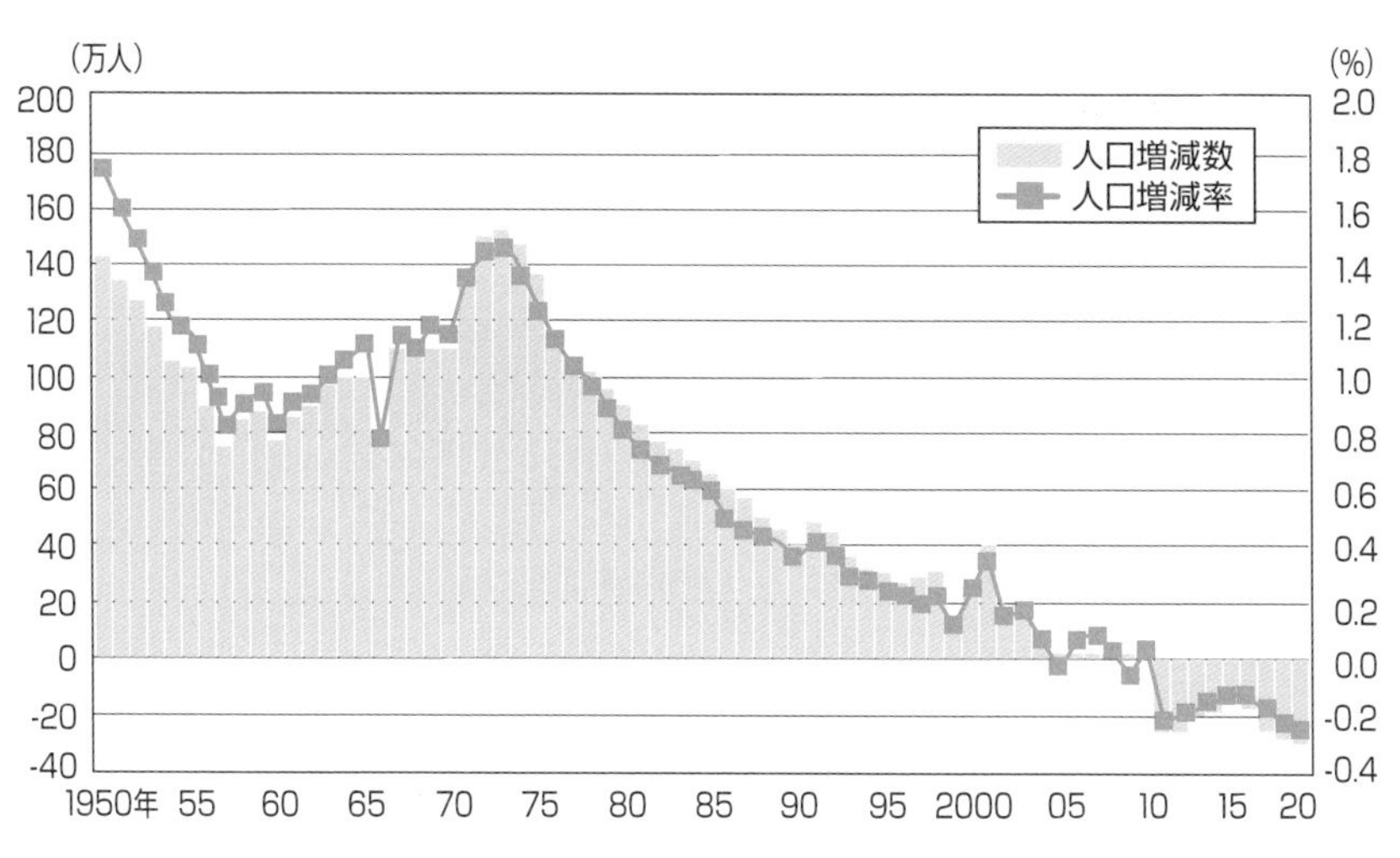

（参考：総務省資料）

＊**自然増加（減少）**　出生児数から死亡者数を引いた数が、プラス（マイナス）の場合のこと。
＊**社会増加（減少）**　流入者数から流出者数を引いた数が、プラス（マイナス）の場合のこと。

人口増減要因別の都道府県数（図表 4）

増減要因		都道府県名 2019年	都道府県名 2018年	都道府県数 2019年	都道府県数 2018年
人口増加	自然増加・社会増加	沖縄県	沖縄県	1	1
	自然増加・社会減少			0	0
	自然減少・社会増加	埼玉県／千葉県／東京都／神奈川県／愛知県／滋賀県	埼玉県／千葉県／東京都／神奈川県／愛知県／福岡県	6	6
	自然増加・社会減少			0	0
	自然減少・社会増加	宮城県／群馬県／静岡県／京都府／大阪府／兵庫県／福岡県	宮城県／群馬県／富山県／石川県／滋賀県／京都府／大阪府／島根県	7	8
人口減少	自然減少・社会減少	北海道／青森県／岩手県／秋田県／山形県 福島県／茨城県／栃木県／新潟県／富山県 石川県／福井県／山梨県／長野県／岐阜県 三重県／奈良県／和歌山県／鳥取県 島根県／岡山県／広島県／山口県／徳島県 香川県／愛媛県／高知県／佐賀県／長崎県 熊本県／大分県／宮崎県／鹿児島県	北海道／青森県／岩手県／秋田県／山形県 福島県／茨城県／栃木県／新潟県／福井県 山梨県／長野県／岐阜県／静岡県／三重県 兵庫県／奈良県／和歌山県／鳥取県 岡山県／広島県／山口県／徳島県／香川県 愛媛県／高知県／佐賀県／長崎県／熊本県 大分県／宮崎県／鹿児島県	33	32

（参考：総務省資料）

第2章 福祉業界の市場規模

3

地域の介護市場を俯瞰（ふかん）する

市区町村の介護保険事業計画*は、三年に一回の周期で策定されるので、これをみることで、今後三年間の市区町村の介護市場全体を俯瞰できます。

介護保険事業計画とは

介護保険事業計画は、介護保険法により、市区町村が主体となって作成することが義務付けられています。この計画書を見ることで、自分が住んでいる、あるいは自分が関係する地域の介護市場を把握できます。

介護保険事業計画は、三年を一期として介護保険制度が導入された二〇〇〇(平成一二)年を皮切りに、三年ごとに作成されています。本書執筆時点での最新の計画は、第七期計画(二〇一八～二〇二〇年)になりますが、本書が出版される頃には、全国で第八期計画(二〇二一～二〇二三年)の作成が進んでいることでしょう。介護保険事業計画は、厚生労働大臣が示す基本方針に従って作成することになっているので、全国どこの市区町村でも、ほぼ同じ構成で書かれています。

介護保険事業計画の内容

この事業計画に基づき、各市区町村の介護保険予算や介護保険料が決定されます。ここでは、筆者が住んでいる神奈川県横須賀市の介護保険事業計画を例としてみていきたいと思います。

この計画の全体構成は図表5の目次のようになっています。「第1章　計画策定の趣旨」では、前期計画である第六期計画の達成状況を踏まえた上で、要介護高

* **介護保険事業計画**　3年に一度、3年間の計画として介護保険制度の進捗状況と達成目標などが書かれた計画のことをいう。ちなみに、介護保険事業計画は、全国の市区町村のホームページで閲覧することができる。

第７期（2018～2020年）介護保険事業計画の目次（横須賀市）（図表５）

第1章	計画策定の趣旨
第2章	高齢者を取り巻く状況
第3章	平成32年の高齢者像
第4章	計画の基本目標
第5章	生涯現役で生き生きと活動的に暮らせるために
第6章	地域で支え合い、住み慣れたまちで暮らせるために
第7章	自分に合った環境で安心して暮らせるために
第8章	安心してサービスを利用できるために
第9章	介護サービス量等の推計
第10章	給付費の推計

計画の期間（図表６）

（年）

2012	2013	2014	2015	2016	2017	2018	2019	2020
第5期計画期間								
			第6期計画期間					
						第7期計画期間		

齢者や介護事業者、従事者等へのアンケート調査を実施し、今後三年間の介護施策の方向性を示しています。

次に、「第2章　高齢者を取り巻く状況」では、現在の要介護高齢者の数や世帯数、また、高齢者が抱える生活上の課題などについてまとめられています。「第3章　平成32年の高齢者像」では、今後三年間の人口と要介護高齢者数や世帯数などの推計が取りまとめられています。

「第4章　計画の基本目標」では、国の地域包括ケアシステムを実現するために、第六期計画の達成状況を踏まえ、第七期で取り組む課題と基本目標が盛り込まれています。

「第5章　生涯現役で生き生きと活動的に暮らせるために」では、現在の高齢者が要介護状態にならないようにするための、市の施策が列挙されています。

「第6章　地域で支え合い、住み慣れたまちで暮らせるために」では、市の責任で実施することになっている地域支援事業（総合事業）の第六期での達成状況と第七期へとつながる課題について述べられています。

「第7章　自分に合った環境で安心して暮らせるために」では、介護施設や高齢者向け住宅の現時点での整備状況がまとめられています。

「第8章　安心してサービスを利用できるために」では、介護サービスの供給体制と財源について書かれています。具体的には、今後の介護人材をどのように確保していくのか、その人材確保策と地域包括ケアで求められている給付の適正化（要は財源の削減）についてまとめてあります。

「第9章　介護サービス量等の推計」では、今後三年間の介護サービス利用者の増加数とそれを支える受け皿としての特養、介護老人保健施設（老健）といった介護施設や通所介護等の在宅サービスの整備目標数が書かれてあります。

最後の「第10章　給付費の推計」では、今後三年間に介護サービス利用で必要となる給付費の推計値（額）が示されています。

以上のような構成ですが、これは全国共通の構成なので、地元市区町村の介護保険事業計画を見ることで、今後三年間の高齢者施策、要介護高齢者の伸びや施設の整備目標といった介護市場全体をほぼ俯瞰できます。

4 地域の人口と高齢者数

介護サービスへの新規参入や事業所の開設を考える場合、該当地域の人口や要介護高齢者の数を把握しておきましょう。

人口動態が確認できる

ここでも横須賀市の介護保険事業計画を使って、みていきます。図表7では、横須賀市の人口は、二〇一八(平成三〇)年の四〇・五万人をピークに減少していくことがわかります。また、前期高齢者(六五～七四歳)も同じく、二〇一八年の六・一万人をピークに、徐々に減少していきます。

一方で、後期高齢者(七五歳以上)は、二〇一八年の六・三万人が徐々に増え続け、七年後の二〇二五年には、一万人増えることが読み取れます。結果、高齢化率は二〇一八年の三〇・七%から二〇二五年は三一・五%となります。つまり今後、総人口は減少していくものの、後期高齢者のみが増え続けるため、介護サービスの市場は拡大すると考えられます。

各市区町村では、**日常生活圏域**＊というものを設定し、そこでの人口や高齢者の数を明示しています。それをみることで今後、どの圏域で高齢者数が増えていくか把握できます。横須賀市では、日常生活圏域を一〇の圏域に分けています。

地域の実情を把握することが大切

医療保険と違って、介護保険で介護サービスを受けるためには、要支援・要介護認定が必要です。それでは、要介護等認定者数の推移はどうなっているでしょうか。

＊**日常生活圏域**　高齢者が住み慣れた地域で生活を継続するためのサービス提供等の整備を目的として設定される区域のこと。市区町村介護保険計画において、面積、人口、地理的・歴史的条件、旧行政区、住民の生活形態、地域作り活動単位などを踏まえて設定する。また、地域介護・福祉空間整備交付金の整備計画の単位ともなる。

将来推計人口（横須賀市）（図表 7）

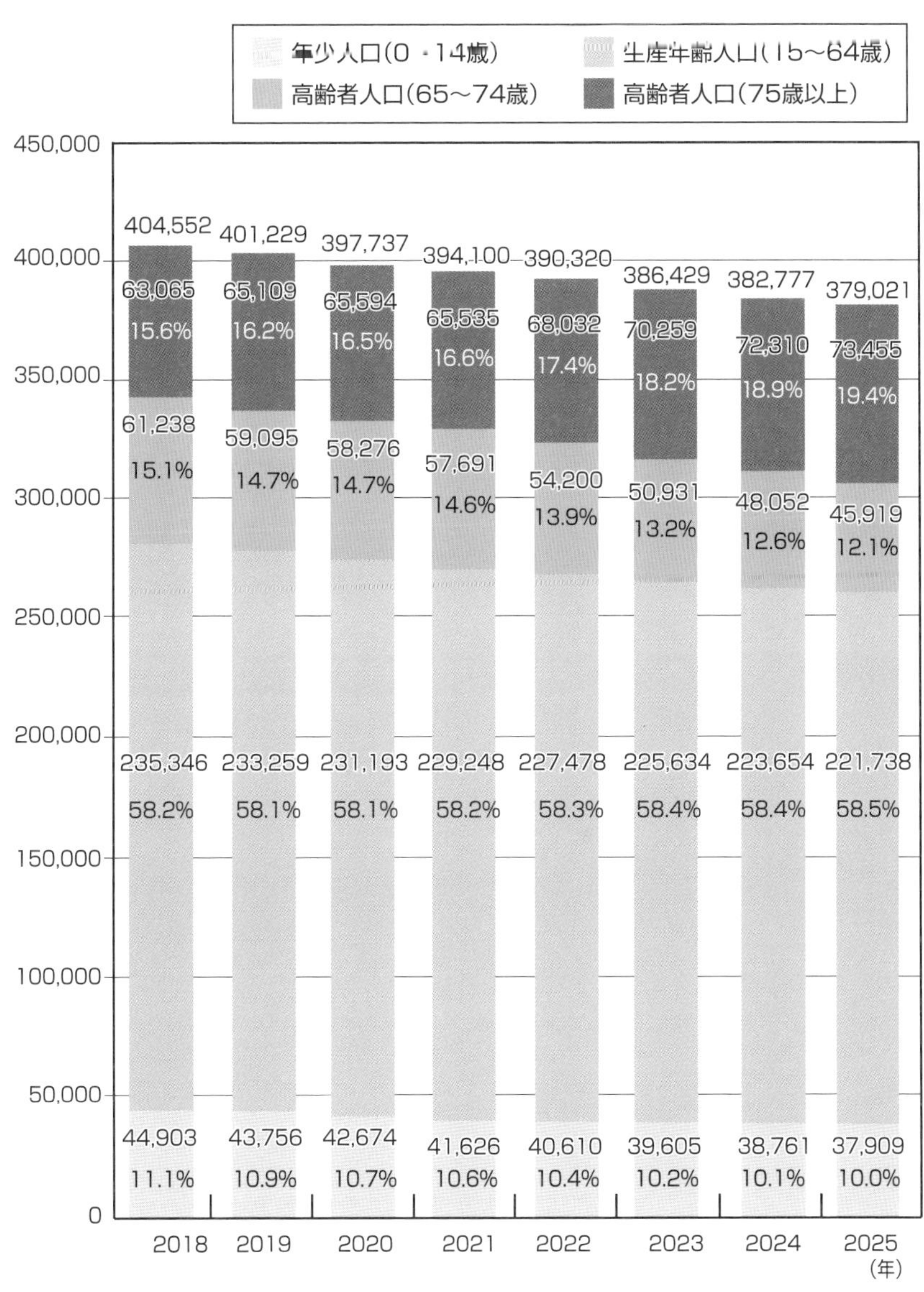

図表8をみると要介護等認定者数は、二〇一八（平成三〇）年の二万一八九三人から、二〇二五（令和七）年には二万五〇四七人に増える見込みです。七年間で三一五四人の増加、伸び率は一一四％です。約一割の需要が拡大することになります。

福祉ビジネスは、地域密着型のビジネスですから、国全体のマクロの視点だけでは地域の実情がみえません。ですので、介護保険事業計画を通して、ミクロで把握しておくことが重要です。

要支援・要介護認定者数の推移（横須賀市）（図表8）

（単位：人）

年	事業対象者	要支援1	要支援2	要介護1	要介護2	要介護3	要介護4	要介護5	合計
2018	411	2,006	2,246	6,010	3,915	3,029	2,685	2,002	21,893
2019	422	2,051	2,297	6,146	4,006	3,101	2,752	2,049	22,402
2020	430	2,087	2,344	6,279	4,100	3,177	2,820	2,099	22,906
2025	474	2,276	2,568	6,866	4,472	3,494	3,088	2,283	25,047

※「合計」は要支援1から要介護5までの合計である（事業対象者は合計に含まれていない。事業対象者とは、総合事業の対象者のこと）。

5

地域の介護サービス整備目標

新規参入や介護事業所の開設を考える場合、前節のように地域の人口や要介護高齢者の数を把握することが大事ですが、併せてその地域の施設数や在宅サービスの目標値も把握しておく必要があります。

施設の整備状況を確認

図表9では、いわゆる介護保険三施設と呼ばれる特養、老健、介護医療院等の三年間の整備目標数が確認できます。横須賀市の場合、特養の整備目標数は、三年間二二〇〇(床)と変わりありませんので、すでに特養の整備は終わったことがわかります。当面、特養が新たに建設されることはありません。特養利用希望者は、現在の二二〇〇床で賄えるという推測です。

二〇一五(平成二七)年の介護保険法改正により、特養の入所基準が要介護3以上に変更になり、その結果、特養の平均入所期間が短縮されました。要介護3以上の方は、何らかの疾患を持っているので、以前と比べると、入所しても数ヵ月で、死亡や入院により退所に至るケースが増えてしまいました。それを見越した整備計画ともいえます。そして、老健と介護医療院も整備目標数の変化がありません。

したがって、横須賀市では、当面、介護保険施設は整備されないことがわかります。ただし、どうしても施設を開設したいような場合、各市区町村の担当部署に事前相談することで、次期(三年後)の介護保険事業計画に盛り込んでもらえる場合もあります。

また、たとえ介護保険事業計画に盛り込んでもらえなかったとしても、普段から行政の担当部署と顔の見える関係作りをしておくと、色々と便宜を図ってくれることもあるようです。

新規参入や新規開設の可能性を推測

次に、図表10で居宅サービス（在宅サービス）の利用見込みをみていきましょう。参入障壁が低いため、新規参入も多い通所介護（デイサービス）を例としてみていきますと、計画初年度である二〇一八（平成三〇）年度四一万九五八一回の利用見込みから、二年後の二〇二〇（令和二）年度は四四万一三五四回と、一〇五％の伸びを予測していることがわかります。

このことは、現行の定員数で、まだまだ利用者数を増やす（稼働率を上げる）余地があることを示すとともに、新規開設の余地があることも示しています。このようにみていくことで、新規参入や新規開設の可能性を推しはかることができます。

図表10では、ほとんどすべての居宅サービスで二年後までに利用が拡大していくことがわかります。とりわけ、定期巡回・随時対応型訪問介護看護は、二〇一八（平成三〇）年度二八二件の利用見込みから、三年後の二〇二〇（平成三二）年度は七三三件と二六〇％も増えており、新規参入、新規開設を促しているとみることができるでしょう。

小規模多機能型居宅介護も、二〇一八（平成三〇）年度一九二二件の利用見込みから、三年後の二〇二〇（令和二）年度は二三四一件と一二二％の増加を見込んでおり、新規開設の余地があることを示しています。

ただし、この二つの介護サービスは、地域密着型サービスにくくられます。地域密着型サービスの開設は市区町村の権限ですので、公募方式がとられ、**コンペ**＊で採択されることが条件になります。

「第10章　給付費の推計」によりますと、横須賀市の二〇一八年度の介護給付費（介護予防を除く）は三五〇億円の市場規模であることがわかります。

このように、自分が関係する市区町村の介護保険事業計画をみることで、地域の介護サービスの市場全体を俯瞰することができます。

用語解説

＊**コンペ**　正式名称はコンペティション。複数の業者を競わせて、その中で優劣をつけ、事業者を1つ選ぶ方式。目的物の条件、予算、提出物の提出期限などを提示し、その仕様書などを提出してもらい、その中から優れた事業先1社を選定する。

介護保険 3 施設の整備数と利用者数の見込み（横須賀市）（図表 9）

（単位：人または床）

区分		2018	2019	2020
介護老人福祉施設（特別養護老人ホーム）	整備数	2,200	2,200	2,200
	利用者数	2,193	2,193	2,193
介護老人保健施設	整備数	1,040	1,040	1,040
	利用者数	1,161	1,161	1,161
介護療養型医療施設および介護医療院	整備数	0	0	0
	利用者数	40	40	40

介護給付（施設・居宅サービス利用）の見込み（横須賀市）（図表 10）

（単位：件・回・日）

区分		単位	2018年度	2019年度	2020年度
居宅サービス	訪問介護	回	644,248	669,250	683,352
	訪問入浴介護	回	27,339	28,720	29,514
	訪問看護	回	100,358	104,647	106,919
	訪問リハビリテーション	回	19,112	19,885	20,314
	居宅療養管理指導	件	76,518	79,055	81,927
	通所介護	回	419,581	433,378	441,354
	通所リハビリテーション	回	81,320	84,082	85,649
	短期入所生活介護	日	124,672	129,681	132,429
	短期入所療養介護	日	8,895	9,263	9,465
	特定施設入居者生活介護	件	14,340	15,264	15,264
	福祉用具貸与	件	73,412	76,116	77,258
地域密着型サービス	定期巡回・随時対応型訪問介護看護	件	282	291	733
	夜間対応型訪問介護	件	0	0	0
	地域密着型通所介護	回	177,191	183,045	186,399
	認知症対応型通所介護	回	46,164	47,906	48,872
	小規模多機能型居宅介護	件	1,922	1,989	2,341
	認知症対応型共同生活介護	件	8,028	8,964	8,964
	看護小規模多機能型居宅介護	件	474	662	1,242
福祉用具購入		件	1,425	1,476	1,506
住宅改修		件	1,086	1,123	1,144
居宅介護支援		件	120,983	125,077	127,441
施設サービス	介護老人福祉施設	件	26,316	26,316	26,316
	介護老人保健施設	件	13,932	13,932	13,932
	介護療養型医療施設 介護医療院	件	480	480	480

6 地域包括ケア「見える化」システム

介護保険事業計画は、介護市場を把握する上で欠かせないものですが、厚労省が提供している地域包括「見える化」システムを使うことで、リアルタイムで地域の介護市場を把握でき、いわゆる市場圏調査のツールとしても活用できます。

全国の市区町村の情報を閲覧できる

地域包括ケア「見える化」システムは、都道府県・市区町村における計画策定・実行を支えるために開発されたシステムです。厚生労働省は、「介護・医療の現状分析・課題抽出支援」「課題解決のための取組事例の共有・施策検討支援」「介護サービス見込み量等の将来推計支援」「介護・医療関連計画の実行管理支援」の機能を提供するため、と説明しています。

この説明からもわかるように、主に市区町村の介護保険担当者による介護保険事業計画の策定や計画の進捗状況の把握などのために開発されたシステムです。

ただし、閲覧範囲の制限はあるものの、個人でも全国の市区町村の情報を閲覧することができます。

このシステムにアクセスし、市区町村を選択すると図表11に示すような当該市区町村の人口、面積、高齢化率、保険料、要介護認定率、高齢世帯率、独居世帯率などがわかります。この節ですべてを説明することはできませんが、地域の介護市場を把握するための様々なデータを検索することができます。

例をいくつか挙げると、介護サービスの受給者数や要介護高齢者一人当たりの給付額、施設や通所介護等の定員数、受給者一人当たりの通所介護利用日数といったデータの検索ができます。例えば、横須賀市の通所介護の受給者一人当たりの通所介護利用日数は、八・四日／月で、全国平均の一〇・七日／月より二日／月少ないことなどもわかります。

市場調査に活用

また、このシステムを使えば、**介護サービス情報公表システム***が公表している介護事業所の情報を把握できますので、近隣の競合する介護事業所の情報をみながら比較検討することなども可能になります。

このように、いわゆる市場圏調査にも使えますので、マーケティング戦略を検討する際、便利なツールとして活用できます。介護保険事業計画は、前年度の実績を踏まえた将来三ヵ年の計画ですが、このシステムにアクセスすれば、リアルタイムで全国平均との比較や、比較したい市区町村の情報など、様々なマーケティング指標を得ることができます。

地域包括ケア「見える化」システムの事例（横須賀市）（図表11）

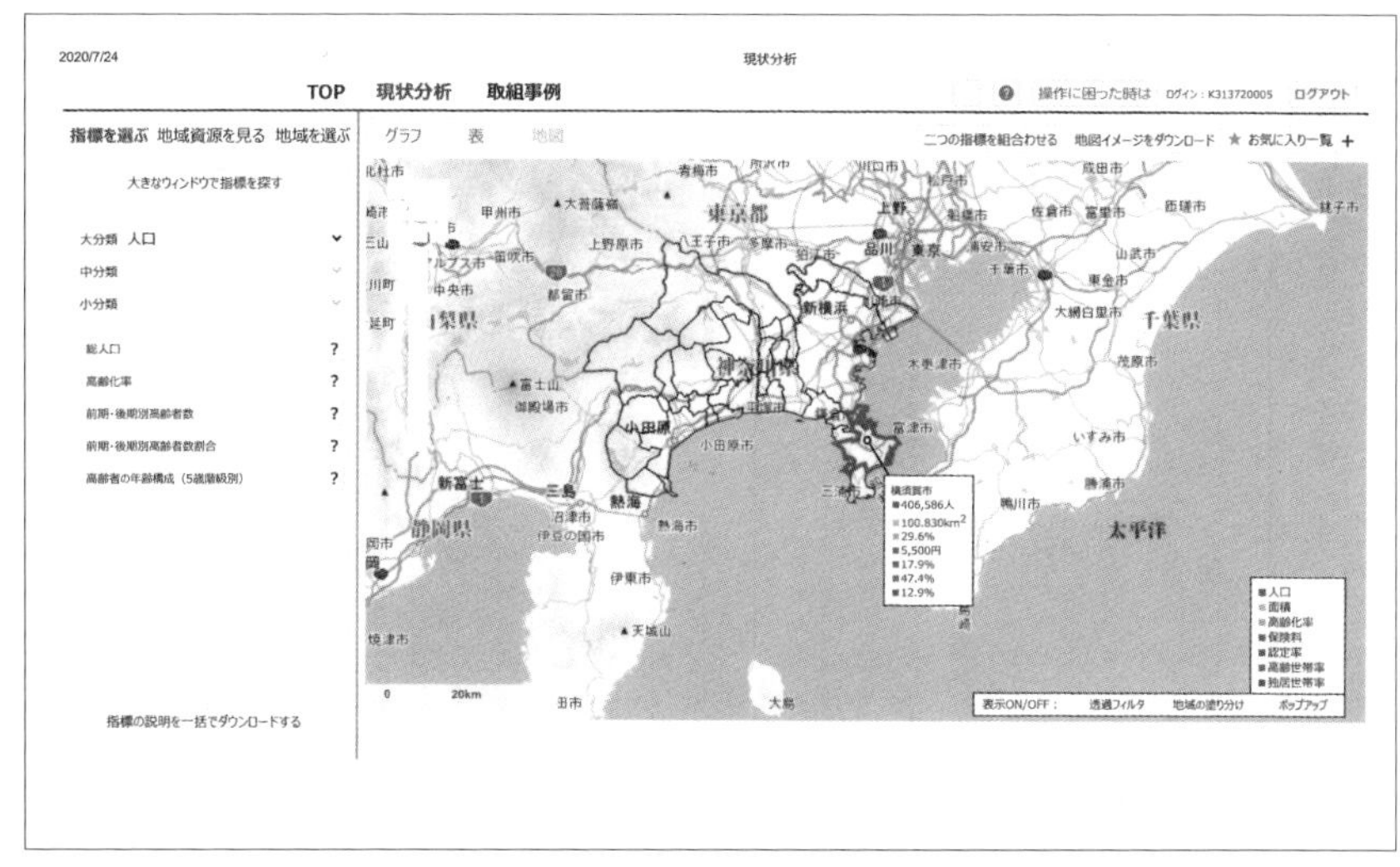

***介護サービス情報公表システム**　介護保険法に基づき2006（平成18）年4月からスタートした制度で、利用者が介護サービスや事業所・施設を比較・検討して適切に選ぶための情報を都道府県が提供する仕組みです。このシステムを使うことで、インターネットでいつでも誰でも気軽に情報を入手できます。

7 全国の障害者（児）数の実態

高齢者介護の市場規模が、現在、年間で約一一兆円。それに対して、障害者・障害児に対する福祉サービスは年間二兆円なので、六分の一の市場規模です。ここでは、全国の障害者（児）の数を押さえておきます。

また、在宅の身体障害者四二八万七〇〇〇人の年齢階層別の内訳をみると、一八歳未満六万八〇〇〇人（一・六％）、一八歳以上六五歳未満一〇一万三〇〇〇人（二三・六％）、六五歳以上三一一万二〇〇〇人（七二・六％）となっていて、在宅の身体障害者の六五歳以上人口の割合は、なんと七二・六％にものぼります。一九七〇（昭和四五）年には三割程度だったものが、二〇一六（平成二八）年時点では七割程度まで上昇したことになり、身体障害者の高齢化が進んでいます。

知的障害者の施設入所割合が高い

図表12のとおり、身体障害者（身体障害児含む）四三六万人、知的障害者（知的障害児含む）一〇八万二〇〇〇人、精神障害者四一九万三〇〇〇人となっていますが、これを人口千人当たりでみると、身体障害者三四人、知的障害者九人、精神障害者三三人になります。複数の障害を併せ持つ人もいるため、単純な合計にはなりませんが、国民のおよそ七・六％が何らかの障害を有していることになります。

一方、施設入所者の割合でみると身体障害者七万三〇〇〇人、精神障害者（入院患者）三〇万二〇〇〇人、知的障害者は一二万人となっており、特に精神障害者の施設入所の割合が高いことがわかります。

障害者数推計（令和元年版度障害者白書）（図表 12）

（単位：万人）

		総数	在宅者数	施設入所者数
身体障害児・者	18歳未満	7.1	6.8	0.3
	男性	–	3.2	–
	女性	–	3.4	–
	不詳	–	0.1	–
	18歳以上	419.4	412.5	6.9
	男性	–	215.8	–
	女性	–	196.3	–
	不詳	–	0.3	–
	年齢不詳	9.3	9.3	–
	男性	–	2.9	–
	女性	–	5.4	–
	不詳	–	1.0	–
	総計	436.0	428.7	7.3
	男性	–	222.0	–
	女性	–	205.2	–
	不詳	–	1.5	–
知的障害児・者	18歳未満	22.1	21.4	0.7
	男性	–	14.0	–
	女性	–	7.3	–
	不詳	–	0.1	–
	18歳以上	84.2	72.9	11.3
	男性	–	44.1	–
	女性	–	28.8	–
	不詳	–	0.1	–
	年齢不詳	1.8	1.8	–
	男性	–	0.6	–
	女性	–	0.6	–
	不詳	–	0.5	–
	総計	108.2	96.2	12.0
	男性	–	58.7	–
	女性	–	36.8	–
	不詳	–	0.8	–

（単位：万人）

		総数	在宅者数	施設入所者数
精神障害者	20歳未満	27.6	27.3	0.3
	男性	17.8	17.7	0.1
	女性	10.4	10.2	0.2
	20歳以上	391.6	361.8	29.8
	男性	155.1	141.5	13.6
	女性	236.8	220.6	16.2
	年齢不詳	0.7	0.7	0.0
	男性	0.3	0.3	0.0
	女性	0.3	0.3	0.0
	総計	419.3	389.1	30.2
	男性	172.2	158.5	13.7
	女性	247.1	230.7	16.4

知的障害者は十八歳未満の割合が高い

在宅の知的障害者九六万二〇〇〇人の年齢階層別の内訳をみると、一八歳未満二二万四〇〇〇人（二二・二％）、一八歳以上六五歳未満五八万人（六〇・三％）、六五歳以上一四万九〇〇〇人（一五・五％）となっています。身体障害者と比べて一八歳未満の割合が高い一方で、六五歳以上の割合が低い点に特徴があります。また、五年前の二〇一一（平成二三）年と比較して約三四万人増加しています。

知的障害は発達期に現れるもので、発達期よりあとで新たに生じるものではないため、身体障害のように人口の高齢化の影響を受けることはありません。以前に比べ、自閉症などの知的障害に対する認知度が高くなり、**療育手帳**取得者が増加したことが、統計上の人数増加要因の一つと考えられます。

8 障害者福祉計画とは

市区町村が策定することが義務付けられている障害者福祉計画は、三年に一回の周期で策定され、以後三年間の障害福祉サービスの見込みを把握することができるものです。

基本指針と障害者支援計画

国は、直近の第六期障害者福祉計画の基本指針では、「地域における生活の維持及び継続の推進」「福祉施設から一般就労への移行」「『地域共生社会』の実現に向けた取組」など、そして具体的な成果目標として、「施設入所者の六%以上を地域へ移行」「施設入所者の一・六%以上の削減」「一般就労への移行者数を令和元年度の一・二七倍」「障害児支援の提供体制の整備」などを掲げています。

各都道府県では、この指針をもとに障害者支援計画を策定することになります。さらに、それを受けて、各市区町村は障害者福祉計画を作成します。この計画書をみることで、自分が住んでいる、あるいは自分に関係する地域の障害福祉サービスの市場規模を知ることができます。介護保険事業計画と同様、国が示す基本方針に従って作成することになっているので、全国どこの市区町村でも、ほぼ同じ構成になっています。

障害者福祉計画の内容

ここでも、神奈川県横須賀市の障害者福祉計画を例にとってみていきたいと思います。この計画の全体構成は図表13のようになっています。

「第一章　計画策定の基本的考え方」では、前期計画の達成状況を踏まえた上で、障害者手帳所持者および難病患者へのアンケート調査を実施し、今後六年間（第五期までは六年単位）の障害者施策の方向性が示されています。

「第二章　障害者を取り巻く状況」では、現在の身体障害者、知的障害者、精神障害者の人数と障害福祉サービスの利用状況ならびに就労状況についてまとめられています。

「第三章　障害者施策の課題と施策の方向」では、アンケート結果からみえてきた障害福祉サービスや就労状況、福祉人材確保についての現状と課題が取りまとめられています。

「第四章　障害者施策の体系と事業」では、市が行う障害者施策を網羅した内容になっています。

「第五章　数値目標」では、施設入所者の地域生活への移行や福祉施設から一般就労への移行など、国が重点目標として掲げている施策の数値目標が示されています。

「第六章　障害者福祉等の見込み量」では、今後六年間の障害福祉サービスの見込み量が推計されています。

最後の「第七章　計画の推進体制等」では、実施体制としての責任部署とPDCAサイクルを使った確実な進行管理体制と評価方法について取りまとめられています。

ここでは横須賀市の例をみてきましたが、これは全国共通の構成です。地元市区町村の障害者福祉計画をみることで、今後の障害者施策の方向性と障害福祉サービスの供給量といった障害者福祉市場の全体像を俯瞰することができます。

障害者福祉計画の全体構成（横須賀市）（図表 13）

第1章　計画策定の基本的な考え方
　1　計画策定の趣旨
　2　計画の基本理念と目標
　3　計画の期間
　4　基本的視点
　5　計画への市民意見の反映

第2章　障害者をとりまく現状
　1　人口構造の推移
　2　障害者の状況
　3　雇用・就労の状況

第3章　障害者施策の課題及び施策の方向
　1　障害者が地域で安心して暮らすための取り組み
　2　障害者の就労機会を拡大するための取り組み
　3　大規模災害時における障害者に対する支援の取り組み
　4　障害者の権利擁護に関する取り組み
　5　地域における支え合いを支援する取り組み
　6　発達障害児者への支援に対する取り組み
　7　福祉に携わる人材を確保するための取り組み

第4章　障害者施策の体系と事業
　1　地域生活支援の充実
　2　保健・医療サービスの充実
　3　相談支援・情報提供の充実
　4　療育・教育の充実
　5　働く場・活動の場の充実
　6　バリアフリーの推進
　7　権利擁護システムの構築
　8　障害者福祉の推進基盤の整備

第5章　数値目標
　1　施設入所者の地域生活への移行
　2　地域生活支援拠点の整備
　3　福祉施設から一般就労への移行等

第6章　障害福祉サービス等の見込量
　1　障害福祉サービスの見込量
　2　地域生活支援事業の見込量

第7章　計画の推進体制等
　1　実施体制
　2　進行管理体制・評価方法

9 全国の子ども人口の実態

二〇一九年四月一日現在の子どもの数は一五三三万人と三八年連続で減少、子どもの割合は一二・一%と四五年連続で低下し続けています。近年、子どもの数は東京都、沖縄県を除くすべての道府県で減少しています。子どもの割合は沖縄県が最も高く、秋田県が最も低いという実態です。

三八年連続の減少

二〇一九(平成三一)年四月一日現在における子どもの数(一五歳未満人口)は、前年に比べ一八万人少ない一五三三万人で、一九八二(昭和五七)年から三八年連続の減少となり、過去最少となりました。男女別では、男子が七八五万人、女子が七四八万人となっており、男子が女子より三七万人多く、女子一〇〇人に対する男子の数(人口性比)は一〇五・五となっています。

子どもの数を年齢三歳階級別にみると、一二〜一四歳が三二三万人(総人口に占める割合二・六%)、九〜一一歳が三二一万人(同二・五%)、六〜八歳が三〇九万人(同二・五%)、三〜五歳が二九五万人(同二・三%)、〇〜二歳が二八六万人(同二・三%)と、年少者になればなるほど割合が少なくなっています。そのため、今後も減り続けることが確実です。

子どもの割合は、一九五〇(昭和二五)年には総人口の三分の一を超えていましたが、**第一次ベビーブーム期**(一九四七〜一九四九年)のあと、低下を続け、一九六五(昭和四〇)年には総人口の約四分の一になりました。

その後、一九七〇(昭和四五)年代前半には**第二次ベビーブーム期**(一九七一〜一九七四年)の出生児数の増加によってわずかに上昇したものの、一九七五(昭和五〇)年から再び低下を続け、以後は四五年間連続して低下しています。

二〇一九（令和元）年は一二・一％（前年比〇・二ポイント低下）で一九五〇年の三分の一にまで落ち込んでいます。

都道府県別の実態

都道府県別の二〇一八（平成三〇）年一〇月一日現在における子どもの数をみると、前年に比べ東京都は増加、沖縄県は同数、他の四五道府県はいずれも減少となっています。また、子どもの数が一〇〇万人を超えるのは東京都、神奈川県、愛知県、大阪府の四都府県のみとなっています。

子どもの割合をみると、沖縄県が一七・〇％と最も高く、次いで滋賀県が一四・〇％、佐賀県が一三・六％となっています。一方、秋田県が一〇・〇％と最も低く、次いで青森県が一〇・八％、北海道が一〇・九％となっています。このことからも前述のとおり、今後は、首都圏、大都市圏と地方の人口の二極化が進むことでしょう。

年齢3区分別人口割合（図表14）

(年)	15歳未満	15〜64歳	65歳以上
1950	35.4%	59.7%	4.9%
1955	33.4%	61.3%	5.3%
1965	25.6%	68.1%	6.3%
1975	24.3%	67.7%	7.9%
1985	21.5%	68.2%	10.3%
1995	16.0%	69.5%	14.6%
2005	13.8%	66.1%	20.2%
2010	13.1%	63.8%	23.0%
2015	12.5%	60.8%	26.6%
2018	12.3%	59.8%	28.0%
2019	12.1%	59.5%	28.3%

（参考：総務省資料）

10

子ども・子育て支援制度

子ども・子育て支援制度の実施には、三兆一九一八億円が投じられます。引き続き、放課後児童クラブの受け皿整備や企業主導型の事業所内保育等の充実が進められていきます。

子育て支援計画の策定

二〇一五(平成二七)年四月から「子ども・子育て支援制度」がスタートしたことで、各市区町村では、**子ども・子育て支援事業計画**を策定することになりました。国は、子ども・子育て支援事業計画を策定するにあたり、次の一三項目について計画に盛り込むよう求めています。

①利用者支援事業、②地域子育て支援拠点事業、③妊婦健康診査、④乳児家庭全戸訪問事業、⑤養育支援訪問事業、⑥子育て短期支援事業、⑦子育て援助活動支援事業(ファミリー・サポート・センター事業)、⑧一時預かり事業、⑨延長保育事業、⑩病児保育事業、⑪放課後児童健全育成事業(放課後児童クラブ)、⑫実費徴収に係る補足給付を行う事業、⑬多様な主体が本制度に参入することを促進するための事業。

これらの実施にあたり、令和二年度には一兆六三八三億円を予算計上しています。

新規参入等を促進していく事業としては、企業主導型の事業所内保育等の保育を支援する目的で二二七三億円を計上。また、放課後児童クラブの受け入れ児童数の拡大を図るため、九七八億円を計上しています。放課後児童クラブについては、二〇二三(令和五)年度までに計三〇万人分の受け皿を整備できるよう、引き続き施設整備費の補助率引き上げを行っていく計画です。

地域子ども・子育て支援事業の概要について(抜粋)(図表 15)

・市区町村は、子ども・子育て家庭等を対象とする事業として、市町村子ども・子育て支援事業計画に従って、下記の事業を実施する。(子ども・子育て支援法第59条)
・国または都道府県は同法に基づき、事業を実施するために必要な費用に充てるため、交付金を交付することができる。
・費用負担割合は国・都道府県・市区町村それぞれ1/3(妊婦健診については交付税措置)。

①利用者支援事業【一部新規】
子どもや保護者の身近な場所で、教育・保育施設や地域の子育て支援事業等の利用について情報収集を行うとともに、それらの利用にあたっての相談に応じ、必要な助言を行い、関係機関等との連絡調整等を実施する事業

②地域子育て支援拠点事業
家庭や地域における子育て機能の低下や、子育て中の親の孤独感や負担感の増大等に対応するため、地域の子育て中の親子の交流促進や育児相談等を行う事業

(③〜⑥省略)

⑦子育て援助活動支援事業(ファミリー・サポート・センター事業)
乳幼児や小学生等の児童を有する子育て中の労働者や主婦等を会員として、児童の預かり等の援助を受けることを希望する者と当該援助を行うことを希望する者との相互援助活動に関する連絡、調整を行う事業

⑧一時預かり事業【一部新規】
家庭において一時的に保育を受けることが困難になった乳幼児について、保育所、幼稚園その他の場所で一時的に預かり、必要な保護を行う事業

⑨延長保育事業【一部新規】
保育認定を受けた子どもについて、通常の利用日及び利用時間以外の日及び時間において、保育所等で引き続き保育を実施する事業

⑩病児保育事業
病気の児童について、病院・保育所等に付設された専用スペース等において、看護師等が一時的に保育等を行う事業

⑪放課後児童健全育成事業(放課後児童クラブ)【一部新規】
保護者が労働等により昼間家庭にいない小学校に就学している児童に対し、授業の終了後等に小学校の余裕教室や児童館等において適切な遊び及び生活の場を与えて、その健全な育成を図る事業

(⑫〜⑬省略)

離職率は、社員満足度・幸福度をはかる最大のメルクマークである

この言葉は「日本でいちばん大切にしたい会社」シリーズ（あさ出版）で有名な坂本光司さんの著書の一節ですが、私は、本質を突いた素晴らしいメッセージではないかと感じています。残念ながら、福祉介護は、離職率が高い業界として知られていますので、私も福祉介護事業所の離職率低減をコンサル目標に掲げています。なぜなら、離職率を抑えることにより、そこで働くスタッフの一体感が増し、結果、生産性も高くなると考えるからです。採用するたびに辞めていくようでは、生産性の上がりようがありません。

ただ、ここで注意しなければならないのは、離職率を抑えるために誰でも引き留めればよいかというと、そうではないということです。組織には、２：６：２の原則があります。上の２割は、黙っていても会社組織のことを考えて働いてくれる人たち。下の２割は、不平不満が多く、職場を荒らす人たち。そして、真ん中の６割は、無党派層というか、どちらにもなびく人たちです。

この２：６：２の法則は、役職に基づくヒエラルキーとは何ら関係ありません。組織で働く上での「義務と権利」をわきまえている、マインドが高い人なのか、そうでない人なのかのカテゴリーです。上の２割の人たちを大事にしないで、下の２割の人が辞めないように引き留めてばかりいると、真ん中の６割の人たちは、下の２割に引きずられていきます。そして、一体感のない、働きにくい職場になっていきます。福祉介護事業所の場合、利用者のことは一所懸命にやるが、同僚の職員には、あいさつもしない、虫の居所が悪いと周りに当たり散らすというような人もいます。資格を持っていて資格手当などで優遇されているのに、部下や後輩に教えようとしない、面倒は一切見ないというような人もいます。

利用者のことに一所懸命であるとか、資格を持っているというような外面だけを評価して、社会人・組織人としてのマインド面をみないでやり過ごしていると、職場は確実に荒れていきます。

世界的な名著『ビジョナリーカンパニー２　飛躍の法則』（邦訳・日経BP）の著者であるジム・コリンズは、「まずはじめに、適切な人をバスに乗せ、不適切な人をバスから降ろし、そののちにどこに向かうべきかを決めること」と書いています。誰を大事にすべきか、２：６：２の分類を間違えると、そこで働く心ある従業員は幸せになりません。

福祉業界のビジネス

福祉業界は拡大を続ける業界として他業界からの注目も高まっていますが、他業界との相違点も少なくありません。本章では、福祉業界と他業界を比較しつつ、ビジネスの視点から福祉業界についてみていきます。

1 福祉業界の特殊性

数少ない成長分野として、福祉介護業界には、一般の産業界からの関心も集まっています。また、新型コロナウイルス感染症流行の影響でサービス産業が大きな損害を受けていますが、今後こうした業種からの参入や転職も増える可能性があります。ここでは、福祉介護事業と他業界とを比較しながら、福祉業界の特殊性についてみていきます。

人員基準が定められている

福祉業界は、大半が制度ビジネスであり、人が人に直接サービスを提供するという性質から、一般産業とは違った特殊性があります。

まず一点目は、固定的に人員を配置しなければならない点です。制度により、事業ごとに細かな**人員基準**が決められています。例えば、特養などの介護施設には、**三対一基準**というものがあって、利用者三名に対して介護職員一名の配置が義務付けられています。仮に定員一〇〇名の特養の場合、三四名の介護職員が必置です。

また、**看護師**や**社会福祉士**等、資格保持者の配置が義務付けられている事業もあります。こうした人員基準を満たせないと、三〇％減算といって、報酬の三〇％がカットされます。

一方、トヨタ自動車などの製造業やコンビニなどをみればわかりますが、一般の産業には、このような人員基準という制約はありません。経営の合理化や生産性の向上のために、機械化やIT化、システム化を行い、省力化・省人化を図っていきます。

福祉業界では、現行の人員配置でも「人が足りない」という嘆きの声が多く聞かれますが、一方で、機械化やIT化が遅れていて、色々なことを人が直接行ってい

用語解説
＊**生産年齢人口**　国内で行われる生産活動に就いている中核の労働力となるような年齢の人口のこと。日本では15歳以上65歳未満の年齢に該当する人口が生産年齢人口とされているが、15〜18歳の年齢層では90%あまりが高校生や専門学校生の課程にあり、特殊事情がない限り自主的に労働（就職）に従事する層はほぼ存在しない。

るため、ムダが多いという実態もあります。こうした現実を踏まえて、国も福祉介護業界に対してIT化やAI活用、ロボット導入を推奨しています。

この業界の人手不足の背景には、業務の非効率により人手を多く必要とすることや、画一的な人員基準の存在があります。実際、経済産業省は、IT・AI活用やロボット導入が進めば、福祉介護業界の人手不足は解消するとの見解を示しています。

将来にわたって福祉介護需要が増大し、一方で確実に**生産年齢人口**＊が減少し続ける日本においては、業務改善やIT化による省力化・省人化は不可欠の要素です。このように考えますと、今後は、IT技術に長けた人材の採用も検討する必要があるでしょう。

多様な人材の活用が求められる

特殊性の二点目として次に、従事者の男女比の問題があります。福祉介護業界の従事者の男女比は、概ね二：八です。一方で、一般産業のそれは八：二です。福祉介護業界には、女性の比率が極めて高いという特徴がありります。一般産業の八：二という男性社会にも問題

我が国の人口推移（図表1）

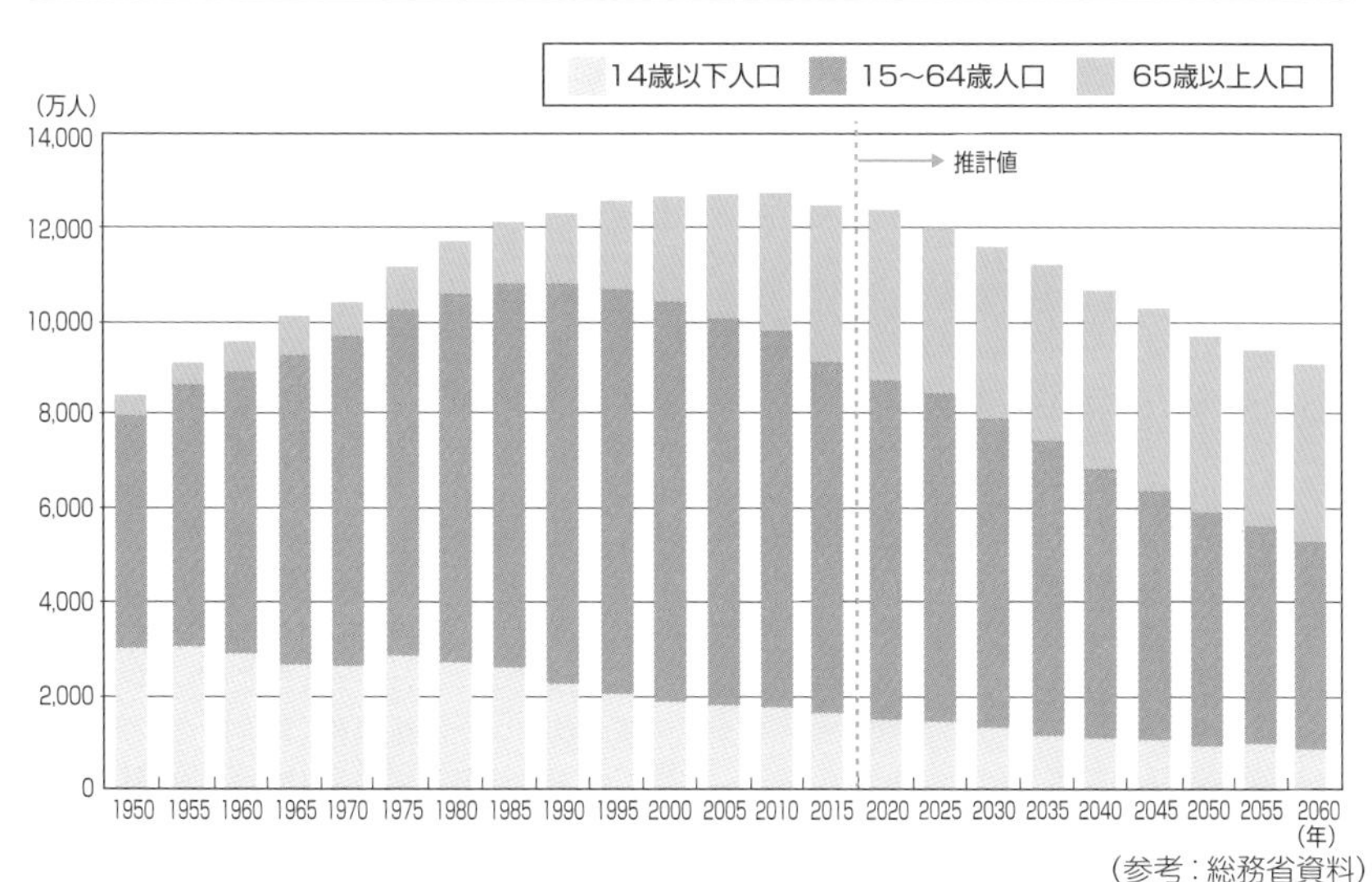

（参考：総務省資料）

用語解説

＊**ダイバーシティー**　多様性、相違点。企業で人種・国籍・性・年齢を問わずに人材を活用することを指す。このような取り組みにより、ビジネス環境の変化に柔軟・迅速に対応できると考えられている。

がありますが、その逆の二：八という女性社会にも、問題があります。

例えば、女性の比率が高いため、結婚・出産・育児による離職が概ね五％程度あります。今後は、**ダイバーシティー**＊の考え方に立って、多様な人材の活用が求められるでしょう。

三点目は、福祉介護業界で働く人々の意識です。専門職種の集まりである福祉介護業界では、会社や組織に対する帰属意識より、職種や資格に対する帰属意識のほうが強い傾向にあります。その結果、職種（仕事）は変えずに、職場（施設・事業所）を転々とするという人たちも少なからずいます。職場（施設・事業所）に帰属意識を持たせるような教育やビジネスマインドの育成が肝要です。

成長分野である福祉業界をさらなる発展に導くために、以上述べてきたような課題の克服が望まれます。

column

福祉ビジネスの経営者

福祉ビジネスの経営者には、いくつかの類型があります。社会福祉法人の場合でみていきますと、1番目は、理事長が施設長を兼務しているケース。これは、オーナー経営の法人に多くみられます。障害者施設や保育所を1つだけ経営している社会福祉法人に多いパターンです。2番目は、理事長と施設長が独立しているケース。特に複数の施設を経営する法人では、施設経営と法人経営を明確に区別する必要がありますので、理事長は法人経営、施設長は施設経営という役割分担をしているところが多い印象です。大企業などでよく見かけるCEO（最高経営責任者）が理事長で、COO（最高執行責任者）が施設長というイメージではないでしょうか。3番目は、理事長が非常勤で、常務理事や専務理事が経営全般を取り仕切っているケース。公設民営などの公的な場合に多いパターンです。4番目は、ドクターが理事長のケースです。ドクター理事長は、日々診療していることも多く、診療のかたわら法人経営にも目配りしなければならないので、非常に多忙です。

株式会社が福祉事業を行っている場合では、経営者である代表取締役は、人事、財務、事業展開だけに専念して、現場は専門職に任せているケースが多い印象です。

2 介護保険制度の実態

二〇〇〇年に導入された介護保険制度も二〇年が経過し、バブル崩壊以降、GDP＊が拡大しない日本にあって、確実に内需に貢献しています。ここからは、介護保険制度の実態と将来についてみていきます。

成長著しい一大マーケットに

介護保険制度のこの二〇年を振り返ってみると、六五歳以上の第一号被保険者数は一・六倍の三五二八万人、要介護（要支援含む）認定者数は三倍の六五九万人、在宅サービス利用者は三・九倍で三七八万人、施設サービス利用者は一・八倍の九五万人まで増えています。地域密着型サービスも含めると、介護保険サービスの利用者数は、二〇〇〇年四月の一四九万人から、二〇一九年には四八七万人と、三・三倍も増えていることがわかります（図表2参照）。

日本において、過去二〇年間でこれほど市場が拡大した産業がほかにあるでしょうか。今後も拡大が予想される一大マーケットといえるでしょう。

二〇〇〇年に導入された介護保険制度ですが、一方では、早くも二〇〇六（平成一八）年に予防給付が導入されました。旧要支援を要支援1とし、旧要介護1を要支援2と新要介護1に改め、要支援2の該当者を介護給付から切り離して、それまで出来高払いだったものを、何回利用しても定額の予防給付に切り替えました。当初の予想以上に介護給付が増えたことに対する財政負担削減が目的です。

さらには、地域密着型介護サービスを新設して、認知症対応型通所介護や小規模多機能型居宅介護、認

用語解説

＊**GDP（国内総生産）**　その国内に居住する経済主体を基準にした数値で、居住者である生産者による国内生産活動の結果、生み出された付加価値の総額をいう。GDPの伸び率が経済成長率を表す。原則としてGDPには、市場で取引された財やサービスの生産のみが計上される。ボランティアのような、市場で取引されない活動は含まれない。

知症対応型共同生活介護(グループホーム)などを、市区町村に財源移譲しました。こちらも国の財政負担を削減する目的です。

お泊まりデイサービスを駆逐

二〇一六(平成二八)年には、雑魚寝状態で施設に宿泊させているという問題が指摘されていたお泊まりデイサービスを駆逐する目的で、小規模デイサービスを地域密着型通所介護の位置付けにして、市区町村の公募がなければ開設できないように変更しています。

制度ビジネスとしての介護保険制度は、常に財政問題が付きまといます。創意工夫して新しいビジネスモデルを作ったとしても、それが法の趣旨にそぐわないと、法律改正や報酬改定により、継続できないように誘導されます。

また介護保険は、介護のための保険ということから、近い将来、予防給付サービスがすべて制度外になることは確実でしょう。官主導のビジネスは、いわば「生かさず、殺さず」が根底にありますので、常に制度外ビジネスの可能性を模索する必要に迫られます。

これまでの20年間の対象者・利用者の増加(図表2)

介護保険制度は、制度創設以来20年を経過し、65歳以上被保険者数が1.6倍に増加する中で、サービス利用者数は約3.3倍に増加。高齢者の介護になくてはならないものとして定着・発展している。

①65歳以上被保険者の増加	2000年4月末	2019年4月末	
第1号被保険者数	2,165万人	3,528万人	1.6倍

②要介護(要支援)認定者の増加	2000年4月末	2019年4月末	
認定者数	218万人	659万人	3.0倍

③サービス利用者の増加	2000年4月末	2019年4月末	
在宅サービス利用者数	97万人	378万人	3.9倍
施設サービス利用者数	52万人	95万人	1.8倍
地域密着型サービス利用者数	–	87万人	
〃 (居宅系)	–	61万人	
〃 (居住系)	–	21万人	
〃 (施設系)	–	6万人	
計	149万人	487万人※	3.3倍

※重複があるため単純な合計値になっていない。　(出典:介護保険事業状況報告)

介護保険施設

介護保険施設は、三つの類型に分かれていますが、それぞれに特徴や違いがあります。ここでは、新規参入する際や、就職・転職する際の予備知識として、それぞれの特徴と違いについてみていきます。

介護保険三施設の違い

介護保険施設とは、介護保険制度のもとで経営される施設を指します。そして介護老人福祉施設、**介護老人保健施設**、**介護療養型医療施設**の三つを**介護保険三施設**と呼んでいます。ここでは、介護保険三施設の概要や、それぞれの違いについてみていきます(図表4参照)。

まず、一つ目は介護老人福祉施設ですが、これは介護保険法上の名称であって、一般には、特養(特別養護老人ホーム)と呼ばれる施設です。老人ホームといえば、特養(とくよう)を想像する人も多いのではないでしょうか。この特養は、第一種社会福祉事業のため、地方公共団体か社会福祉法人しか開設できません。社会福祉法人格を持っていない事業者が新たに特養を作る場合は、社会福祉法人格を取得しなければなりません。これについては、のちほど詳しく述べたいと思います。

さて、特養は要介護高齢者のための生活施設という位置付けなので、介護職員による日常生活上のお世話を受けながら、亡くなるまでそこで生活するための施設です。そのような性質から「終の棲家」と呼ばれることもあります。また、特養に入居する利用者は、住所もその施設に移すことになります。

従来、特養は多床室と呼ばれる四人部屋が中心でしたが、二〇〇二(平成一四)年から**個室・ユニットケア**というコンセプトの新型特養が制度化されて、その数も徐々に増えてきています。

新型特養では、①入居者は個性とプライバシーが確保された生活空間を持つことができる、②個室の近くに交流できる空間を設けることにより、他の入居者と良好な人間関係が築け、相互の交流が進む、③自分の生活空間ができ、少人数の入居者が交流できる空間もあることで、入居者のストレスが減る、④家族が周囲への気兼ねなく入居者を訪問できるようになり、家族関係が深まることにもつながる、⑤インフルエンザ等の感染症の防止に効果がある、というメリットがあるとされ、積極的に導入が図られてきました。

そして現在では、一部例外もありますが、新規で特養を開設する場合は、「個室・ユニットケア」の新型特養しか認められません。二〇一九年七月時点では、全特養八一一一件中、三〇九一件が新型特養ですので、全体の約四割を占めるまでになっています。

短期間での在宅復帰が目的

二つ目は介護老人保健施設で、一般には老健（ろうけん）と呼ばれています。医師が必置になっていて、特養よりも医療、リハビリが手厚い施設です。医師が必置ということから、医療法人が経営しているケースが大半です。ただし、社会福祉法人やＪＡ厚生連等も経営しています。

老健は、特養のような「終の棲家」ではなく、短期間で在宅復帰（家庭に帰ること）を目的とした施設です。そうした背景から、特養に比べると要介護1や2の軽い利用者が多いという実態があります（図表4参照）。

三つ目は介護療養型医療施設で、一般的には、**療養病床**（りょうようびょうしょう）と呼ばれます。老健よりもさらに医師が多く配置されているので、医療が手厚く、病院とほぼ変わりません。対象が要介護高齢者というだけで、限りなく病院に近い施設です。

こちらも、医療法人が経営しているケースが大半ですが、社会福祉法人や地方公共団体も開設できます。

介護療養型医療施設は、二〇二四年度末までの廃止が決まっています。国は新たに法制化された介護医療院＊に転換するよう政策誘導しています。

用語解説

＊**介護医療院**　長期的な医療と介護のニーズを併せ持つ高齢者を対象として、「日常的な医学管理」「看取りやターミナルケア」等の医療機能と、「生活施設」としての機能とを兼ね備えた施設。2018年4月の第7期介護保険事業計画に則り法制化された。

介護保険三施設の特徴と違い（図表3）

			特別養護老人ホーム	老人保健施設	介護療養型医療施設
基本的性格			要介護高齢者のための生活施設	要介護高齢者にリハビリ等を提供し在宅復帰を目指す施設	医療の必要な要介護高齢者の長期療養施設
介護保険法上の類型			介護老人福祉施設【介護保険法第8条第26項】	介護老人保健施設【介護保険法第8条第27項】	介護療養型医療施設【旧·介護保険法第8条第26項】
主な設置主体			地方公共団体、社会福祉法人	地方公共団体、医療法人	地方公共団体、医療法人
居室面積·定員数	従来型	面積／人	10.65㎡以上	8㎡以上	6.4㎡以上
		定員数	4人以下	4人以下	4人以下
	ユニット型	面積／人	10.65㎡以上		
		定員数	原則個室		
医師の配置基準			必要数（非常勤可）	常勤1以上 100:1以上	3以上 48:1以上
施設数			8,111 件	4,281 件	1,055件
利用者数			551,600 人	359,300 人	49,300 人

※「施設数」「利用者数」は介護給付費実態調査（2019年7月審査分）による。
※介護療養型医療施設には介護医療院を含む。

（出典：第45回介護保険部会資料、一部筆者加工）

介護保険施設別にみた要介護状態区分別受給者数の割合（図表4）

（単位:%）

	要介護1	要介護2	要介護3	要介護4	要介護5
介護老人福祉施設	1.4	4.0	24.4	38.0	32.2
介護老人保健施設	12.0	18.9	24.2	27.1	17.7
介護療養型医療施設	1.4	2.8	8.3	36.4	51.1
介護医療院	2.3	4.6	11.1	37.3	44.7

2019年4月審査分

4

特養の現状と参入可能性

特別養護老人ホーム（以下、特養）は開設主体に制限があり、年々、補助金も削減されてきています。ここでは、特養の現状や参入時の留意点などについてみていきます。

営利法人は開設できない

特養は、地方公共団体または社会福祉法人格のある事業者でなければ開設できません。特養は、介護保険施設でもありますが、同時に社会福祉法の第一種社会福祉事業でもあるので、株式会社などの営利法人は開設できないことになっています。

特養の建設には、国・都道府県・市区町村から建設時に補助金が出ます。二〇〇〇年の介護保険制度導入以前は、特養の建築費に対して四分の三の補助金が出ていましたが、二〇〇〇年以降、介護サービスが社会福祉法人以外の営利企業にも開放されると、**イコールフッティング**＊という観点から補助金が削減され始め、現在では、補助金は二〇％程度しか出ないようになっています。ただし、東京都は例外で、税収が豊富なことと、土地の取得が困難という問題も重なって、いまでも建築費の七五～八〇％の補助金が出ています。仮に一〇億円で特養を建築しようとすると、七・五～八億円が補助金で賄える計算です。

東京以外の地方では、一〇億円の建築費に対して、建設時補助金は二億円程度になります。現在の介護報酬では、八億円借金して果たして回収できるかという懸念もあって、財務体質の弱い小規模な社会福祉法人が新規開設することはまれです。社会福祉法人格を持たない異業種の事業者が参入する場合、新しく社会福祉法人格を取得する必要がありますが、土地を所有していることが前提になります。

＊**イコールフッティング**　商品やサービスの販売において、双方が対等の立場で競争が行えるよう、基盤・条件を同一にそろえること。

大都市を除く地域で特養待機者が激減

二〇一五（平成二七）年の介護保険法の改正で、特養の入居基準が要介護3以上になって、要介護1と2の高齢者が入居できなくなりました。加えて、入居中の要介護3以上の高齢者が、要介護1や2になると、退去しなければならなくなりました。これにより、特養待機者が激減し、東京都、埼玉県、愛知県、大阪府、横浜市等の大都市を除く地域では、ほぼ特養の待機者は解消されています。

また、特養待機者の受け皿となるサービス付き高齢者向け住宅や認知症対応型高齢者グループホームが増えたことも、それに拍車をかけています。大都市以外では、特養の整備計画は、ほぼ終了したといえるでしょう。

実際、筆者の顧問先の特養では、待機者がいなくなった、あるいは激減したという話をよく聞くようになりました。特に新型特養は、個室料金の自己負担が月額六万円以上、介護報酬の単価が従来型特養より高いこともあって、経済的な理由から敬遠される傾向が出始めています。

特養は、全国的にみると定員五〇名前後の比較的小規模な施設が半数を占めています。これは、経営効率が悪いことを表しています。定員が五〇名でも八〇名でも厨房（ちゅうぼう）設備やエントランス等の共用部分の広さはあまり変わらず、また職員配置も、定員五〇名なら八〇名の六割で済む、というわけではないので、コスト面で不利になるからです。

これから特養待機者が減っていき、定員割れを起こしてくると、特養の閉鎖や吸収合併も増えていくことでしょう。

定員階級別介護保険三施設（図表6）

	介護老人福祉施設		介護老人保健施設		介護療養型医療施設	
	施設数	構成割合（%）	施設数	構成割合（%）	施設数	構成割合（%）
総数	7,705	100.0	4,241	100.0	1,324	100.0
1〜9人	−	−	2	0.0	229	17.3
10〜19人	−	−	86	2.0	254	19.2
20〜29人	−	−	190	4.5	124	9.4
30〜39人	593	7.7	51	1.2	138	10.4
40〜49人	379	4.9	101	2.4	133	10.0
50〜59人	2,482	32.2	335	7.9	126	9.5
60〜69人	682	8.9	210	5.0	105	7.9
70〜79人	664	8.6	244	5.8	19	1.4
80〜89人	1,259	16.3	607	14.3	22	1.7
90〜99人	355	4.6	326	7.7	42	3.2
100〜109人	767	10.0	1,606	37.9	27	2.0
110〜119人	160	2.1	49	1.2	27	2.0
120〜129人	139	1.8	103	2.4	21	1.6
130〜139人	72	0.9	46	1.1	5	0.4
140〜149人	33	0.4	47	1.1	4	0.3
150以上	123	1.6	238	5.6	48	3.6

（参考：厚生労働省資料〈平成28年10月1日〉）

5 老健・療養病床の現状と参入可能性

介護老人保健施設（以下、老健）や介護療養型医療施設（以下、療養病床）は、管理者が原則として医師である必要があるなどの制限があり、医療法人が開設するケースが多い実態です。ここでは、老健と療養病床の現状や参入時の留意点などについてみていきます。

経営主体の多くが医療法人

老健は、医療法人、社会福祉法人、日本赤十字社、JA厚生連、健康保険組合などが開設できます。ただし、老健の管理者は原則として医師でなければなりませんので、自然と医療法人が開設するケースが多くなります。老健の経営主体は七五％を医療法人が占めています。

都道府県から建設時補助金が出ますが、特養のように億単位の補助金は出ません。ただし、東京都は例外です。筆者が以前関わった地方の老健では、定員五〇名でしたが、国からの補助はなく、県から二五〇〇万円の補助金しか出ませんでした。老健も特養と同様で、各市区町村の介護保険事業計画の整備目標に掲げられていないと、新規開設はできません。また、多くは都道府県によるコンペがあり、過去の実績や資金力が問われるので、開設に至るまでには、それ相応のハードルがあります。

老健は、特養のように従来型と新型（個室・ユニット型）の二つで介護報酬が分かれているだけでなく、**在宅復帰・在宅療養支援等指標**＊に基づいて**超強化型**、**強化型**、**加算型**、**基本型**、**その他型**の五つに類型化されています。基本単価も超強化型が一番高く、順に低くなり、

＊**在宅復帰・在宅療養支援等指標**　①在宅復帰率、②ベッド回転率、③入所前後訪問指導割合、④退所前後訪問指導割合、⑤居宅サービスの実施数、⑥リハ専門職の配置割合、⑦支援相談員の配置割合、⑧要介護4または5の割合、⑨喀痰（かくたん）吸引の実施割合、⑩経管栄養の実施割合、の10項目をもとに算出します。

その他型が一番低く設定されています。これは、二〇一八（平成三〇）年四月の介護報酬改定で、在宅復帰に関し、より成果のある施設を評価して、在宅復帰を促進しようという政策誘導によるものです。なお、老健は「終の棲家」ではないので「個室・ユニット型」の施設はそう多くはなく、特養の四〇％に対して、その割合は一〇％程度という状況です。

また、特養よりも大規模施設の割合が多い傾向です。そのことは、前節の図表6でもわかります。一方で、療養病床では、二九名までの施設が約半数であり、少ない定員数の施設が多いことがわかります。

図表7をみますと、介護報酬は療養病床が一番高く、次に老健、そして特養が一番低いことがわかります。介護医療院が高いのは、療養病床からの転換を促進したいという政策誘導により、移行時の加算が設けられているためです。

給与水準は施設や職務によって異なる

介護保険三施設への就職あるいは転職を考えている方のために、給料の水準を示しておきたいと思います。

介護保険三施設の要介護度別費用（図表7）

（単位：万円）

	全体の平均	要介護1	要介護2	要介護3	要介護4	要介護5
介護老人福祉施設	287.4	225.0	248.4	267.7	288.2	309.0
介護老人保健施設	307.3	266.2	285.0	305.3	322.0	339.4
介護療養型医療施設	388.1	245.3	279.1	346.1	381.7	409.3
介護医療院	422.1	281.1	309.1	380.8	422.0	451.5

※受給者1人当たり費用額＝費用額／受給者数
費用額とは審査月に原審査で決定された額であり、保健給付額、公費負担額および利用者負担額（公費の本人負担額を含む）の合計額である。市区町村が直接支払う費用（償還払い）は含まない。

（参考：厚生労働省資料〈平成28年10月1日〉）

図表8が参考になります。介護職の場合、特養が一番高く、常勤の介護福祉士は、平均で三六万七二一七円、介護福祉士資格のない常勤介護職は三四万七九四一円です。一方、老健は介護福祉士で三四万三一七八円、介護職は三二万五八六五円です。特養と老健を比較すると二万円以上、特養と療養病床との比較では四万円以上の開きがあります。平均値というのは、往々にして実態を表さない場合がありますが、この結果は、筆者の現場での実感と一致します。

特養は介護職中心、老健と療養病床は医療職中心、という機能の違いもありますが、社会福祉法人と医療法人の違いという点も見過ごしてはなりません。特養を経営している社会福祉法人は、準公務員的な待遇の時代を経て現在に至っているので、年功序列型の賃金体系が残っているところが多く、加えて、賞与も年間四ヵ月前後を支給しています。こうしたことが高い平均給与となっているといえるのではないでしょうか。

ただ、一方で看護師は老健や療養病床のほうが高くなっています。これは、医療職中心という考え方が、人事給与制度にも反映されているためだと思われます。

介護保険三施設の職種別平均給与（図表8）

（常勤換算1人当たり給与費：円）

施設種別		介護老人福祉施設（特養）	介護老人保健施設（老健）	介護療養型医療施設（療養病床）	特養－老健	特養－療養
常勤	介護福祉士	367,217	343,178	322,319	24,039	44,898
	介護職員	347,941	325,865	298,897	22,076	49,044
	看護師	436,985	470,993	449,007	(34,008)	(12,022)
	准看護師	396,601	406,412	377,562	(9,811)	19,039
非常勤	介護福祉士	280,256	266,935	271,956	13,321	8,300
	介護職員	265,776	254,566	253,774	11,210	12,002
	看護師	395,075	364,092	366,031	30,983	29,044
	准看護師	360,576	347,767	332,724	12,809	27,852

※決算額を12で除した額（賞与の12分の1が計上されている）。

（厚生労働省「平成29年度介護事業経営実態調査結果」をもとに著者作成）

6 高齢者の住まい

高齢者のための住まいには、色々な種類があります。ここでも、新規参入する際や、就職・転職する際の参考に資するために、それぞれの特徴と違いについてみていきます。

五つに分類される

高齢者の住まいは、図表9のとおり①**サービス付き高齢者向け住宅**、②有料老人ホーム、③**養護老人ホーム**、④軽費老人ホーム、⑤**認知症高齢者グループホーム**の五つに分類されます。サービス付き高齢者向け住宅のみが国土交通省の管轄で、高齢者向け住まい法を根拠としていますが、あとの四つはすべて老人福祉法が根拠法になっています。

あくまでも住まいという位置付けなので、介護保険三施設のように介護サービスが前提の施設ではありませんが、図表9の定義にあるように、認知症高齢者グループホームおよび有料老人ホームの一部（**介護付き有料老人ホーム**）は、介護サービスと住まいがセットになっています。

設置主体をみると、サービス付き高齢者向け住宅、有料老人ホーム、認知症高齢者グループホームは営利法人中心となっていますが、養護老人ホームと軽費老人ホームは地方公共団体・社会福祉法人のみとなっています。これは、第一種社会福祉事業であるためです。

養護老人ホームは、生活環境的・経済的に困窮した高齢者を養護し、社会復帰してもらうための施設です。市区町村が対象者の資産調査等を行い、入居を決定する、措置施設といわれるものです。対象者は、特養のような要介護高齢者ではなく、自立か、もしくは要支援程度の方が中心です。介護が常時必要になると、特養などに転居する必要があります。

＊**要介護認定**　介護保険サービスを受けるためには、市区町村が行う要介護認定を受ける必要がある。要介護（要支援）認定を受けられるのは、65歳以上または40歳以上でがんなどの特定疾病（16疾病）を持っている方。要介護認定の結果、要支援1、2または要介護1～5と判断されると、介護保険サービスを利用できるようになる。

一方、軽費老人ホームは、措置施設ではありませんので、施設長と利用者の直接契約になりますが、対象者は養護老人ホームと同じで、身寄りがない、生活環境的・経済的に困窮している、自立あるいは要支援の高齢者です。見守りと食事の提供を行う「**A型**」と、見守りのみの「**B型**」があります。B型の場合、食事は自炊することになります。

養護老人ホームと軽費老人ホームは国の政策上、今後新たに開設されることはないので、参入機会はほとんどないといっても過言ではないでしょう。

また、採用募集も退職者を補充するときくらいですので、就職先としての可能性は極めて低いと思われます。

賃貸住宅の位置付けとなる

介護保険法上の類型でみていきますと、サービス付き高齢者向け住宅は「なし」となっているように、それ自体は介護の機能を持たない、単なるアパート（賃貸住宅）の位置付けです。

また、有料老人ホーム、養護老人ホーム、軽費老人ホームもそれ自体は住まいであって介護の機能を持ちませんが、介護保険法上、特定施設入居者生活介護の指定を受けることで、介護保険サービスを提供することが可能になります。**特定施設入居者生活介護**は、簡単にいうと、介護職員を配置して、介護サービスを提供することで、介護報酬が得られるというものです。

最後に、認知症高齢者グループホームは、その名のとおり、認知症高齢者のための住まいということですが、介護保険法上は、認知症対応型共同生活介護という居宅（在宅）サービスの位置付けです。限りなく自宅に近い雰囲気で、職員と利用者が一緒に共同生活をするような施設になっています。

こうしてみてきますと、新規参入の可能性がある事業は、サービス付き高齢者向け住宅、有料老人ホーム、認知症高齢者グループホームの三つに絞られるでしょう。

サービス付き高齢者向け住宅、有料老人ホーム（介護付きを含む）、認知症高齢者グループホームの現状と参入可能性については、次節以降で詳しくみていきます。

高齢者の住まい（図表 9）

	①サービス付き高齢者向け住宅	②有料老人ホーム	③養護老人ホーム	④軽費老人ホーム	⑤認知症高齢者グループホーム
根拠法	高齢者住まい法第5条	老人福祉法第29条	老人福祉法第20条の4	社会福祉法第65条 老人福祉法第20条の6	老人福祉法第5条の2第6項
基本的性格	高齢者のための住居	高齢者のための住居	環境的、経済的に困窮した高齢者の入所施設	低所得高齢者のための住居	認知症高齢者のための共同生活住居
定義	高齢者向けの賃貸住宅又は有料老人ホーム。高齢者を入居させ、状況把握サービス、生活相談サービス等の福祉サービスを提供する住宅	老人を入居させ、入浴、排せつ若しくは食事の介護、食事の提供、洗濯、掃除等の家事、健康管理をする事業を行う施設	入居者を養護し、その者が自立した生活を営み、社会的活動に参加するために必要な指導及び訓練その他の援助を行うことを目的とする施設	無料又は低額な料金で、老人を入所させ、食事の提供その他日常生活上必要な便宜を供与することを目的とする施設	入居者について、その共同生活を営むべき住居において、入浴、排せつ、食事等の介護その他の日常生活上の世話及び機能訓練を行うもの
介護保険法上の類型	なし （有料老人ホームの基準を満たす場合、特定施設入居者生活介護が可能）※	特定施設入居者生活介護※			認知症対応型共同生活介護
主な設置主体	限定なし （営利法人中心）	限定なし （営利法人中心）	地方公共団体 社会福祉法人	地方公共団体 社会福祉法人 知事許可を受けた法人	限定なし （営利法人中心）
対象者	次のいずれかに該当する単身・夫婦世帯 ・60歳以上の者 ・要介護／要支援認定を受けている60歳未満の者	老人 （老人福祉法上、老人に関する定義がないため、解釈においては社会通念による）	65歳以上の者であって、環境上及び経済的理由により居宅において養護を受けることが困難な者	身体機能の低下等により自立した生活を営むことについて不安であると認められる者であって、家族による援助を受けることが困難な60歳以上の者	要介護者／要支援者であって認知症である者（その者の認知症の原因となる疾患が急性の状態にある者を除く）
1人当たり面積	25㎡など	13㎡（参考値）	10.65㎡	21.6㎡（単身） 31.9㎡（夫婦） など	7.43㎡
医療提供体制	－	・協力医療機関 （参考：協力内容に医師の訪問による健康相談、健康診断が含まれない場合には別に嘱託医を確保）	・配置医 ・協力病院	・協力医療機関	・協力医療機関 ・特養、老健、病院等との連携及び支援体制の整備

※外部サービスの活用も可。（出典：第45回介護保険部会資料〈平成25年6月6日〉より一部改変）

7 サ高住の現状と参入可能性

サービス付き高齢者向け住宅（以下、サ高住）は小規模な施設が多いものの、国土交通省の管轄で介護保険法の縛りもないことから施設数は増えており、また、要介護高齢者の受け皿となっています。現在、多くの地域で飽和状態にあります。

小規模な施設が過半数を占める

サ高住は、端的にいうと高齢者アパートです。業界内では、「サ高住」と呼ばれています。定員規模は、一〇名以上のところもありますが、二九名までの小規模な施設が過半数を占めています。アパートですから、介護サービスの機能はありません。スタッフはいますが、郵便物や宅配物の受け取り、日々の簡単な連絡等を通した安否確認や、生活相談程度の関わりです。

サ高住単独のケースは少なく、多くの場合、デイサービス（通所介護）やヘルパーステーション（訪問介護）を併設しています。外部のデイサービスを使ったり、外部のヘルパーに任せているケースもありますが、サ高住に併設しているモデルが多いようです。このように、高齢者アパートに介護サービスの機能を備えて、要介護高齢者の受け皿になっています。

アパートの賃料だけでは投資効率に限界があるので、介護報酬による売上で利益を上げるという考え方です。最近では、小規模多機能型居宅介護を併設することで、介護報酬の回収効率が高いモデルも増えてきています。特養の待機者が減ってきた背景には、こうしたサ高住の整備が進んだこともあります。

今後は開設が抑制される

遊休土地活用目的の新規開設があとを絶たず、地方では飽和状態になっています。これに対して、厚労省は第八期の指針で、「整備に当たっては、有料老人ホーム及びサービス付き高齢者向け住宅の設置状況を勘案して計画を策定すること」と明記しています。つまり今後、有料老人ホームおよびサ高住の開設は、市区町村により、数がコントロールされることを意味します。飽和状態の市区町村では、開設が抑制されていくことでしょう。

図表10にあるように、高齢者一万人当たりの平均戸数を上回っている地域での新規開設は難しくなると思われます。一方で、同じく第八期の指針には、「特定施設入居者生活介護の指定を受ける介護付きホーム（サ高住・有料老人ホーム）も補助対象に追加する」と明記されていますので、今後、サ高住に参入する際は、最初から特定施設入居者生活介護の指定を受ける前提で事業計画を作成することも選択肢の一つになるでしょう。

高齢者数とサービス付き高齢者向け住宅戸数との関係（都道府県別）（図表10）

東京都や神奈川県では、高齢者人口の大幅な増加が見込まれる一方、現状の高齢者人口当たりのサービス付き高齢者向け住宅の戸数が少ない傾向にあり、将来的に供給が不足する可能性がある。

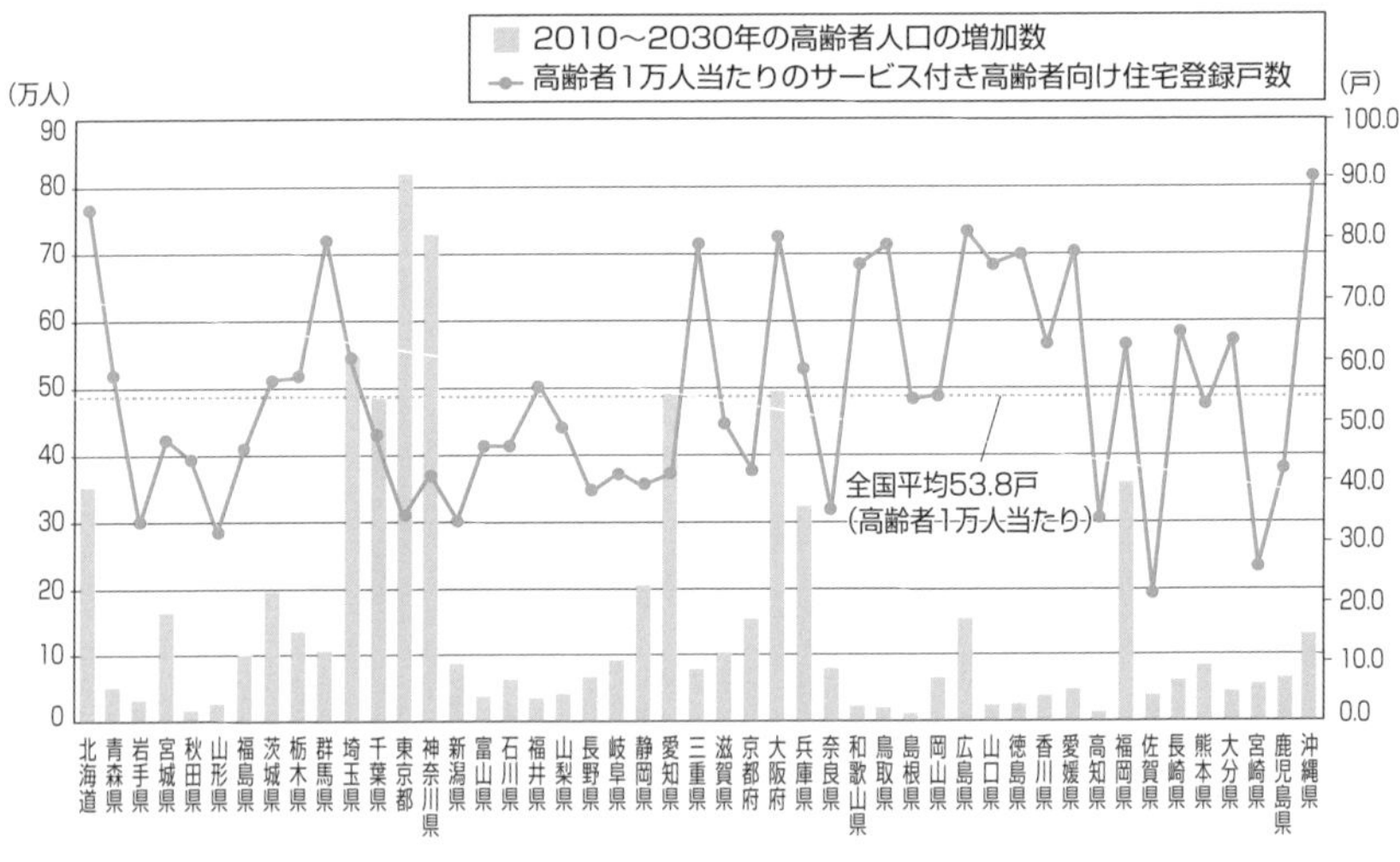

8 有料老人ホームの現状と参入可能性

有料老人ホームは株式会社等の営利法人が経営を行っていることが多く、三つのタイプがあります。接遇マナーやホスピタリティーを重視する施設もあり、就職時には施設の特徴や違いを理解しておく必要があります。

三つのタイプがある

有料老人ホームは、老人福祉法を根拠としていますが、経営主体は株式会社等の営利法人が中心です。有料老人ホームとは、高齢者が心身の健康を維持しながら生活できるように配慮された「住まい」のことです。

①介護付き有料老人ホーム、②**住宅型有料老人ホーム**、③**健康型有料老人ホーム**の三つのタイプに分かれます。

介護付き有料老人ホームは、要介護状態でも生活できる施設です。有料老人ホームで「介護付き」と名乗ることができるのは、「特定施設入居者生活介護」の指定を受けた施設だけです。

住宅型有料老人ホームは、自立度の高い高齢者を対象としている施設ですが、要介護状態でも入居できます。要介護の入居者は、自宅に居たときと同じように、外部の訪問介護やデイサービスなどを利用しながら、生活することができるようになっています。また、デイサービスや居宅介護支援事業所、訪問介護事業所が併設されている住宅型有料老人ホームもあります。

健康型有料老人ホームは、介護サービスを必要としない高齢者に特化した施設です。入居条件は、六〇歳以上で完全に自立して生活できる人です。介護が必要な場合は基本的に入居対象外で、入居後に病気や怪我で常時介護が必要となった場合は、退去する必要があります。また、食事や掃除、洗濯など、生活上必要な家事はすべて施設側が行ってくれるので、老人ホームというよりホテルのイメージです。数は少なくて有料老人ホーム全体の一％しかありません。

接遇やマナーが求められる場合も

介護職の人が、特養やデイサービスから有料老人ホームに転職する場合、「近くに似たような老人ホームができた」あるいは「給料が少し高い」という理由だけで転職すると、「こんなはずじゃなかった」ということにもなりかねません。「老人ホーム」という名前が付いているために介護ができればいいだろうと考え、転職すると、介護より接遇マナーやホスピタリティーが求められたりして、自分が考えている仕事と違う場合があるので注意が必要です。

有料老人ホームは、全国展開している大手企業が参入しています。また、株式会社や有限会社が多いことなどから、M&A＊が活発な分野です。

有料老人ホーム3種類の違い（図表11）

種類		介護付き有料老人ホーム	住宅型有料老人ホーム	健康型有料老人ホーム
入居対象者	自立	△	○	○
	要支援	△	○	×
	要介護	○	○	×
入居時の費用の目安		0～1億円以上(施設によって幅広い)		
月額利用料の目安		12～40万円+介護保険自己負担分	12～40万円+介護保険自己負担分	12～40万円
付帯サービス	食事	○	○	○
	緊急時の対応	○	○	○
	介護サービス	○	○	×
永く住まえる家		○	○	×

○：受け入れ可　△：条件により受け入れ可　×：受け入れ不可

（出所：みんなの介護 ホームページ）

＊M&A　エムアンドエー。Mergers(合併) and Acquisitions(買収)の略で、企業の合併や買収の総称である。売り手側の理由としては、小規模運営なので投資負担や人材確保に限界がある、社員の雇用を確保するため資金力や組織力のある大手企業の傘下に入りたい、早急に事業を引き継ぎたいが後継者がいない、などが挙げられる。

9 認知症グループホームの現状と参入可能性

認知症高齢者グループホームは、特定の条件を満たす認知症高齢者が支援を受けながら生活する施設で、株式会社や社会福祉法人などが運営しています。近年は地域交流を取り入れる施設が増えており、看取りの需要も高まっています。

小規模で入居には条件がある

認知症高齢者グループホームの経営主体は、半数が株式会社ですが、社会福祉法人が特養などと一緒に開設しているケースも少なくありません。二〇一七(平成二九)年一〇月現在、全国に一万三三九七ヵ所(厚労省「平成29年介護サービス施設・事業所調査の概況」)の施設があります。

入居者の定員は、一ユニット当たり五～九人(個室)で、一つの施設に三ユニットまで設けることができるので、最大でも定員二七名の小さな施設(住まい)です。職員もそれに応じて少人数なので、なじみの関係が作りやすいという認知症高齢者にとってのメリットがあります。新しく建築している施設もありますが、古民家をリフォームしたりして、認知症高齢者が環境になじめるように、様々に工夫しているところもあります。

グループホームに入居できるのは、①六五歳以上の高齢者で、かつ要支援2から要介護5までの認定を受けている、②医師に認知症の診断を受けた、③集団生活を営むことに支障がない、④施設と同一の市区町村に住民票がある、という条件を満たす人となっています。グループホームは地域密着型サービスなので、その市区町村の住民しか利用できません。どうしても利用したい場合は、いったん、その自治体に住民票を移す必要があります。

グループホームは、住まいの位置付けなので、居室や食事を提供するだけで、外部の介護サービスを利用することも可能ですが、たいていは、介護保険の認知症対応型共同生活介護の事業所指定を受けて一体的に介護サービスを提供しています。

最近では、祭りに参加したり公園を掃除したりと、地域交流を取り入れる施設も増えてきています。地域の方々と交流する場である**認知症カフェ**を開催したり、認知症サポーター養成講座を開いたりするなど、地域との交流や啓発活動を行っている施設は、全体のおよそ半数にものぼります。

看取り介護加算が追加

また、高齢化に伴い、グループホームでも**看取り**の需要が高まってきました。二〇〇九（平成二一）年に介護保険法の改正で、**看取り介護加算**が新たに追加されました。一方、看取り体制が整っていないグループホームでは、健康状態が悪化すると提携している医療施設、あるいは介護施設へ移ってもらうという流れになってしまい、稼働率が安定しないという問題を抱えています。

このように小規模で、なかなか利益率が上がらないような施設形態ですが、実は利益率は高いのです。「平成二九年度介護事業経営実態調査結果」では、全国平均の利益率が五・一％と全介護保険サービス中のトップであり、特養（介護老人福祉施設）の一・六％や老健（介護老人保健施設）の三・四％、療養病床（介護療養型医療施設）の三・七％より利益率が高いことがわかります。

認知症対応型グループホームは、それぞれの入居者の能力に応じて、料理や掃除といった役割を担いながら、入居者や職員が一緒に暮らしていくのが、ほかの老人ホーム・介護施設と大きく異なる点です。認知症に興味を持っていたり少人数の利用者となじみの関係を作りながらじっくりと介護ができる環境を望んでいる介護職の人には、向いている施設ではないでしょうか。

「平成29（2017）年度介護事業経営実態調査結果」より（図表14）

介護サービス種別	集計施設数	利用者1人当たり収入(円)	利用者1人当たり支出(円)	人件費率(%)	2014年度人件費率(%)	人件費率比較(%)	収支差率(%)	←→比較	2014年度収支差率(%)
介護老人福祉施設	1,340	12,213	12,024	64.6	57.6	7.0	1.6	⬇	8.7
地域密着型介護老人福祉施設	997	13,321	13,252	64.4	67.2	−2.8	0.5	⬇	8.0
介護老人保健施設	672	13,272	12,819	60.1	56.5	3.6	3.4	⬇	5.3
介護療養型医療施設	256	16,075	15,541	60.0	56.3	3.7	3.3	⬇	7.4
認知症高齢者グループホーム※	477	12,958	12,295	62.7	55.9	6.8	5.1	⬇	11.2
訪問介護※	1,523	3,503	3,336	76.1	73.7	2.4	4.8	⬇	7.4
夜間対応型訪問介護	51	8,033	7,915	74.9	83.0	−8.1	1.5	⬇	3.8
訪問入浴介護※	589	13,675	13,294	65.1	64.5	0.3	2.8	⬇	5.4
訪問看護※	555	7,971	7,673	78.3	76.6	1.7	3.7	⬇	5.0
通所介護※	1,131	9,129	8,678	64.2	55.8	8.4	4.9	⬇	10.6
認知症通所介護※	689	12,526	11,910	68.3	62.2	6.1	4.9	⬇	7.3
短期入所生活介護※	713	12,045	11,581	64.0	59.2	4.8	3.8	⬇	7.3
居宅介護支援	910	11,989	12,153	84.1	81.9	2.2	−1.4	⬇	−1.0
小規模多機能型居宅介護※	1,051	226,974	215,343	67.6	63.4	4.2	5.1	⬇	6.1
特定施設入居者生活介護※	545	12,927	12,607	46.0	39.9	6.1	2.5	⬇	12.2

※は予防を含む。

（厚生労働省資料より著者作成）

高齢者の在宅サービス

高齢者のための在宅サービスには、介護給付のサービスと予防給付のサービスがありますが、ここでは介護給付のサービスを取り上げます。主なサービスには、訪問介護、通所介護などがあり、通所介護は新規参入が増えています。

デイサービスは新規参入が活発

在宅サービスの介護給付は、多い順に通所介護の約一兆二四〇〇億円、訪問介護の約九〇〇〇億円、特定施設入居者生活介護の約五三〇〇億円となっています。

事業所数は、多い順に**居宅療養管理指導**が約三万九〇〇〇ヵ所、**訪問介護**約三万三〇〇〇ヵ所、**通所介護**が約二万四〇〇〇ヵ所、地域密着型通所介護と地域密着型認知症対応型通所介護も含めた通所介護の総数は、約四万六〇〇〇ヵ所もあります。国内のコンビニエンスストアが約五万ヵ所ですので、通所介護は、コンビニとほぼ同じくらいあるわけです。

通所介護は、参入障壁が低いわりに収益性が高い事業として知られていますので、新規参入も活発です。一方で、営業不振等による廃業・倒産も多く、またM&Aによる吸収合併も繰り返しながら、事業所数は増え続けています。

訪問介護はヘルパーが高齢化しており、後継者も増えない実態から、事業所数はほぼ横ばいです。特定施設入居者生活介護は、サ高住や有料老人ホームの増加に伴い、事業所数も年々増加しています。

国は、その数や費用が増えてくると新規開設に縛りを入れてくるので、通所介護は、総量規制や公募制を導入するなど、将来抑制されていく可能性があります。

総費用等における提供サービスの内訳(図表15)

		費用額(百万円)	利用者数(千人)	事業所数
居宅	訪問介護	900,694	1,456.7	33,176
	訪問入浴介護	52,495	123.0	1,770
	訪問看護	257,052	701.0	11,795
	訪問リハビリテーション	42,823	153.6	4,614
	通所介護	1,243,519	1,604.5	23,881
	通所リハビリテーション	409,205	621.8	7,920
	福祉用具貸与	302,033	2,413.1	7,113
	短期入所生活介護	422,572	739.1	10,615
	短期入所療養介護	57,484	152.9	3,781
	居宅療養管理指導	111,247	1,053.5	39,123
	特定施設入居者生活介護	532,291	280.6	5,550
	計	4,331,418	3,930.2	149,338
居宅介護支援		465,401	3,581.1	39,685
地域密着型	定期巡回・随時対応型訪問介護看護	46,295	36.8	946
	夜間対応型訪問介護	3,416	12.6	172
	地域密着型通所介護	402,188	596.8	19,452
	認知症対応型通所介護	85,213	82.7	3,439
	小規模多機能型居宅介護	252,000	143.2	5,648
	看護小規模多機能型居宅介護	33,730	18.1	627
	認知症対応型共同生活介護	682,789	257.4	13,904
	地域密着型特定施設入居者生活介護	19,718	10.4	350
	地域密着型介護老人福祉施設	211,289	75.7	2,344
	計	1,736,638	1,182.6	46,882
施設	介護老人福祉施設	1,847,256	690.7	8,057
	介護老人保健施設	1,306,490	566.2	4,285
	介護療養型医療施設	199,799	73.0	912
	介護医療院	23,724	12.4	145
	計	3,377,270	1,284.6	13,399
	合計	9,910,728	5,179.2	244,054

※事業者数は延べ数である。(出典:厚生労働省「平成30年度介護給付費等実態統計」)

小規模事業所の統合と再編成の検討も

図表16では、二〇二五（令和七）年度のサービスの見込み量が推測されています。デイサービスは、二〇二〇（令和二）年度の二四四万人から二八〇万人（一四％増）へと五年で利用者が三六万人増える予測ですから、事業所数もしばらくは増え続けることでしょう。訪問介護は、二〇二〇（令和二）年度の一二二万人から一三八万人（一三％増）へと五年で利用者が一六万人増える予測です。

国が積極的に増やしていきたいと考えるサービスは、**小規模多機能**で二〇二〇（令和二）年より二万人増（一三％増）、同じく**看護小規模多機能型居宅介護**の八千人増（三八％増）の二つです。財務省は、財政制度審議会で通所介護と訪問介護の公募制による許認可と小規模事業所の統合・再編成を提言しています。介護サービス事業所は、零細・小規模なところが多く、一つの事業所しか経営していない法人企業が四〇％を占めているので、効率が悪く、生産性が上がりにくい構造になっているとの指摘のようです。

第７期介護保険事業計画のサービス量見込み（図表16）

介護サービス量	2017年度実績値	2020年度推計値	2025年度推計値
在宅介護	343万人	378万人（10%増）	427万人（24%増）
ホームヘルプ	110万人	122万人（11%増）	138万人（26%増）
デイサービス	218万人	244万人（12%増）	280万人（28%増）
ショートステイ	39万人	43万人（9%増）	48万人（23%増）
訪問看護	48万人	59万人（22%増）	71万人（47%増）
定期巡回・随時対応型サービス	1.9万人	3.5万人（84%増）	4.6万人（144%増）
小規模多機能	10万人	14万人（32%増）	16万人（55%増）
看護小規模多機能型居宅介護	0.8万人	2.1万人（172%増）	2.9万人（264%増）
居住系サービス	43万人	50万人（17%増）	57万人（34%増）
特定施設入居者生活介護	23万人	28万人（21%増）	32万人（41%増）
認知症高齢者グループホーム	20万人	22万人（13%増）	25万人（26%増）
介護施設	94万人	105万人（11%増）	121万人（29%増）
特養	59万人	65万人（11%増）	73万人（25%増）
老健	36万人	38万人（6%増）	41万人（17%増）
介護療養型医療施設	5万人	4万人	－
介護医療院	－	1.5万人	6.4万人

（参考：介護給付費分科会資料〈令和2年3月16日〉）

11 障害者福祉の変遷

障害福祉サービスも社会福祉基礎構造改革の流れを受けて、措置から契約へ、さらには民間への門戸開放が進んでいます。介護保険制度同様、民間企業へ開放されたことでその事業規模も年々拡大しています。

措置から契約へ移行

障害者福祉も、半世紀以上にわたって、措置制度で運用されてきましたが、社会福祉基礎構造改革を受け、二〇〇三（平成一五）年の**支援費制度**で措置から契約へ移行し、医療法人も含めた民間企業に門戸が開放されました。

支援費制度は、二〇〇六（平成一八）年に**障害者自立支援法**へと変わりましたが、これによりサービス体系が一元化され、障害の状態を示す障害者共通の**障害程度区分**（現在は「障害支援区分」という）が導入されました。

この間、障害者福祉も介護保険と一本化したいという国の意向も働いて、介護保険制度と同様の制度設計になっています。二〇一二（平成二四）年に障害者総合支援法となり、障害者の範囲に難病等が追加されるなどして、現在に至っています。

一三年間で三倍の予算規模に

二〇〇七（平成一九）年度から二〇二〇（令和二）年度（予算案）までの一三年間で、障害福祉サービスの予算は三倍の一兆六〇〇〇億円を超え、二〇年間で三倍の予算規模になった介護保険制度のスピードをはるかに超えています。

障害者福祉の変遷（図表 17）

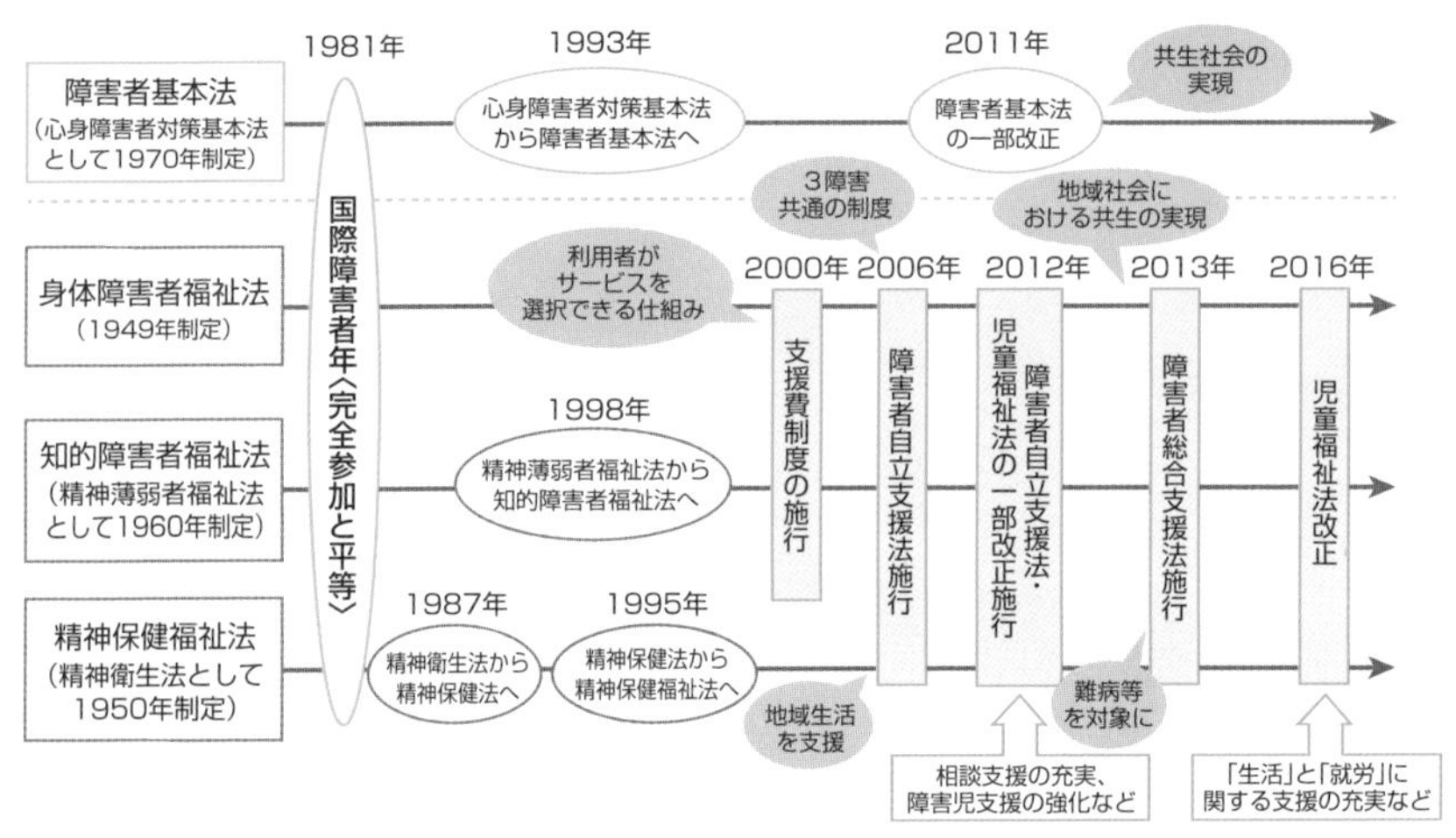

（参考：厚生労働省資料）

障害福祉サービス等予算の推移（図表 18）

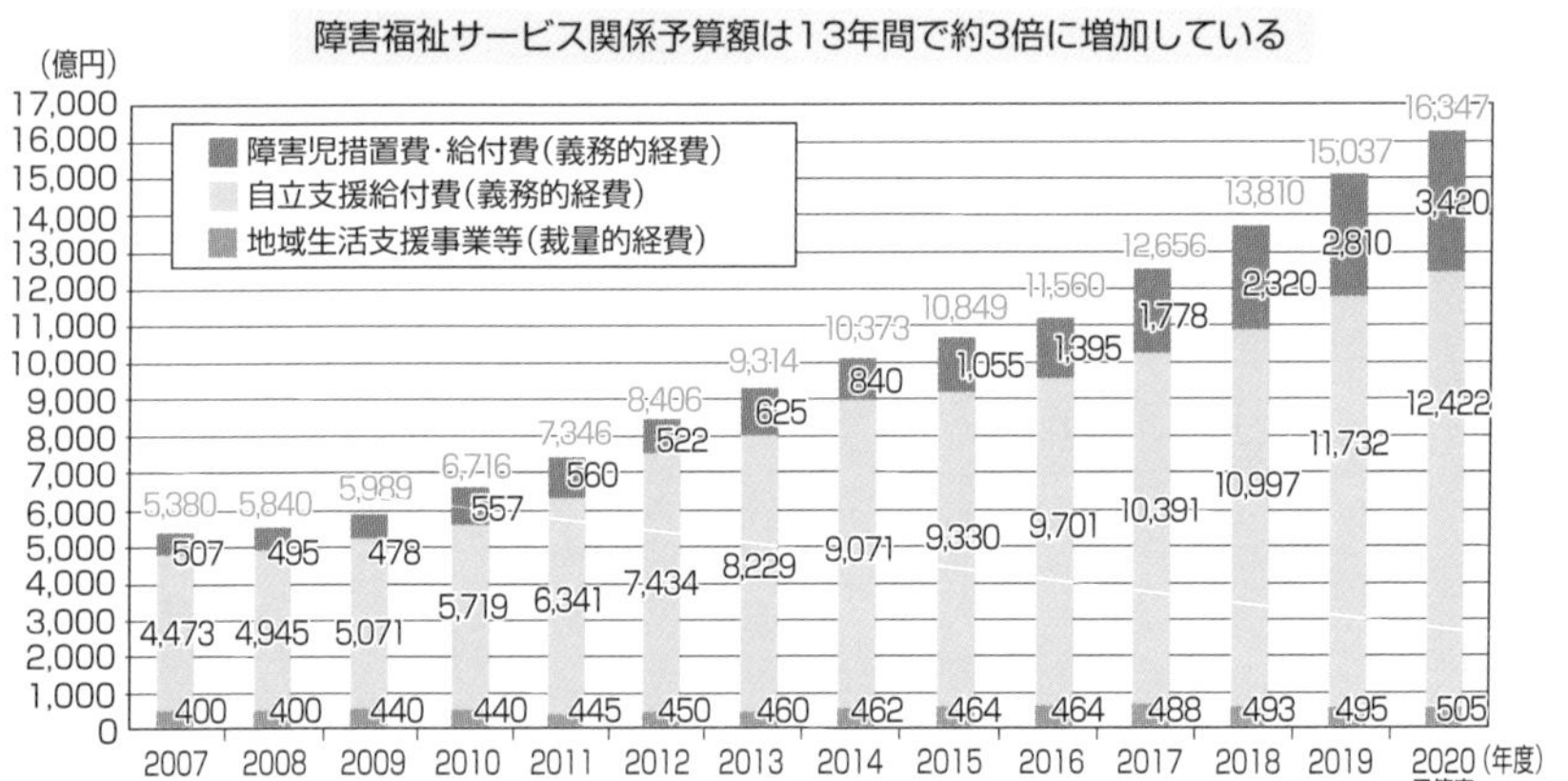

※2008年度の自立支援給付費予算額は補正後予算額である。
※2009年度の障害児措置費・給付費予算額は補正後予算額である。
※2017年度以降の地域生活支援事業等には地域生活支援促進事業分も含まれる。

12

障害福祉サービスの体系

障害福祉サービスは、介護保険サービスのような施設サービスと在宅サービスというくくりではなく、自立支援給付（介護給付と訓練等給付）およびその他の給付（障害児の入所通所支援と相談支援）の二つに分かれています。

介護給付と訓練等給付、その他の給付に分類

自立支援給付の一部である介護給付は、身体障害者、知的障害者、精神障害者の日常生活を支える介護サービスに対して給付されるものです。対象となるサービス（事業）は、図表19のとおり、居宅介護、重度訪問介護、同行援護、重度障害者等包括支援といった訪問系サービスと、短期入所（ショートステイ）、療養介護、生活介護といった日中活動系サービスおよび施設入所支援です。

一方、**訓練等給付**には、自立訓練（機能訓練・生活訓練）や就労移行支援、就労継続支援（A型・B型）、共同生活援助（グループホーム）があります。

また、自立支援給付以外のその他の給付も大きく二つに分かれています。その一つは、障害児の通所入所支援施設が提供する児童発達支援（福祉型と医療型）、放課後等デイサービス、保育所等訪問支援に対する給付です。そして、二つ目は、相談支援に対する給付と地域移行支援、地域定着支援に対する給付となっています。

地域社会に移行する障害者が増加

障害福祉サービス費用の中で一番多いのは生活介護

障害福祉サービスの体系（図表19-1）

	サービス名	内容		利用者数	施設・事業所数
訪問系	居宅介護	自宅で、入浴、排せつ、食事の介護等を行う	介護給付	168,465	19,748
訪問系	重度訪問介護	重度の肢体不自由者又は重度の知的障害若しくは精神障害により行動上著しい困難を有する者であって常に介護を必要とする人に、自宅で、入浴、排せつ、食事の介護、外出時における移動支援等を総合的に行う	介護給付	10,598	7,283
訪問系	同行援護	視覚障害により、移動に著しい困難を有する人が外出するとき、必要な情報提供や介護を行う	介護給付	24,732	6,263
訪問系	重度障害者等包括支援	介護の必要性がとても高い人に、居宅介護等複数のサービスを包括的に行う	介護給付	9,662	1,557
日中活動系	短期入所（ショートステイ）	自宅で介護する人が病気の場合などに、短期間、夜間も含め、施設で入浴、排せつ、食事の介護等を行う	介護給付	31	10
日中活動系	療養介護	医療と常時介護を必要とする人に、医療機関で機能訓練、療養上の管理、看護、介護及び日常生活の世話を行う	介護給付	48,552	4,378
日中活動系	生活介護	常に介護を必要とする人に、昼間、入浴、排せつ、食事の介護等を行うとともに、創作的活動又は生産活動の機会を提供する	介護給付	19,967	246
施設系	施設入所支援	施設に入所する人に、夜間や休日、入浴、排せつ、食事の介護等を行う	介護給付	270,951	9,572
居住系	共同生活援助（グループホーム）	夜間や休日、共同生活を行う住居で、相談、入浴、排せつ、食事の介護、日常生活上の援助を行う	訓練等給付	130,727	2,607
訓練・就労系	自立訓練（機能訓練）	自立した日常生活又は社会生活ができるよう、一定期間、身体機能の維持、向上のために必要な訓練を行う	訓練等給付	106,928	7,277
訓練・就労系	自立訓練（生活訓練）	自立した日常生活又は社会生活ができるよう、一定期間、生活能力の維持、向上のために必要な支援、訓練を行う	訓練等給付	2,204	171
訓練・就労系	就労移行支援	一般企業等への就労を希望する人に、一定期間、就労に必要な知識及び能力の向上のために必要な訓練を行う	訓練等給付	31,679	3,236
訓練・就労系	就労継続支援（A型＝雇用型）	一般企業等での就労が困難な人に、雇用して就労する機会を提供するとともに、能力等の向上のために必要な訓練を行う	訓練等給付	64,239	3,518
訓練・就労系	就労継続支援（B型）	一般企業等での就労が困難な人に、就労する機会を提供するとともに、能力等の向上のために必要な訓練を行う	訓練等給付	220,747	10,579

（参考：厚生労働省資料〈令和2年2月4日〉）

障害福祉サービスの体系（図表 19-2）

	サービス名	内容		利用者数	施設・事業所数
障害児通所系	福祉型児童発達支援	日常生活における基本的な動作の指導、知識技能の付与、集団生活への適応訓練などの支援を行う	その他の給付	89,698	4,654
	医療型児童発達支援	日常生活における基本的な動作の指導、知識技能の付与、集団生活への適応訓練などの支援及び治療を行う		2,472	98
	放課後等デイサービス	授業の終了後又は休校日に、児童発達支援センター等の施設に通わせ、生活能力向上のための必要な訓練、社会との交流促進などの支援を行う		146,202	9,726
	保育所等訪問支援	保育所等を訪問し、障害児に対して、障害児以外の児童との集団生活への適応のための専門的な支援などを行う		3,160	490
障害児入所系	福祉型障害児入所施設	施設に入所している障害児に対して、保護、日常生活の指導及び知識技能の付与を行う		1,654	192
	医療型障害児入所施設	施設に入所又は指定医療機関に入院している障害児に対して、保護、日常生活の指導及び知識技能の付与並びに治療を行う		2,082	188
相談支援系	計画相談支援	【サービス利用支援】 ・サービス申請に係る支給決定前にサービス等利用計画案を作成 ・支給決定後、事業者等と連絡調整等を行い、サービス等利用計画を作成 【継続サービス利用支援】 ・サービス等の利用状況等の検証（モニタリング） ・事業所等と連絡調整、必要に応じて新たな支給決定等に係る申請の勧奨		118,594	7,245
	障害児相談支援	【障害児支援利用援助】 ・障害児通所支援の申請に係る給付決定の前に利用計画案を作成 ・給付決定後、事業者等と連絡調整等を行うとともに利用計画を作成 【継続障害児支援利用援助】		7,245	3,662
	地域移行支援	住居の確保等、地域での生活に移行するための活動に関する相談、各障害福祉サービス事業所への同行支援等を行う		553	307
	地域定着支援	常時、連絡体制を確保し障害の特性に起因して生じた緊急事態等における相談、障害福祉サービス事業所等と連絡調整など、緊急時の各種支援を行う		2,687	489

（参考：厚生労働省資料〈令和2年2月4日〉）

であり、約七四〇〇億円が使われていて、障害福祉サービス費用の二八・八％を占めています。生活介護とは、簡単にいうと、障害者のためのデイサービスです。次に多いのが就労継続支援B型であり、約三五〇〇億円で、全体の一三・八％にのぼっています。三番目が放課後等デイサービスで約二八〇〇億円。全体の一一％を占めるまでに至っています。就労継続支援B型や放課後等デイサービスは、収益性の高さから、異業種や株式会社の参入が活発な事業です。

国は、施設から在宅への移行を政策誘導しているので、施設を退所して地域社会に移行する障害者は年々増えています。そのような経緯から、施設サービスである施設入所支援は一九〇〇億円で、全体の七・六％に留まっています。障害福祉サービスは、高齢者介護と違って相対的に施設入所が少なく、在宅中心のサービス体系といえるでしょう。

また利用者は、介護保険のような応益負担ではなく、応能負担であり、その九三・三％は無料でサービスを受給しています。給付費全体に占める利用者負担額は、わずか〇・二一％に留まっています。

障害福祉サービスの総費用額（図表20）

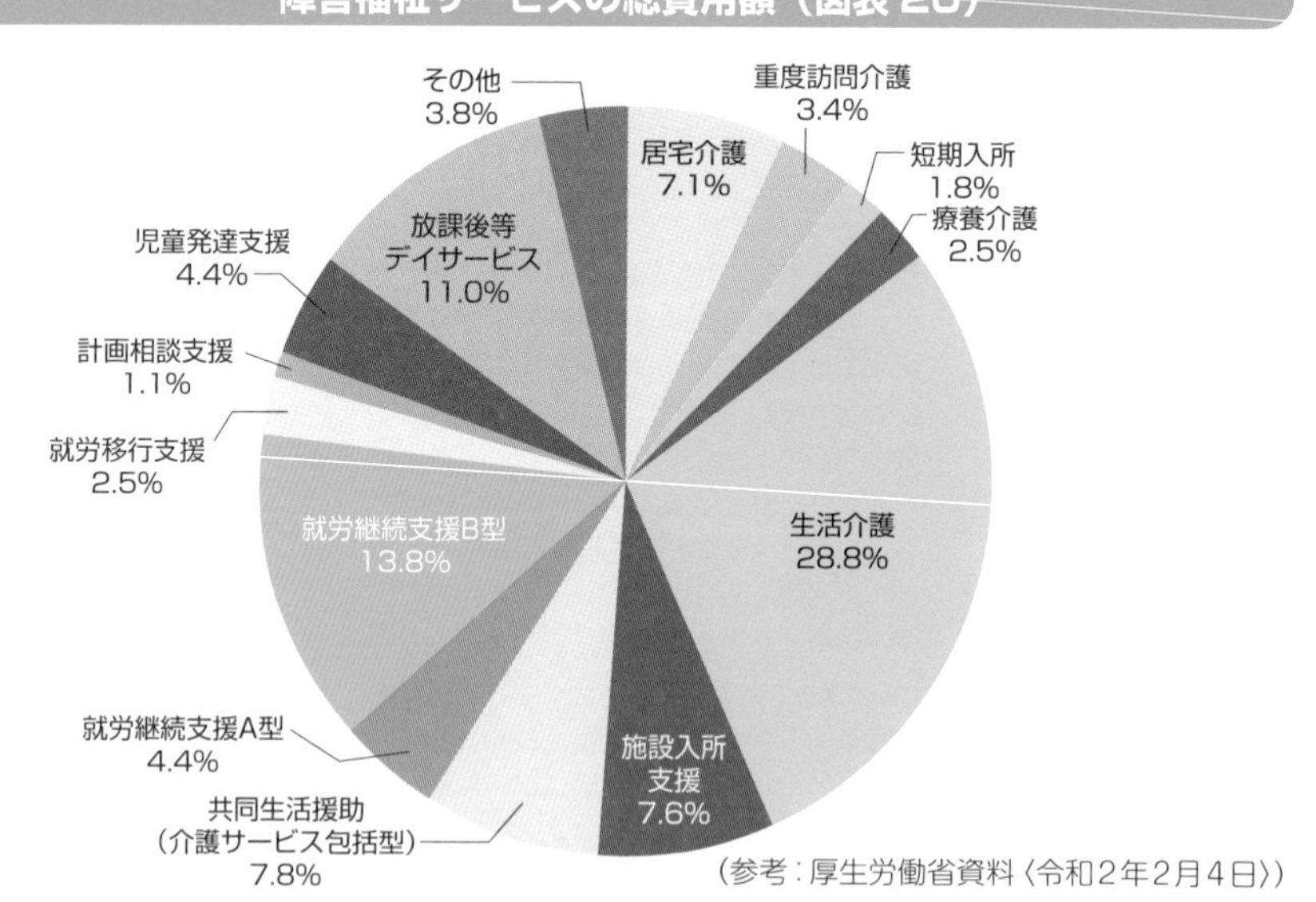

（参考：厚生労働省資料〈令和2年2月4日〉）

13 障害福祉サービスの参入可能性

障害福祉サービスは2兆円に近い市場なので、学習塾や英会話教室等の教育産業と同規模です。精神障害者の定義が見直され、精神障害者や発達障害者が障害福祉サービスを利用するケースが増えることが想定されており、今後も右肩上がりのマーケットといえるでしょう。

事業所指定のハードルは高くなっている

現在、一般社団法人や株式会社を設立して、**就労継続支援B型**や**放課後等デイサービス**に新規参入する事業者が増えています。また、放課後等デイサービスや障害者グループホーム（共同生活援助）をフランチャイズで展開している事業者も散見されるようになってきました。制度ビジネスの安定性と障害福祉サービスの高収益性は、新規参入者には魅力的に映るのでしょう。

また、共生型サービスという新しい枠組みが生まれたことで、障害福祉サービスと介護保険サービスの両方に参入するケースも増えていくものと思われます。

一方、こうした実態から、行政は事業所指定のハードルを高く設定し始めています。

就労継続支援B型とは、障害や難病のある人のうち、年齢や体力などの理由から、企業等で雇用契約を結んで働くことが困難な人が、軽作業などの就労訓練を行うことができる障害福祉サービスです。比較的簡単な作業（農作業、部品加工、手工芸、喫茶店やレストランでの調理、パンやクッキーなどの製菓、衣類のクリーニング等）を、短時間から行うことが可能です。雇用契約は結ばないので、給料ではなく、作業の対価として工賃

障害福祉サービス事業所数（図表 21）

	2018年（平成30）	2017年（平成29）	対前年	
			増減数	増減率%
居宅介護事業	22,936	23,074	△138	△0.6
重度訪問介護事業	20,793	20,952	△159	△0.8
同行援護事業	9,084	10,356	△1,272	△12.3
行動援護事業	2,483	2,495	△12	△0.5
療養介護事業	224	222	2	0.9
生活介護事業	7,630	7,275	355	4.9
重度障害者等包括支援事業	23	29	△6	△20.7
計画相談支援事業	9,737	9,241	496	5.4
地域相談支援（地域移行支援）事業	3,400	3,301	99	3.0
地域相談支援（地域定着支援）事業	3,261	3,166	95	3.0
短期入所事業	5,621	5,333	288	5.4
共同生活援助事業	8,087	7,590	497	6.5
自立訓練（機能訓練）事業	402	428	△26	△6.1
自立訓練（生活訓練）事業	1,341	1,374	△33	△2.4
宿泊型自立訓練事業	224	225	△1	△0.4
就労移行支援事業	3,503	3,471	32	0.9
就労継続支援（A型）事業	3,839	3,776	63	1.7
就労継続支援（B型）事業	11,835	11,041	794	7.2
自立生活援助事業	116	－	－	－
就労定着支援事業	308	－	－	－
児童発達支援事業	6,756	5,981	775	13.0
居宅訪問型児童発達支援事業	50	－	－	－
放課後等デイサービス事業	12,734	11,301	1,433	12.7
保育所等訪問支援事業	1,149	969	180	18.6
障害児相談支援事業	6,582	6,134	448	7.3
合　計（平均）	142,118	137,734	5,557	6.5

※複数の事業を行う事業所は、それぞれの事業に計上している。
※障害者支援施設の昼間実施サービス（生活介護、自立訓練、就労移行支援、就労継続）を除く。

（厚生労働省「社会福祉施設等基礎調査」より著者作成）

を受け取る仕組みです。二〇一八（平成三〇）年一〇月一日現在、一万一八三五事業所があります。

放課後等デイサービスは、身体障害・発達障害・精神障害などを持つ六歳から一八歳の障害児が、学校の授業終了後や学校休業日に利用できる障害福祉サービスです。利用に際して、療育手帳や障害者手帳は必須ではないため、学習障害等の児童も利用しやすいという利点があります。二〇一八（平成三〇）年一〇月一日現在、一万二七三四事業所があります。

三種類に分類される

障害者グループホーム（共同生活援助）も対象者は、身体障害、知的障害、精神障害、難病患者の人などです。**介護サービス包括型**と**外部サービス利用型**、**日中支援型**の三種類があります。介護サービス包括型は、グループホーム内で介護サービスを提供するタイプです。

外部サービス利用型は、グループホーム内の介護サービスを、外部の居宅介護事業所に委託して行うタイプです。したがって、生活支援員（介護スタッフ）の配置は必要ありません。

日中支援型は、常時介護を必要とする人へのサービスです。二〇一八（平成三〇）年に新設された制度で、重度障害者への支援を目的とし、夜間を含む一日を通した生活支援員または世話人の配置など、常時の支援体制を確保して、必要な介護サービスを提供します。

日中支援型は一つの建物への入居が二〇人までとなってます。なお、緊急・一時的な宿泊の場を提供する「短期入所」の併設が必要です。障害者グループホーム（共同生活援助）の総数は、二〇一八（平成三〇）年一〇月一日現在、八〇八七事業所にのぼります。

いずれの事業も指定要件を満たせば、市区町村の事業所指定を受けて、開業することができます。

14 障害福祉サービス事業所の情報収集

障害福祉サービスは、現在、全国に一四万ヵ所以上あります。身近な市区町村にはどのような事業所があるのか、その情報を詳しく知りたいときには、「ワムネット」を使うと便利でしょう。

福祉・保健・医療の総合情報を発信

障害福祉サービスの事業所情報を知りたいときには、**ワムネット（WAM NET）**というサイトが便利です。地図上に事業所の場所も表示されますので、新しく事業を始める場合や就職・転職の際の予備知識を仕入れるには、便利な検索サイトです。

検索はいたって簡単で、〝WAM NET〟で検索すると、独立行政法人福祉医療機構が運営する福祉・保健・医療の総合情報サイトのページが表示されます。

次に、障害者福祉のアイコンを開くと、メニューの中に「障害福祉サービス等情報検索サイトへ」というバナーがあります。それをクリックすると図表22のページが表示されます。見たい都道府県をクリックし、さらに市区町村を選択すると、選択した市区町村にある事業所の一覧が表示されます。その一覧の中から、見たい障害福祉サービス事業所の詳細情報ボタンをクリックすると、法人の種類、法人の名称、法人の所在地、連絡先電話番号、代表者名、設立年月日、実施している福祉サービスの種類等の情報を知ることができます。

また、ホームページがある場合はURLも表示されますので、ホームページにアクセスすれば、さらに詳しい情報を得ることができます。

都道府県別の情報も確認できる

同じようにして、「サービス提供機関情報検索」を使うと、各都道府県にあるすべての障害福祉サービス事業所の情報を一覧で見ることができます。

例えば、放課後等デイサービスが自分の関係する県にはどの程度あるか、概要をつかみたいときなどには便利な検索機能です。事業に参入する際や就職・転職を検討する際は、一度、検索してみることをおすすめします。

また、のちほど述べる子ども・子育て支援サービスの事業所検索も同じワムネット上でできます。ほぼ同じ方法で検索が可能です。

障害福祉サービス等情報検索（ワムネット）（図表22）

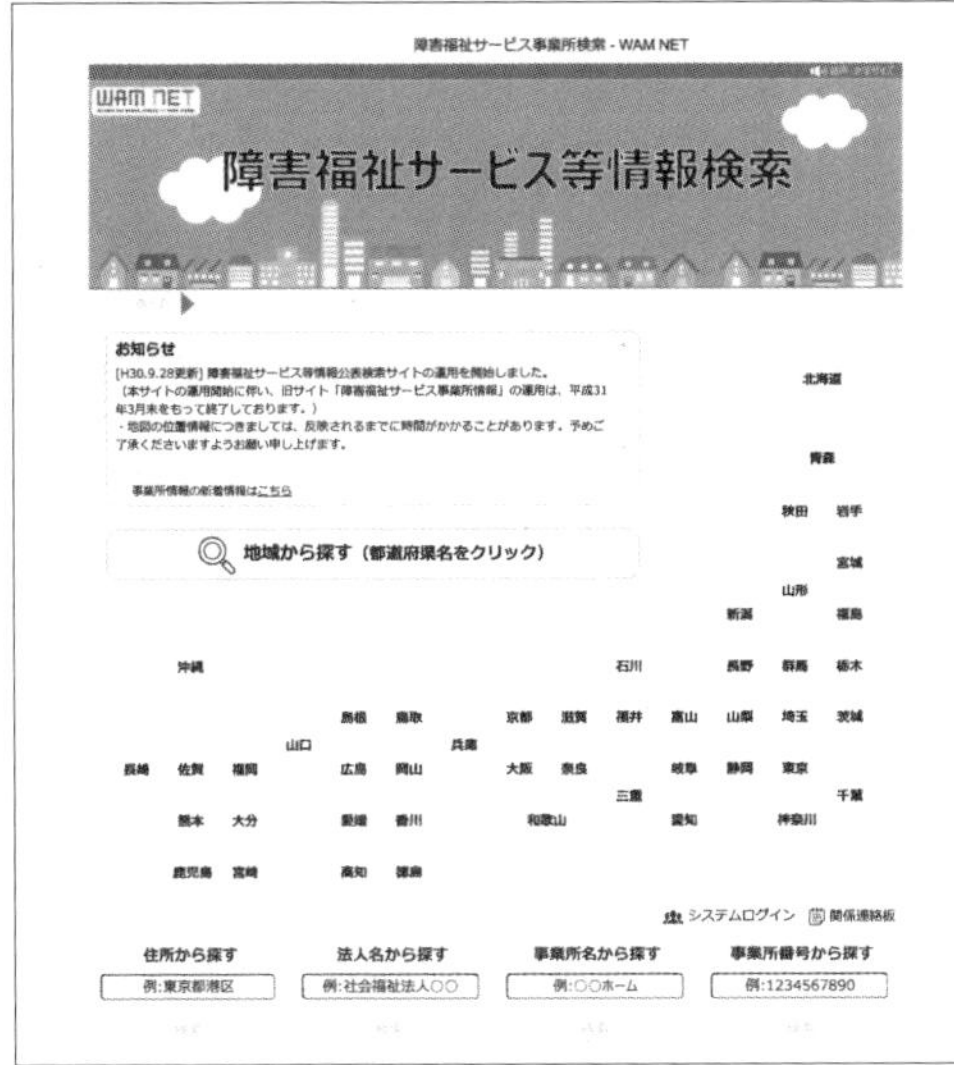

見たい地域の障害福祉サービス事業所の情報が簡単に検索できます

栃木県内の放課後等デイサービス一覧(同サービス提供機関情報検索)(図表23)

事業所名 事業所番号	定員(合計)	定員(内訳)		事業所の所在地(電話番号)	設置者
		児童発達支援	放課後等デイサービス		
はぴねす 0950100016	20	10	10	宇都宮市御幸本町4880-4 (028-689-9119)	(有)Live
指定障害福祉サービス事業所JOYみゆき 0950100099	10		10	宇都宮市海道町44-1 (028-613-5210)	(福)みゆきの杜
グローバルキッズメソッド 0950100107	10		10	宇都宮市岩曽町1377-47 (028-689-8580)	ハッピーライフケア(株)
あいサポートチューリップ 0950100115	20	10	10	宇都宮市細谷町574-4 サンハイツアーデルＩ1階 101・102号室 (028-678-8155)	(有)佐宗屋
グローバルキッズメソッド2 0950100131	10		10	宇都宮市御幸町293-5 (028-689-9873)	ハッピーライフケア(株)
ライフキッズ 0950100149	10		10	宇都宮市駒生町832-29 レジデンス中村106 (028-650-5480)	(株)ユナイテッドスターツ
グローバルキッズメソッド4 0950100156	10		10	宇都宮市上戸祭町246-1 (028-688-8758)	ハッピーライフケア(株)
ウィズ　ユー　うつのみや 0950100164	10		10	宇都宮市錦2-4-1 (028-612-7038)	ケアサポートとちの花(同)
放課後等デイサービスピュア滝の原教室 0950100206	10		10	宇都宮市滝の原1-3-54 (028-689-9492)	(株)Angelfare
運動学習指導教室トータスジュニア 0950100214	20	10	10	宇都宮市簗瀬4-22-11 コーポラス芳賀1ＦＡ号室 (028-612-2552)	(福)幸知会

15 子ども・子育て支援サービスの体系

子ども・子育て支援サービスは、施設型給付、地域型保育給付、地域子ども・子育て支援、仕事子育て両立支援の4つに分かれています。ここでは、それぞれの主な事業の内容についてみていきます。

認定こども園は四タイプある

子ども・子育て支援サービスのうち、施設型給付に属する施設には、**認可保育所**と**幼稚園**と**認定こども園**があります。次に、地域型保育給付に属する施設には、**小規模保育**、**居宅訪問型保育**等があります。そして、地域子ども・子育て支援事業に属する事業には、**一時預かり事業**、**子育て援助活動支援事業（ファミリーサポートセンター）**、**放課後児童クラブ**等があります。最後に、仕事子育て両立支援に属する事業には、**企業主導型保育事業**や**ベビーシッター事業**、**保育ママ**等があります。

ここからは主な事業についてみていきます。まず、認可保育所とは、国が定めた基準（施設の広さ、**保育士**等の職員数、給食設備、防災管理、衛生管理等）を満たし、各都道府県知事に認可された保育所のことをいいます。県や市区町村が運営している公立保育所と、社会福祉法人等が経営している私立保育所、それから数は多くありませんが、国や地方自治体が設置して民間に運営委託している公設民営保育所の三種類があります。定員規模は六〇〜三〇〇名程度ですが、都内の保育所は、一〇〇名前後の比較的大規模なところが多い実態です。費用が安く身近な存在なので、入園待ちの待機児童が多くいます。

幼稚園は、小学校や中学校、高校、大学などと同じように、学校教育法に定められた学校の位置付けです。ただし、小中学校のような義務教育機関ではなく、満三才から小学校就学の年の満六歳になるまでの幼児に入園資格があります。

認定こども園は、幼保連携型・幼稚園型・保育所型・地方裁量型と四タイプがあります。認定こども園の三歳児以上の子どもは、担任による四時間程度の教育があります（幼稚園的機能）。また、保育時間は短時間（約四時間）から長時間（約八時間）まで選べるようになっています（保育所的機能）。親の就労義務もなく、すべての子どもが対象となっているのがメリットの一つです。

認証保育所は、東京都や横浜市や川崎市が進めている制度ですが、認可保育所の設置基準を緩和した独自の基準をクリアした保育所を認証保育所と呼んでいます。認証保育所には株式会社をはじめとした営利企業も参入し、事業所数も確実に増え続けてい

子ども・子育て支援サービスの体系（図表 24）

市区町村主体

認定こども園・幼稚園・保育所・小規模保育など共通の財政支援

施設型給付

認定こども園 0～5歳

幼保連携型

※幼保連携型については、認可・指導監督の一本化、学校および児童福祉施設としての法的位置付けを与える等、制度改善を実施

幼稚園型　保育所型　地方裁量型

幼稚園 3～5歳　保育所 0～5歳

※私立保育所については、児童福祉法第24条により市区町村が保育の実施義務を担うことに基づく措置として、委託費を支弁

地域型保育給付

小規模保育、家庭的保育、居宅訪問型保育、事業所内保育

地域の実情に応じた子育て支援

地域子ども・子育て支援事業

- 利用者支援事業
- 地域子育て支援拠点事業
- 一時預かり事業
- 乳児家庭全戸訪問事業
- 養育支援訪問事業等
- 子育て短期支援事業
- 子育て援助活動支援事業（ファミリーサポートセンター事業）
- 延長保育事業
- 病児保育事業
- 放課後児童クラブ
- 妊婦健診
- 実費徴収に係る補足給付を行う事業
- 多様な事業者の参入促進・能力活用事業

国主体

仕事と子育ての両立支援

仕事子育て両立支援事業

- 企業主導型保育事業
  ➡事業所内保育を主軸とした企業主導型の多様な就労形態に対応した保育の拡大を支援（整備費、運営費の助成）
- ベビーシッター等利用者支援事業
  ➡残業や夜勤等の多様な働き方をしている労働者等が、低廉な価格でベビーシッター派遣サービスを利用できるよう支援

（参考：内閣府資料）

ます。

無認可保育所（認可外保育所）は、国や自治体が定めた基準を満たしていない保育施設という分類ですが、預ける理由がない場合や深夜・休日の預かりなどにも対応してもらえる、使い勝手のよい保育所という位置付けです。

企業主導型保育事業の企業は今後も増加

ファミリーサポートセンターとは、乳幼児や小学生等の児童を持つ子育て中の会社員や主婦等を会員として、児童を預かってほしい人と預かってあげられる人との相互援助活動について、連絡・調整を行うものです。主に保育施設までの送迎や保育施設の開始前・放課後などの場合に子どもを預かります。

放課後児童クラブは、保護者が昼間家庭にいない児童（小学生）が、放課後に小学校の余裕教室、児童館などで過ごせるようにしている取り組みです。

企業主導型保育事業は、仕事と子育ての両立を狙った施設です。自社の従業員に対して保育サービスを提供します。夜間や土日、短時間や週二日のみ働く従業員への対応なども可能で、従業員の福利厚生のために設置する企業が増えています。地域の子どもを受け入れることにより、施設運営の安定化を図ったり、地域貢献を行うこともできます。認可外保育施設の位置付けになりますが、保育施設の整備費および運営費について、認可保育所と同程度の助成を国から受けることができます。このような背景から、今後も増えていくものと思われます。

ベビーシッター事業は、ベビーシッター会社から保育士が派遣されます。首都圏では運営会社が多く、近年は音楽や体育などの家庭教師と従来のベビーシッターを兼務する形もあります。送迎サービスを取り入れるなど、サービスの多様化がみられます。

家庭的保育（保育ママ）は、共働きや一人親家庭などの事情によって日中保育ができない保護者に代わって、三歳未満の子どもを家庭で預かる保育者・保育施設の総称です。保育料やサービスの内容などは市区町村によって異なりますが、自宅などの保育の場を提供できることが必須条件です。民間ではなく市区町村が設置している点が保育ママの特徴です。

16 子ども・子育て支援サービスの参入可能性

子ども・子育て支援サービスは、三兆円強の市場規模なので、参入の機会も決して少なくありません。近年、小規模保育事業や事業所内保育事業への参入が増えています。

引き続き市場拡大が予想される

待機児童解消に向けた受け皿のための施設の開設や、利用児童数の増加により、二〇二〇（令和二）年度も引き続き、子ども・子育て市場は拡大が予想されます。二〇二〇（令和二）年度予算は、消費税増税分を原資として三兆二〇〇〇億円が見込まれており、二〇一九（令和元）年度の二兆九〇〇〇億円の三〇〇〇億円増、一一〇%の伸びとなっています。

待機児童の解消に向け教育・保育の受け皿を増やすために、子ども・子育て支援の量的拡大や質的向上を図るとして、施設整備の補助金や保育士の処遇改善、保育の無償化などに一兆六三八三億円を見込んでいます。また、施設型給付（認定こども園・幼稚園・保育所）や地域型保育給付（家庭内保育・小規模保育・事業所内保育・居宅訪問型保育）の運営費として、一兆三三七九億円が計上されています。さらには、子育て家庭の経済的負担軽減を図るため、認可外保育所（ベビーホテルや事業所内保育事業所）、病児保育、一時預かり保育への運営費補助として、一一九六億円が見込まれています。

園長のマネジメント能力向上が急務

近年では、女性が多い企業を中心に、保育サービスを福利厚生と位置付けるようになってきて、企業主導型保育事業、**事業所内保育事業**、小規模保育事業（定員六～一九人）、ベビーシッター事業などに取り組む事業者が増加しています。

子ども・子育て支援制度の 2020 年度予算（図表 25）

子ども・子育て支援新制度の実施（一部社会保障の充実）		
（2019年度予算額） 2兆8,975億円	➡	（2020年度予算案） 3兆1,918億円【年金特別会計】

子ども・子育て支援新制度の実施による幼児期の学校教育、保育、地域の子ども・子育て支援の充実、幼児教育・保育の無償化、「子育て安心プラン」に基づく保育所等の受け入れ児童数の拡大、「新・放課後子ども総合プラン」に基づく放課後児童クラブの受け皿整備などにより、子どもを産み育てやすい環境を整備する。

子ども・子育て支援新制度の実施（年金特別会計に計上）
3兆1,918億円（2019年度は2兆8,975億円、以下同様）

◆教育・保育、地域の子ども・子育て支援の充実（一部社会保障の充実）
1兆6,383億円（1兆3,467億円）

すべての子どもと子育て家庭を対象に、市区町村が実施主体となり、幼児期の学校教育、保育、地域の子ども・子育て支援の量的拡充及び質の向上を図る。また、「新しい経済政策パッケージ」（2017年12月８日閣議決定）等に基づき、幼児教育・保育の無償化、保育士の処遇改善を実施する。

○子どものための教育・保育給付交付金
・施設型給付、委託費（認定こども園、幼稚園、保育所に係る運営費）
1兆3,379億円（1兆1,069億円）
・地域型保育給付（家庭的保育、小規模保育、事業所内保育、居宅訪問型保育に係る運営費）
1兆4,744億円（1兆1,993億円）

○子どものための教育・保育給付費補助金
69億円（68億円）
認可保育所等への移行を希望する認可外保育施設や認定こども園への移行を希望して長時間の預かり保育を行う幼稚園に対し、特定教育・保育施設への移行を前提として運営に要する費用について財政支援を行う。

○子育てのための施設等利用給付交付金
1,296億円（855億円）
子育てを行う家庭の経済的負担の軽減を図るため、子どものための教育・保育給付の対象とならない幼稚園、特別支援学校の幼稚部、認可外保育施設、預かり保育事業、一時預かり事業、病児保育事業、子育て援助活動支援事業を利用した際に要する費用を支給する。

《参考》
「新しい経済政策パッケージ」（2017年12月8日閣議決定）において、子ども・子育て支援法に定める拠出金率の上限を0.25%から 0.45%に変更し、0.3兆円の増額分を「子育て安心プラン」の実現に必要な企業主導型保育事業と保育の運営費（０～２歳児相当分）に充てることとされた。
拠出金率の引き上げは段階的に実施することとし、2020年度は、0.36%（現行+0.02%）とする。

保育所等の児童施設事業所数（図表26）

	2018年10月	2017年10月	(A)－(B)	(A)÷(B)	2018年10月	2017年10月
	施設数(A)	施設数(B)	施設数差	差比率	定員	定員
総数	67,408	61,076	6,332	110.4%	5,606,376	5,401,562
保育所等	27,951	27,137	814	103.0%	2,715,914	2,645,050
幼保連携型認定こども園	4,413	3,620	793	121.9%	438,454	365,222
保育所型認定こども園	716	591	125	121.2%	78,851	64,809
保育所	22,822	22,926	−104	99.5%	2,198,609	2,215,019
地域型保育事業所	5,753	3,401	2,352	169.2%	87,274	55,731
小規模保育事業所A型	3,390	2,594	796	130.7%	57,610	43,634
小規模保育事業所B型	780	697	83	111.9%	12,441	11,027
小規模保育事業所C型	97	110	−13	88.2%	889	1070
家庭的保育事業所	931	-	-	-	3,902	-
居宅訪問型保育事業所	12	-	-	-	15	-
事業所内保育事業所	543	-	-	-	12,417	-

一方で、保育士不足は深刻です。二〇二〇（令和二）年一月時点の有効求人倍率は三・八六（同年四月は二・四五に低下）であり、全職種の一・二三の三倍強となっています。筆者の知り合いで認可保育所を五ヵ所経営している経営者がいます。その人の話によると、首都圏では、保育士養成校の定員割れ等で人材確保そのものが厳しいため、九州などの地方から採用したりしてなんとか確保はできても、離職による人材不足がより深刻なようです。特に残業や職員同士の人間関係に起因することが多く、園長の管理能力による部分が非常に大きいとの話です。

保育所（保育園）の園長は、保育士出身者が圧倒的に多く、労務管理や組織管理といった管理業務を経験したことがほとんどありません。人手不足の解消には、園長のマネジメント能力の向上も急務となっているように思われます。

背景には、業界の研修の考え方の問題があると思われます。専門職重視の研修に偏っており、管理職・経営職に対するマネジメント研修が極めてぜい弱です。業界のこれからの大きな課題といえるでしょう。

福祉業界で働くということ

「福祉介護の仕事は、一般の産業と比べると100倍の社会的価値がある」――このように述べた人がいます。福祉業界内部の人ではなく、異業種の経営者です。当時、私はその方と一緒に仕事をしていましたが、その言葉を聞いたときに大きな衝撃を受けたことを、いまでも覚えています。その当時から、福祉介護の仕事は3K(生活が苦しい、仕事の性質上汚い、現場は人手不足で厳しい)といわれていました。

会社四季報をもとに、従業員1人当たりの売上を計算すると、トヨタ自動車は7,900万円、一方で福祉介護事業所は平均600万～700万円で、超優良事業所でも800万円前後です。当然、製造業とサービス業では人の占める割合が全然違うので、単純な比較はできませんが、あえて比較するとトヨタ自動車の10分の1という結果になります。ですが、冒頭の言葉によると、一般産業の100倍の社会的価値ですので、福祉業界で働く従業員は、1人当たり6億～7億円の社会的価値があるということになります。

今回のコロナ禍で「不要不急」という言葉がキーワードになり、「3密」という言葉も重なって、公共交通、飲食、観光、宿泊業界等では、人が利用しなくなったり、休業したりして、多大な打撃を受けています。一方、福祉介護事業で働く方々は、周辺地域の人々の生活と命を守るために休業することなく、日々、苦しく厳しい現場で事業を継続しています。

いま、多くの人が「福祉介護の仕事は、一般の産業に比べると100倍の社会的価値がある」というこの言葉を、実感しているのではないでしょうか。これから、福祉業界に参入される事業者や就職・転職を考えておられる方は、この言葉を頭の片隅に置きながら、使命感を持って臨んでいただけることを期待したいと思います。

MEMO

第4章

福祉業界の経営実態

福祉業界の事業は幅広く、収益構造や経営実態も事業によって大きく異なります。本章では、福祉業界の事業別に経営実態をみていきます。これから参入を考える方や就職を考える方には指針となるでしょう。

1 介護保険事業の収入構造

介護保険事業の収入は、公定価格です。ただし、全国一律ではありません。大都市部は、地方より人件費や物件費（土地、建物等）が高い実態に鑑み、全国を八区分に分けて、単価の上乗せがあります。

経営サイドに価格の決定権はない

繰り返しになりますが、介護保険事業等の制度ビジネスは公定価格であり、経営サイドに価格の決定権はありません。普通、商品やサービスを販売する場合、かかった原材料費や人件費等の経費を積み上げ、さらに利益を上乗せして価格を決定しますが、制度ビジネスでは、これができません。

事業に対してどのような思いがあろうと、国が決める公定価格の中で経営しなければなりません。「うちの事業所では、手厚い介護をしたい」と考えて、スタッフを多く配置したとしても、それによる価格の上乗せは期待できません。加算要件を満たすことなく、人員基準を超えてスタッフを配置すると、その分は法人企業の持ち出しになってしまいます。

介護報酬による収入は、｛（基本報酬＋加算単価）×地域区分係数｝×利用者延べ人数で算定されます。要するに、単価×数量で決まってしまいます。

例えば、通所介護の利用者一人当たり収入は、本書執筆時、全国平均で一日当たり九〇〇〇円程度ですが、仮に定員二〇名のデイサービスで定員いっぱいの利用者がいたとしても、一日の売上は一八万円がMAXです。一日一八万円で、その日の人件費、食材費、光熱水費、減価償却*費を賄わなければ赤字になってしまいます。実際は、一〇〇％の稼働はあり得ませんので、稼働率九〇％と高めに設定したとしても九〇〇〇円×一八名＝一六万二〇〇〇円の日収で、コストを賄わなければ利益は出ません。

＊**減価償却**　長期間使用される固定資産の取得（設備投資）にかかった支出を、資産が使用できる期間にわたって、費用配分する手続きのこと。減価償却の会計処理の際は、毎年の減価償却費に相当する額だけ、固定資産を減額する必要がある。

日計で収支を計算する

開設時や報酬改定後の年度はじめには、今後三年間の収支シミュレーションを作成して見通しを立てておくことは当然ですが、そのシミュレーションどおりに進んでいるか、日計で収支を計算し、管理していくことが安定経営につながります。

稼働率を現場任せにして、その結果、赤字だからといってスタッフの給料を下げたり、ボーナスをカットしたりしていると、負のスパイラルに陥っていくので注意が必要です。

介護報酬の基本的算定方法（図表1）

利用者1人1日当たり（利用1回当たり）の介護報酬算定式

サービスごとに算定した単位数

1単位の単価
サービス別、地域別に設定
10円～11.40円

事業者に支払われるサービス費
1割、2割または3割は利用者の自己負担

（根拠）指定居宅サービスの費用の額の算定に関する基準（告示）等

（根拠）厚生労働大臣が定める1単位の単価（告示）

■1単位の単価（サービス別、地域別に設定、単位：円）

		1級地	2級地	3級地	4級地	5級地	6級地	7級地	その他
上乗せ割合		20%	16%	15%	12%	10%	6%	3%	0%
人件費割合	①70%	11.40	11.12	11.05	10.84	10.70	10.42	10.21	10
	②55%	11.10	10.88	10.83	10.66	10.55	10.33	10.17	10
	③45%	10.90	10.72	10.68	10.54	10.45	10.27	10.14	10

①訪問介護／訪問入浴介護／訪問看護／居宅介護支援／定期巡回・随時対応型訪問介護看護／夜間対応型訪問介護

②訪問リハビリテーション／通所リハビリテーション／認知症対応型通所介護／小規模多機能型居宅介護／看護小規模多機能型居宅介護／短期入所生活介護

③通所介護／短期入所療養介護／特定施設入居者生活介護／認知症対応型共同生活介護／介護老人福祉施設／介護老人保健施設／介護療養型医療施設／介護医療院／地域密着型特定施設入居者生活介護／地域密着型介護老人福祉施設入所者生活介護／地域密着型通所介護

小規模デイサービス（定員10名）の収支予想（図表2）

		初年度（稼働率75%）	割合	2年度（稼働率85%）	割合	3年度（稼働率90%）	割合
事業収益	介護報酬収入	20,274,131	85.6%	22,977,349	85.6%	24,328,958	85.6%
	居宅サービス費	20,274,131		22,977,349		24,328,958	
	利用者負担金	2,252,681	9.5%	2,553,039	9.5%	2,703,218	9.5%
	居宅サービス利用料	2,252,681		2,553,039		2,703,218	
	その他収入	1,164,975	4.9%	1,320,305	4.9%	1,397,970	4.9%
	食費	1,164,975		1,320,305		1,397,970	
	計(A)	23,691,788	100%	26,850,693	100%	28,430,145	100%
事業費用	人件費	17,678,400	74.6%	19,035,600	70.9%	20,392,800	71.7%
	食材料費	713,250	3.0%	808,350	3.0%	855,900	3.0%
	経費	1,421,507	6.0%	1,611,042	6.0%	1,705,809	6.0%
	減価償却費	2,000,000	8.4%	2,000,000	7.4%	2,000,000	7.0%
	その他	1,047,672	4.4%	1,174,028	4.4%	1,337,206	4.7%
	光熱水費	947,672		1,074,028		1,137,206	
	保守修繕料	100,000		100,000		200,000	
	計(B)	22,860,829	96.5%	24,629,019	91.7%	26,291,715	92.5%
支払利息(C)		500,000	2.1%	500,000	1.9%	500,000	1.8%
利益(A)−(B)−(C)		330,959	1.4%	1,721,673	6.4%	1,638,431	5.8%

【前提条件】
※初年度は賞与支給なし。2年目は賞与を年間1ヵ月支給。3年目に年間2ヵ月支給。
※処遇改善加算Ⅰで算定。
※設備投資3,000万円。15年間で回収。

（著者作成）

2 特養の経営実態

特養の全国平均の収支差（利益）率は、直近の「令和元年度介護事業経営概況調査」では一・八％の黒字ですが、その経営実態は二極化しています。

赤字施設と黒字施設で二極化

図表3は、厚労省が発表した特養の最新の経営実態です。従来型特養と新型特養では、介護報酬単価や職員配置などいくつかの違いがありますが、ここでは双方を合算した集計結果になっています。対象施設数は一二五七件です。

「介護老人福祉施設収支差率分布」の棒グラフにおいて、収支差率〇％からマイナス二〇％の階層が、収支トントンから赤字の施設です。棒グラフを目算しますと、これらの合計でだいたい四割を超えます。つまり、特養の四割は、収支トントンの施設も含めて、利益の出ていない施設だということです。収支差率〇％の棒グラフは二〇％近くを指しているので、仮に収支トントンの施設がその半分の一〇％あったとしても、完全な赤字施設は三割を超えることになります。

過去何回かの調査結果でも、この傾向はずっと続いています。実際、業界団体である**全国老人福祉施設協議会**はかなり以前から、全国の特養の三割は赤字であると公表しています。一方で、収支差率一〇％の黒字施設が二割弱あり、また、一五％の黒字施設は一割、さらには、二〇％の収支差率を出している施設が五％程度あるので、これらを合算すると二割にのぼります。つまり、特養の経営実態は、赤字施設の割合が三割ある一方で、五%以上の黒字を出している施設も三割以上あるという、二極化の様相を呈していることがわかります。

平均値より定員が多い施設のほうが、収支差率は高い

図表3の上段には、全国平均の収支差(利益)が掲載されています。「差引」が収支差(利益)を表していますが、二〇一八(平成三〇)年度は平均で四七万九〇〇〇円(月額)、一・八%となっています。

ちなみに、二〇一五(平成二七)年度決算の収支差率は二・五%なので、〇・七ポイント悪化したことになります。二〇一八年度の介護報酬改定では、特養の基本報酬は一・七%程度のプラス改定でしたが、人手不足に伴う人件費の高騰により、給与費が二〇一五年度と比較して一一三万一〇〇〇円増えたことなどが影響し、収支差率が悪化したという結果です。全産業の中小企業の平均利益率は三・四八%(中小企業庁調べ)ですので、それと比べても、いまの特養は厳しい経営実態といえるでしょう。

ただし、この一・八%の平均収支差率は、三割が赤字という中での数字なので、黒字の施設だけで平均値をとれば、もっと高い数字になるでしょう。ですから、一・八%程度の黒字では、安定経営とはいえません。全国平均程度の収支差は、報酬改定がマイナスになったら、即、赤字に転落することを意味します。

次に、定員の全国平均に着目すると、六九・八人となっています。特養はスケールメリットが出る事業ですので、定員が平均値より多い施設のほうが、収支差率は高い傾向です。そして、常勤換算職員数の平均が四五・三人。利用定員数の六五%に相当する職員を雇用していることがわかります。結果として、人件費率も六三・六%と高くなっています。まさに労働集約型産業といえるでしょう。

筆者は、全国で色々な特養の経営分析をしていますが、人件費率六五%を分岐点として、それが上がれば上がるほど、赤字が増えていきます。

＊**国庫補助金等特別積立金取崩額** 国庫補助金等特別積立金とは、特養等の施設を建築する際に、国・県・市区町村から拠出される補助金を指す。施設建設時に一括で補助されるが、耐用年数期間全般にわたる補助金とされ、施設の建築費用(設備投資額)を減価償却する際、1年分を取り崩すことで、効果を発現させる会計処理方法をとる。

特養の経営実態（図表 3）

■介護老人福祉施設　　（単位：千円）

		2017年度実態調査	2019年度概況調査		(参考)2016年度概況調査
		2016年度決算	2017年度決算	2018年度決算	2015年度決算
Ⅰ介護事業収益	①介護料収入	19,881	20,662	21,031	19,445
	②保険外の利用料	5,650	5,565	5,603	5,339
	③補助金収入	91	85	91	82
	④介護報酬査定減	−1	−1	−2	−4
Ⅱ介護事業費用	①給与費	16,573	16,809	17,015	15,884
	②減価償却費	2,174	2,283	2.264	2,114
	③国庫補助金等特別積立金取崩額＊	−914	−888	−849	−927
	④その他	7,092	7,381	7,556	6,882
	うち委託費	1,720	1,844	1,912	1,631
Ⅲ介護事業外収益	①借入金補助金収入	23	18	16	25
Ⅳ介護事業外費用	①借入金利息	161	158	147	154
Ⅴ特別損失	①本部費繰入	160	150	127	150
収入 (1)=Ⅰ+Ⅲ		25,643	26,329	26,739	24,888
支出 (2)=Ⅱ+Ⅳ+Ⅴ		25,246	25,894	26,260	24,257
差引 (3)=(1)−(2)		397	435	479(1.8%)	631(2.5%)
法人税等		−	−	−	−
法人税等差引 (4)=(3)−法人税等		397	435	479(1.8%)	631(2.5%)
有効回答数		1,340	1,257	1,257	1,175
定員(人)		68.8		69.8	68.6
延べ利用者数		2,099.7		2,141.4	2,018.0
常勤換算職員数(常勤率%)		46.2(83.6)		45.3(81.3)	45.5(83.3)
看護・介護職員常勤換算数(常勤率%)		35.1(85.4)		34.3(83.0)	34.5(85.1)

■介護老人福祉施設収支差率分布

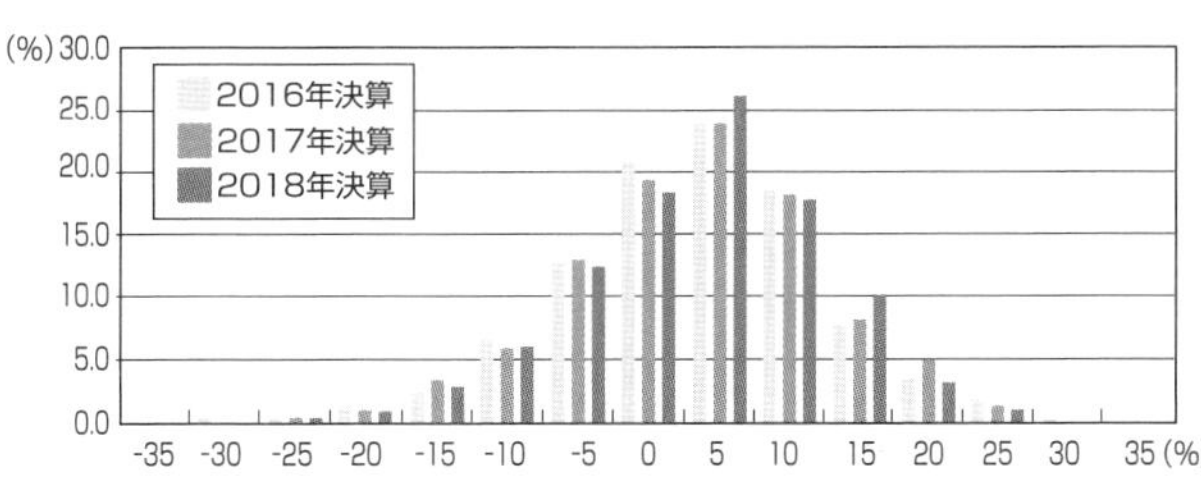

（参考：厚生労働省「令和元年度介護事業経営概況調査＊結果」）

＊**介護事業経営概況調査**　介護保険の各サービスである施設・事業所の経営状況を把握し、次期介護保険制度の改正および介護報酬の改定に必要な基礎資料を得ることを目的として実施される。介護事業所の直近の決算書を分析した結果を、介護報酬改定の前々年5月頃に速報として公表する。

3 通所介護の経営実態

デイサービスの全国平均の収支差率は、三・三%の黒字ですが、実態は特養と同様、二極化しています。

特養と同様、二極化が進む

図表4が最新の経営実態です。**通所介護の区分***は、広域型通所介護と地域密着型通所介護の二つがありますが、ここでは、広域型通所介護だけの四二六施設の集計結果をみていきます。

「通所介護（予防を含む）収支差率分布」の棒グラフにおいて、〇%からマイナス三〇%の階層が、収支トントンから赤字の施設です。目算しますと、これらの合計は特養と同様、四割を超えます。つまり、全国のデイサービスの四割は、収支トントン（±〇%）も含め、利益が出ていないということです。

収支差率〇%の棒グラフは一五%を指しているので、収支トントンの施設が仮に半分を占めているとしても、赤字のデイサービスは三割を超えることになります。

毎回の調査でも、この傾向はずっと続いています。

一方で、収支差率一〇%の黒字施設が一割強あり、また、一五%と二〇%の黒字施設がそれぞれ一割弱あるので、これらを合算すると三割にのぼります。デイサービスの経営実態は、特養と同様、赤字施設が三割ある一方で、五%以上の収支差率を出している黒字施設が三割あるという、二極化の様相を呈しています。

介護報酬改定の影響を受け最終利益率が低減

また、「差引」が収支差を表していますが、平均で一八万二〇〇〇円（月額）、三・三%となっています。デイサービスの六割は、営利企業が経営しているので、法人税がかかってきます。法人税を支払ったあとの最終利

***通所介護の区分**　通所介護は、広域型と地域密着型に分かれている。以前は、通所介護は1つだったが、介護保険法の改正により2016（平成28）年4月1日から、定員18名以下の小規模な通所介護（デイサービス）は、市区町村の指定権限に変わり、地域密着型通所介護として区分された。

通所介護の経営実態（図表 4）

■通所介護（予防を含む） （単位：千円）

		2017年度実態調査	2019年度概況調査		(参考)2016年度概況調査
		2016年度決算	2017年度決算	2018年度決算	2015年度決算
Ⅰ介護事業収益	①介護料収入	4,890	5,235	5,181	4,996
	②保険外の利用料	339	356	358	353
	③補助金収入	7	5	5	4
	④介護報酬査定減	−1	−1	−0	−1
Ⅱ介護事業費用	①給与費	3,362	3,464	3,509	3,328
	②減価償却費	205	214	214	223
	③国庫補助金等特別積立金取崩額	−51	−39	−37	−56
	④その他	1,354	1,483	1,513	1,365
	うち委託費	193	221	227	192
Ⅲ介護事業外収益	①借入金補助金収入	5	2	3	7
Ⅳ介護事業外費用	①借入金利息	16	18	17	14
Ⅴ特別損失	①本部費繰入	96	149	149	104
収入 (1)=Ⅰ+Ⅲ		5,240	,5597	5,547	5,359
支出 (2)=Ⅱ+Ⅳ+Ⅴ		4,981	5,288	5,365	4,978
差引 (3)=(1)−(2)		259	309	182(3.3%)	381(7.1%)
法人税等		13	32	24	81
法人税等差引 (4)=(3)−法人税等		246	277	158(2.8%)	300(5.6%)
有効回答数		1,131	426	426	513
定員(人)		574.0		633.4	594.7
常勤換算職員数(常勤率%)		11.2(64.7)		11.4(65.2)	11.6(63.3)
看護・介護職員常勤換算数(常勤率%)		7.8(62.5)		7.9(63.7)	8.2(60.4)

■通所介護（予防を含む）収支差率分布

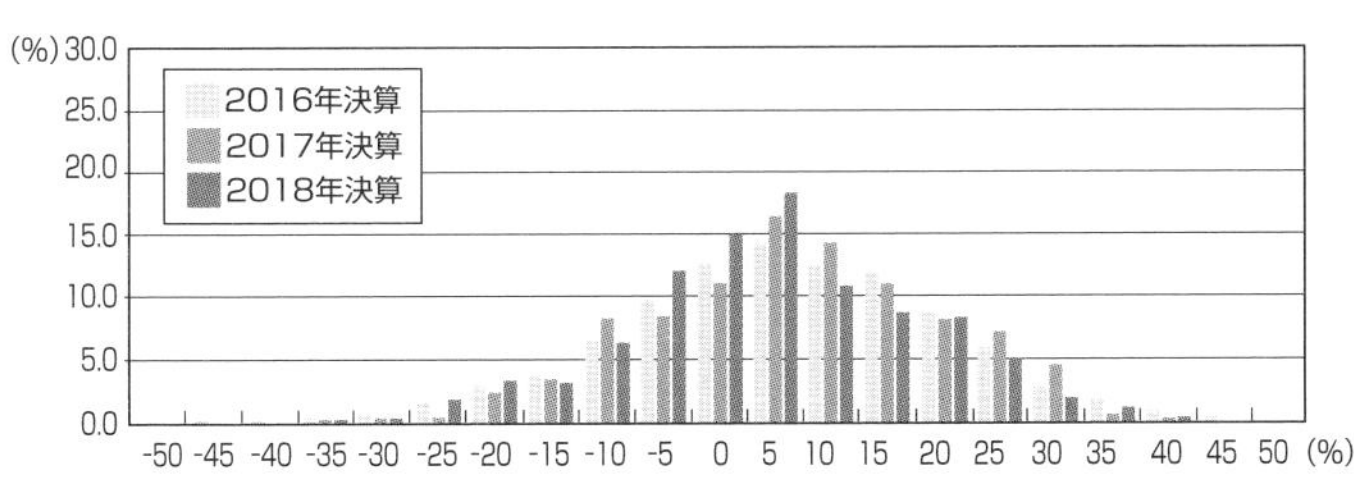

（参考：厚生労働省「令和元年度介護事業経営概況調査結果」）

益（当期純利益）率は、一一・八％です。

前述のとおり、中小企業の平均利益率が三・四八％（中小企業庁調べ）なので、デイサービスは、それより〇・七ポイントほど低いことになります。二〇一五（平成二七）年度決算の最終利益率は五・六％でしたので、なんと半減したことになります。

二〇一八（平成三〇）年度の介護報酬改定では、サービス提供時間が、従来の二時間単位から一時間単位に細分化され、少ないサービス提供時間の基本報酬が二％程度下がったことに加え、特養と同様、人件費の高騰という打撃も受け、収支差率半減という結果になりました。

介護報酬のマイナス改定とは、価格のダンピングです。昨日までと同じコストをかけてサービス提供をしているのに、価格が自動的に二％下がるわけです。まさにデフレ経済です。介護保険事業の収入は、他産業と同様、単価×数量（利用者数）で決まります。単価が下がったら、数量（利用者数）を増やすしかありません。

また、利用者一人一日当たりの平均収入が八七五七円となっていますが、これが、直近のデイサービスの一人一日当たりの単価です。

次に、常勤換算職員数の平均に着目すると、一一・四人となっています。月間の延べ利用者数が六二三・四人ですから、仮に二五日で割り返すと、利用者二・二人当たり一名の職員が配置されている計算になります（六二三・四人÷一一・四人÷二五日）。通所介護の人員基準に照らし合わせると、職員配置数が厚いことがわかります。職員配置数が厚いということは、言い換えると稼働率が低いということになります。

また、常勤比率は六五・二％ですので、特養と比べると一五％程度、非常勤が多いという結果です。

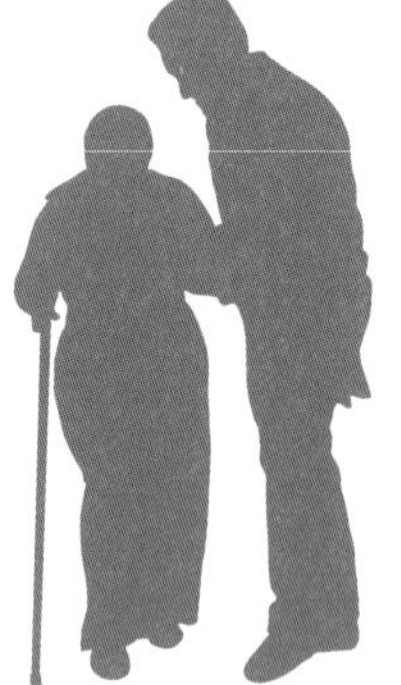

4

小規模多機能型居宅介護の経営実態

国は訪問介護や通所介護の事業所数を減らす方向で考えています。今後は、訪問と通所と泊まりがセットになっていて、原則、何回使っても定額、という小規模多機能型居宅介護を増やしていくことが見込まれます。小規模多機能型居宅介護の経営実態は、どのようなものでしょうか。

赤字の割合がやや多い

図表5は、小規模多機能型居宅介護（以下、小多機）、二二八施設の経営実態です。小多機は、地域密着型サービスに位置付けられています。「小規模多機能型居宅介護（予防を含む）収支差率分布」の棒グラフにおいて、〇％からマイナス三〇％の階層が、収支トントンから赤字の施設です。これを目算すると、それらの合計は五割を超えます。

つまり、全国の五割の小多機は、収支トントンも含め、利益が出ていないということになります。収支差率〇％の棒グラフは一七％ほどを指していますので、収支トントンの施設が仮に半分の八・五％あるとしても、小多機の赤字施設は四割を超えます。

一方で、収支差率一〇％の黒字施設が一五％あります。また、一五％の黒字施設が八％、二〇％と二五％の黒字施設がそれぞれ四％あるので、これらを合算すると三割にのぼります。小多機の経営実態は、赤字施設が四割ある一方で、五％以上の収支差率を出している黒字施設が三割あるという結果です。特養やデイサービスと比べると赤字施設の割合が多いものの、こちらも二極化の様相を呈していることがわかります。

人手不足による給与費の増加で利益率が低下

　また、「差引」が収支差を表していますが、平均で一三万七〇〇〇円（月額）、一一・八％となっています。小多機もデイサービスと同様、六割は営利企業が経営しているので、法人税がかかってきます。法人税を支払ったあとの最終利益率は一・五％で、デイサービスと同水準です。ちなみに、二〇一五年度決算の差引（収支差）が二四万一〇〇〇円、五・四％だったので、ほぼ半減したことになります。

　二〇一八（平成三〇）年度の介護報酬改定では、小多機を増やしていきたいという国の意向が働いて、基本報酬は据え置かれましたが、人手不足により給与費が一・七％上昇したことが、収支差率半減という結果を招きました。

　次に、実利用者数は二〇・六人になります。小多機は二五名定員が多く、二九名定員が最大です。仮に二五名で計算すると、登録稼働率は八二％となります。常勤換算職員数の平均が一一・二人、月間の延べ利用者数が六三〇・九人なので、月平均日数三〇・四日で割り返すと、こちらも利用者一・八人当たり一名の職員が配置されている計算になります（六三〇・九人÷一一・二人÷三〇・四日）。これは、デイサービスと同様、稼働率が低いことを示しています。

　また、常勤比率は七四・二％なので、特養とデイサービスのちょうど中間の常勤割合といったところです。

　現在、国は小多機を増やす意向なので、建築時に補助金を付けて施設数の増加へと政策誘導しています。通所介護や訪問介護の開設を検討している事業者は、小多機を視野に入れておくのも一つの方策です。

　筆者が役員をしている社会福祉法人が小多機の施設を経営していますが、安定的に一〇％の収支差率（利益率）を出しています。当然ながら、登録者数を確保して高い稼働率をキープすることが重要です。

小規模多機能型居宅介護の経営実態（図表５）

■小規模多機能型居宅介護（予防を含む）　　（単位：千円）

		2017年度実態調査	2019年度概況調査		(参考)2016年度概況調査
		2016年度決算	2017年度決算	2018年度決算	2015年度決算
Ⅰ介護事業収益	①介護料収入	3,922	4,083	4,148	3,777
	②保険外の利用料	629	712	722	652
	③補助金収入	9	11	11	12
	④介護報酬査定減	−1	−1	−0	−1
Ⅱ介護事業費用	①給与費	3,085	3,254	3,342(68.4%)	2,978(66.7%)
	②減価償却費	184	202	202	183
	③国庫補助金等特別積立金取崩額	−29	−29	−29	−27
	④その他	995	1,108	1,120	1,017
	うち委託費	109	129	127	108
Ⅲ介護事業外収益	①借入金補助金収入	7	3	2	23
Ⅳ介護事業外費用	①借入金利息	24	27	86	45
Ⅴ特別損失	①本部費繰入	71	84	86	45
収入　(1)=Ⅰ+Ⅲ		4,565	4,808	4,883	4,462
支出　(2)=Ⅱ+Ⅳ+Ⅴ		4,331	4,645	4,764	4,221
差引　(3)=(1)−(2)		234	162	137(2.8%)	241(5.4%)
法人税等		12	17	16	11
法人税等差引　(4)=(3)−法人税等		222	145	121(2.5%)	230(5.2%)
有効回答数		1,051	228	228	194
実利用者数(人)		20.1		20.6	19.5
延べ利用者数		617.1		630.9	560.5
常勤換算職員数(常勤率%)		10.9(73.6)		11.2(74.2)	11.1(73.0)
看護・介護職員常勤換算数(常勤率%)		9.6(72.9)		9.7(73.1)	9.7(71.8)

■小規模多機能型居宅介護（予防を含む）収支差率分布

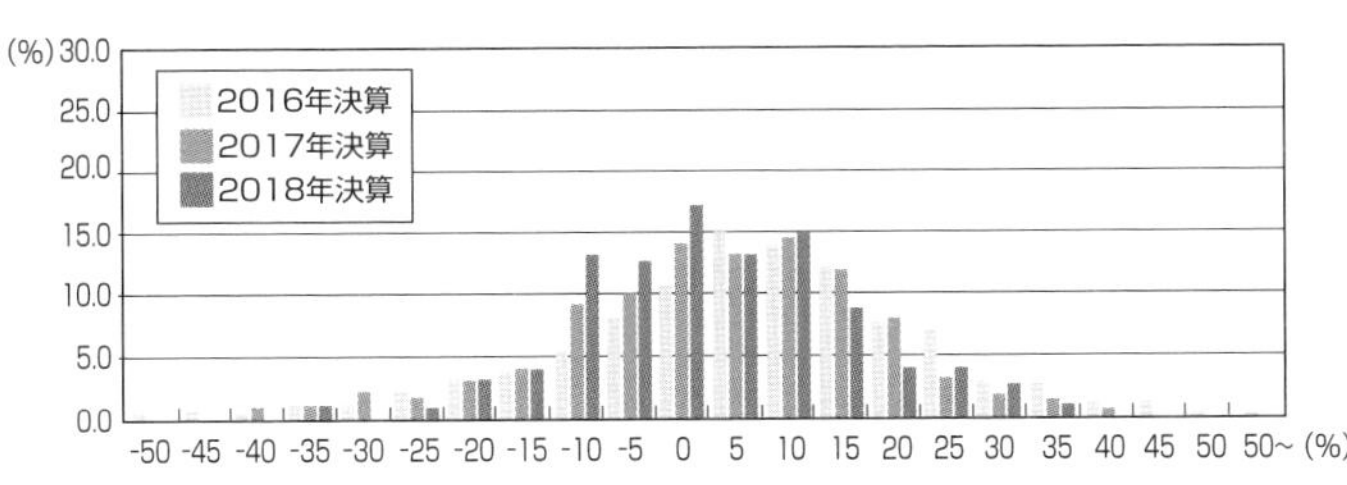

（参考：厚生労働省「令和元年度介護事業経営概況調査結果」）

5 障害者自立支援費の収入構造

障害者の自立支援費も公定価格ですが、介護保険と同様、全国一律ではありません。大都市部は、地方より人件費や物件費（土地、建物等）が高い実態に鑑み、全国を八区分に分けて単価の上乗せがあります。

稼働率次第で収益が変わる

障害者自立支援費による収入は、介護報酬と同様、〔（基本報酬＋加算単価）×地域区分係数〕×利用者延べ人数で算定されます。要するに、単価の出来高払いです。介護保険事業の収入構造の節でも述べましたが、稼働率が収入の多寡を決定しますので、障害者福祉事業も稼働率次第で赤字になったり、黒字になったりします。

介護保険事業より収益性が高い

図表6は、二〇一七（平成二九）年度の障害福祉サービス全事業所の経営実態調査結果です。集計対象となったのは、八九九三施設・事業所。自立支援費等の事業活動収入（売上）は、年間平均三七二〇万円です。一施設・事業所平均で四〇〇〇万円弱の売上があります。

一方、事業活動費用は、年間三四二二万九〇〇〇円。本部経費や支払利息等を引いた最終利益率は五・九％で、二二五万二〇〇〇円の利益が出ています。介護保険事業では、五％以上の利益が出ている事業は、①定期巡回・随時対応型訪問介護看護事業、②夜間対応型訪問介護、③認知症対応型通所介護、④看護小規模多機能型居宅介護の四事業だけなので、障害者福祉事業は、介護保険事業より収益性が高い経営環境ということができるでしょう。

障害福祉サービス全事業所の経営実態（図表6）

（単位：千円）

		2016年度処遇状況等調査				2017年実態調査	
		2014年度決算		2015年度決算		2016年度決算	
Ⅰ事業活動収益	①自立支援費等・措置費・運営費収益	26,036	(%) 88.6	27,474	(%) 88.5	33,575	(%) 88.3
	②利用料収益	2,004	6.8	2,095	6.7	2,722	7.2
	③補助事業等収益	502	1.7	502	1.6	280	0.7
	④その他	557	1.9	571	1.8	623	1.6
Ⅱ事業活動費用	①給与費	18,793	63.9	20,002	64.4	24,488	64.4
	②減価償却費	1,318	4.5	1,369	4.4	1,861	4.9
	③国庫補助金等特別積立金取崩額	−420	−1.4	−480	−1.5	−674	−1.8
	④委託費	854	2.9	879	2.8	1,298	3.4
	⑤その他	6,131	20.9	6,217	20.0	7,156	18.8
Ⅲ事業活動外収益	①借入金利息補助金収入	11	0.0	6	0.0	9	0.0
Ⅳ事業活動外費用	①借入金利息	41	0.1	49	0.2	75	0.2
Ⅴ特別収益	①本部からの繰入	292	1.0	403	1.3	798	2.1
Ⅵ特別費用	①本部への繰入	701	2.4	928	3.0	1,551	4.1
収　入　(1)＝Ⅰ＋Ⅲ＋Ⅴ		29,402	100.0	31,051	100.0	38,007	100.0
支　出　(2)＝Ⅱ＋Ⅳ＋Ⅵ		27,418	93.3	28,964	93.3	35,755	94.1
収支差　(3)＝(1)－(2)		1,984	6.7	2,087	6.7	2,252	5.9
客体数		5,339		5,339		8,993	

※介護事業経営概況調査結果は、決算書を12分の1にして集計しているので、月額で表される。一方、障害福祉サービス等経営実態調査結果では、決算書をそのままで集計しているので、年額で表示されている。

（参考：厚生労働省「平成29年障害福祉サービス等経営実態調査結果」）

6 障害者入所支援施設の経営実態

障害者入所支援施設の全国平均の収支差率は、四・八%の黒字です。障害者入所支援施設は、第一種社会福祉事業なので、主に社会福祉法人が経営しています。同じように社会福祉法人が経営している特養の収支差率一・八%と比べると、その利益率は二・七倍です。

障害者事業全体よりも利益率は低い

図表7は、厚労省が発表している**障害者入所支援施設**の二〇一七(平成二九)年度経営実態調査結果です。集計対象施設数は、七八七件で、その平均値が掲載されています。これによると、自立支援費等の事業活動収益(売上)は年間で一億一七九五万円です。

一方、事業活動費用は、年間一億七五八万二〇〇〇円です。本業による事業活動収支差額は一〇三六万八〇〇〇円、率にすると八・八%になります。そこから、本部経費や支払利息等を引いた最終利益が五七九万六〇〇〇円、四・八%です。

障害福祉サービス全事業所の最終利益が五・九%なので、それより低い結果です。一方、介護保険事業で四・八%以上の利益が出ている事業は、①定期巡回・随時対応型訪問介護看護事業(八・七%)、②夜間対応型訪問介護(五・四%)、③認知症対応型通所介護(七・四%)、④看護小規模多機能型居宅介護(五・九%)の四事業だけです。

次に、一施設・事業所当たりの定員数をみると、五四・七人です。介護事業経営概況調査のような、利用者一人一日当たりの収入は算出されていませんので、仮に事業活動収益(売上)÷定員数÷三六五日(一〇〇%稼働)で計算すると、約五九〇〇円となります。一〇〇%稼働ということはあり得ないので、おそらく六

障害者入所支援施設の経営実態（図表 7）

（単位：千円）

		2016年度処遇状況等調査				2017年実態調査	
		2014年度決算		2015年度決算		2016年度決算	
Ⅰ事業活動収益	①自立支援費等・措置費・運営費収益	91,345	(%) 82.2	89,001	(%) 81.9	99,821	(%) 82.4
	②利用料収益	16,562	14.9	16,565	15.2	16,738	13.8
	③補助事業等収益	1,043	0.9	888	0.8	430	0.4
	④その他	677	0.6	626	0.6	961	0.8
Ⅱ事業活動費用	①給与費	67,095	60.4	67,453	62.0	74,056	61.1
	②減価償却費	7,518	6.8	7,378	6.8	8,165	6.7
	③国庫補助金等特別積立金取崩額	−3,207	−2.9	−3,539	−3.3	−3,818	-3.2
	④委託費	5,122	4.6	4,835	4.4	5,190	4.3
	⑤その他	23,842	21.5	22,203	20.4	23,989	19.8
Ⅲ事業活動外収益	①借入金利息補助金収入	43	0.0	30	0.0	43	0.0
Ⅳ事業活動外費用	①借入金利息	100	0.1	106	0.1	121	0.1
Ⅴ特別収益	①本部からの繰入	1,456	1.3	1,602	1.5	3,196	2.6
Ⅵ特別費用	①本部への繰入	4,544	4.1	5,643	5.2	7,690	6.3
収　入　(1)＝Ⅰ＋Ⅲ＋Ⅴ		111,126	100.0	108,712	100.0	121,189	100.0
支　出　(2)＝Ⅱ＋Ⅳ＋Ⅵ		105,014	94.5	104,079	95.7	115,393	95.2
収支差　(3)＝(1)−(2)		6,112	5.5	4,633	4.3	5,796	4.8
客体数		275		275		787	
1施設・事業所当たり定員数		−		−		54.7	

（参考：厚生労働省「平成29年障害福祉サービス等経営実態調査結果」）

〇〇〇円程度が障害者入所支援施設の利用者一人一日当たりの単価でしょう。

施設長とサービス管理責任者の給料は高め

平均給与をみると、常勤の施設長（管理者）が六八三万円、サービス管理責任者が五三〇万円あまりとなっています。現在、日本のサラリーマン（男女正社員）の平均給与が四四〇万円といわれているので、これと比べてもかなりの高額だということがわかります。ただし、障害者入所支援施設で働いている職種のうち人数の一番多い生活支援員は三六〇万円強なので、一般のサラリーマンの平均給与を下回っています。

また、看護職員（保健師、看護師、准看護師）は四五六万円ですので、全国平均の正社員の給与を上回っています。

障害者入所支援施設の職員1人当たりの年間給与額（図表8）

（単位：円）

職種	障害者入所支援施設	
	常勤	非常勤
1 施設長・管理者	6,834,442	5,385,762
2 サービス管理責任者	5,309,123	4,205,188
3 医師	8,647,224	3,679,386
4 看護職員（保健師、看護師、准看護師）	4,568,698	2,443,990
5 理学療法士	4,435,060	3,075,045
6 作業療法士	4,368,914	2,600,167
7 就労支援員	4,083,895	2,027,779
8 職業指導員	4,121,047	1,895,377
9 生活支援員	3,615,780	1,952,817
客体数		787

（参考：厚生労働省「平成29年障害福祉サービス等経営実態調査結果」）

7 共同生活援助の経営実態

共同生活援助には、介護サービス包括型と外部サービス利用型があります。ここでは、介護サービスも内部で一体的に提供している介護サービス包括型の経営実態をみていきます。介護サービス包括型の障害者グループホームは、年間約二〇〇〇億円、障害福祉サービス全体の一割弱を占める事業です。

他の事業より単価が高い

図表9は、厚生労働省が発表している**共同生活援助（障害者グループホーム）**の二〇一七（平成二九）年度経営実態調査結果です。集計対象施設数は三九一件で、その平均値が掲載されています。

これによると、自立支援費等の事業活動収益（売上）は年間で四六三三万円。一方、事業活動費用は年間四〇八六万一〇〇〇円。本業による事業活動収支差額は五四六万九〇〇〇円、率にして一一・八％と非常に高い利益率です。そこから、本部経費や支払利息等を引いた最終利益が四三七万九〇〇〇円で、九・二％。障害福祉サービス全事業所の最終利益が五・九％なので、平均よりかなり高い結果です。新規参入が増えているのもうなずける結果です。

次に、一施設・事業所当たりの定員数をみると、一八・八人です。事業活動収益（売上）÷定員数÷三六五日（一〇〇％稼働）で計算すると、利用者一人一日当たりの単価が約六八〇〇円になります。前節でみた障害者入所支援施設より高い単価ということがわかります。

障害者入所支援施設の単価が約五九〇〇円なので、

共同生活援助の経営実態（図表 9）

（単位：千円）

		2016年度処遇状況等調査				2017年実態調査	
		2014年度決算		2015年度決算		2016年度決算	
Ⅰ事業活動収益	①自立支援費等・措置費・運営費収益	27,411	(%) 76.7	31,222	(%) 76.9	38,933	(%) 82.2
	②利用料収益	6,633	18.6	7,197	17.7	6,731	14.2
	③補助事業等収益	764	2.1	786	1.9	296	0.6
	④その他	442	1.2	467	1.1	370	0.8
Ⅱ事業活動費用	①給与費	20,704	58.0	23,163	57.0	27,732	58.6
	②減価償却費	1,477	4.1	1,737	4.3	1,946	4.1
	③国庫補助金等特別積立金取崩額	−355	−1.0	−442	−1.1	−506	−1.1
	④委託費	886	2.5	1,057	2.6	1,790	3.8
	⑤その他	9,515	26.6	10,113	24.9	9,899	20.9
Ⅲ事業活動外収益	①借入金利息補助金収入	54	0.2	4	0.0	5	0.0
Ⅳ事業活動外費用	①借入金利息	68	0.2	91	0.2	100	0.2
Ⅴ特別収益	①本部からの繰入	413	1.2	940	2.3	1,016	2.1
Ⅵ特別費用	①本部への繰入	735	2.1	1,316	3.2	2,011	4.2
収　入　(1)＝Ⅰ＋Ⅲ＋Ⅴ		35,717	100.0	40,616	100.0	47,351	100.0
支　出　(2)＝Ⅱ＋Ⅳ＋Ⅵ		33,030	92.5	37,035	91.2	42,972	90.8
収支差　(3)＝(1)−(2)		2,687	7.5	3,581	8.8	4,379	9.2
客体数		310		310		391	
1施設・事業所当たり定員数		−		−		18.8	

（参考：厚生労働省「平成29年障害福祉サービス等経営実態調査結果」）

共同生活援助の職員１人当たりの年間給与額（図表 10）

（単位：円）

職種	共同生活援助（介護サービス包括型）	
	常勤	非常勤
1 施設長・管理者	5,136,504	6,195,097
2 サービス管理責任者	4,386,100	3,424,997
3 生活支援員	3,347,431	2,309,604
4 世話人	2,762,500	1,942,034
客体数		391

（参考：厚生労働省「平成29年障害福祉サービス等経営実態調査結果」）

その差九〇〇円。共同生活援助も入所支援施設も、主に夜間の入浴、排せつおよび食事の介護、その他の日常生活上の援助サービスなので、ランニングコストはそう変わりないと思われますが、グループホームは、入所支援施設ほどハード(施設建物)にお金がかかりません。そのように考えると、共同生活援助の単価がいかに高いかがわかるでしょう。

このように、報酬単価が高いわりには施設建物にお金がかからないので、新規開業が非常に増えています。新しくグループホームとして建物を建てる場合もありますが、賃貸アパートや賃貸マンションでも可能なので、不動産投資の一つのパターンにもなっています。

一方、平均給与をみると常勤の施設長(管理者)が五一三万円、サービス管理責任者が四三八万円あまりとなっています。入所支援施設と比べると低い結果です。これにも色々な要素が考えられますが、一つには、入所支援施設は、社会福祉法人が経営していることが多く、財務基盤が安定していることや、また業歴が古く、年功序列型賃金で、給与が高く積み上がっているのに比べ、共同生活援助は、株式会社や有限会社が経営していることも多いことが関係しているのではないかと思われます。

また、障害者グループホームは、フランチャイズが多い実態があり、それも関係しているかもしれません。しかしながら、生活支援員は、年収が三三五万円ほどなので、入所支援施設と比べても、遜色ない水準です。なお、非常勤の施設長が常勤より高く、六一九万円となっていますが、これは母数の少なさによる異常値と思われます。

8

就労継続支援B型の経営実態

就労継続支援B型事業所は全国に約一万二〇〇〇事業所ありますが、対前年比七％以上の伸びで増え続けています。また、年間約三五〇〇億円強、障害福祉サービス費用全体の一五％弱を占める事業です。就労継続支援B型事業所の経営実態をみていきます。

全体よりも利益率が高い

図表11は、就労継続支援B型事業所の二〇一七（平成二九）年度経営実態調査結果です。集計対象施設数は三七八件で、その平均値が掲載されています。

これによると、自立支援費等の事業活動収益（売上）は年間で三七三八万八〇〇〇円。一方、事業活動費用は年間三一九六万円。本業による事業活動収支差額は五四二万八〇〇〇円、率にすると一四・五％で極めて高い利益率です。

そこから、本部経費や支払利息等を引いた最終利益が四八六万四〇〇〇円、率にしますと一二・八％です。障害福祉サービス全事業所の最終利益が五・九％でしたので、その倍以上の利益率です。障害者グループホームと同様、新規参入により、年々、事業所数が増えている理由がわかります。

給与は低めの水準

次に、一施設・事業所当たりの定員数をみると、二二・七人です。B型事業所も平日だけの営業が多いので、仮に日曜祝日を除いた年間日数、二九七日で割り返すと、利用者一人一日当たりの単価が五五四五円になります。いままでみてきた、障害者入所支援施設などと比べて、一番低い単価ということがわかります。

就労継続支援B型の経営実態（図表 11）

（単位：千円）

		2016年度処遇状況等調査				2017年実態調査	
		2014年度決算		2015年度決算		2016年度決算	
Ⅰ事業活動収益	①自立支援費等・措置費・運営費収益	31,033	(%) 94.9	33,280	(%) 95.0	35,600	(%) 93.7
	②利用料収益	449	1.4	521	1.5	783	2.1
	③補助事業等収益	639	2.0	601	1.7	260	0.7
	④その他	394	1.2	431	1.2	745	2.0
Ⅱ事業活動費用	①給与費	18,907	57.8	20,299	58.0	22,346	58.8
	②減価償却費	1,189	3.6	1,206	3.4	1,416	3.7
	③国庫補助金等特別積立金取崩額	−357	−1.1	−374	−1.1	−525	−1.4
	④委託費	532	1.6	575	1.6	732	1.9
	⑤その他	6,827	20.9	7,169	20.5	7,991	21.0
Ⅲ事業活動外収益	①借入金利息補助金収入	5	0.0	8	0.0	5	0.0
Ⅳ事業活動外費用	①借入金利息	37	0.1	42	0.1	40	0.1
Ⅴ特別収益	①本部からの繰入	164	0.5	174	0.5	600	1.6
Ⅵ特別費用	①本部への繰入	820	2.5	1,325	3.8	1,129	3.0
収　入　(1)=Ⅰ+Ⅲ+Ⅴ		32,684	100.0	35,015	100.0	37,993	100.0
支　出　(2)=Ⅱ+Ⅳ+Ⅵ		27,955	85.5	30,242	86.4	33,129	87.2
収支差　(3)=(1)−(2)		4,729	14.5	4,773	13.6	4,864	12.8
客体数		261		261		378	
1施設・事業所当たり定員数		−		−		22.7	

（参考：厚生労働省「平成29年障害福祉サービス等経営実態調査結果」）

就労継続支援B型の職員1人当たりの年間給与額（図表 12）

（単位：円）

職種	就労継続支援B型	
	常勤	非常勤
1 施設長・管理者	4,940,810	3,837,215
2 サービス管理責任者	4,177,367	2,034,000
3 職業指導員	3,068,521	1,749,329
4 生活支援員	3,115,830	1,892,879
客体数		378

（参考：厚生労働省「平成29年障害福祉サービス等経営実態調査結果」）

9 放課後等デイサービスの経営実態

放課後等デイサービスは全国に約一万三〇〇〇事業所あり、対前年比一二%以上の伸び率で増え続けています。また、年間約三〇〇〇億円弱、障害福祉サービス費用全体の一一%を占める事業です。

平均の二倍に近い利益率

図表13は、厚労省が発表している放課後等デイサービスの二〇一七(平成二九)年度経営実態調査結果です。集計対象施設数は三八三件で、その平均値が掲載されています。

これによると、自立支援費等の事業活動収益(売上)は、年間で三六二九万六〇〇〇円です。一方、事業活動費用は、年間三一八五万六〇〇〇円です。本業による事業活動収支差額は四四四万円、率にすると一二・二%と非常に高い利益率です。

そこから、本部経費や支払利息等を引いた最終利益が四〇四万円、一〇・九%です。障害福祉サービス全事業所の最終利益が五・九%なので、平均の二倍近い利益率です。障害者グループホームや就労継続支援B型と同様、参入者の多い事業としてうなずける結果です。

次に、一施設・事業所当たりの定員数をみると、一一・三名になります。放課後等デイサービスも平日だけの営業が多いので、仮に、日曜祝日を除いた年間日数、二九七日で割り返すと、利用者一人一日当たりの単価は約一万八〇〇〇円になります。いままでみてきた事業の中で、一番高い単価です。障害者入所支援施設の単価が約五九〇〇円なので、その差は約五〇〇〇円。この高い単価は、医師の配置による加算が影響しているものと思われます。

放課後等デイサービスの経営実態（図表 13）

（単位：千円）

		2016年度処遇状況等調査				2017年実態調査	
		2014年度決算		2015年度決算		2016年度決算	
Ⅰ事業活動収益	①自立支援費等・措置費・運営費収益	31,160	(%) 92.9	38,446	(%) 93.4	34,160	(%) 92.4
	②利用料収益	1,134	3.4	1,376	3.3	1,351	3.7
	③補助事業等収益	253	0.8	220	0.5	269	0.7
	④その他	842	2.5	838	2.0	516	1.4
Ⅱ事業活動費用	①給与費	22,016	65.7	26,725	64.9	22,894	62.0
	②減価償却費	1,050	3.1	1,234	3.0	929	2.5
	③国庫補助金等特別積立金取崩額	−64	−0.2	−70	−0.2	−36	−0.1
	④委託費	255	0.8	351	0.9	406	1.1
	⑤その他	7,834	23.4	9,195	22.3	7,663	20.7
Ⅲ事業活動外収益	①借入金利息補助金収入	19	0.1	0	0.0	1	0.0
Ⅳ事業活動外費用	①借入金利息	101	0.3	132	0.3	128	0.3
Ⅴ特別収益	①本部からの繰入	119	0.4	268	0.7	657	1.8
Ⅵ特別費用	①本部への繰入	492	1.5	575	1.4	930	2.5
収　入　(1)=Ⅰ+Ⅲ+Ⅴ		33,527	100.0	41,148	100.0	36,954	100.0
支　出　(2)=Ⅱ+Ⅳ+Ⅵ		31,684	94.5	38,142	92.7	32,914	89.1
収支差　(3)=(1)−(2)		1,843	5.5	3,006	7.3	4,040	10.9
客体数		316		316		383	
1施設・事業所当たり定員数		−		−		11.3	

（参考：厚生労働省「平成29年障害福祉サービス等経営実態調査結果」）

施設長や管理者の給与は低めの水準

　平均給与をみると、常勤の施設長(管理者)が三九三万円と、ここまでで一番低い結果です。他事業のサービス管理責任者に相当する児童発達支援管理責任者が三二九万円あまりとなっています。こちらも、ここまでで一番低い結果です。

　一方で、常勤医師が一二四〇万円、平均の人件費率が六二%です。人件費率はこれまでみてきた事業中で一番高い結果です。ちなみに、児童指導員や保育士は、二〇〇万円台後半に留まっています。

　施設長の平均給与が四〇〇万円弱でサラリーマンの平均年収以下ですが、一方で、平均利益が年間四〇〇万円強。この数字から、コンビニなどのフランチャイズ事業に比べると安定的な収益が見込め、さらに社会貢献もできるということで、新規参入が増えていることも納得できます。

放課後等デイサービスの職員1人当たりの年間給与額（図表14）

(単位:円)

	放課後等デイサービス	
	常勤	非常勤
1 施設長・管理者	3,933,557	1,819,401
2 児童発達支援管理責任者	3,298,587	
3 医師	12,426,860	7,532,268
4 看護職員(保健師、看護師、准看護師)	3,579,531	1,942,280
5 機能訓練担当職員	2,651,681	2,543,466
6 児童指導員または指導員	2,586,851	1,917,193
7 保育士	2,716,548	1,925,708
客体数		383

(参考：厚生労働省「平成29年障害福祉サービス等経営実態調査結果」)

10 子ども・子育て支援給付の収入構造

従来バラバラだった、認定こども園、幼稚園、保育所ならびに小規模保育等に対する給付の枠組みが、「施設型給付」と「地域型保育給付」の二つに整理され、共通化されました。子ども・子育て支援給付は、介護給付や障害者自立支援給付のような利用者延べ人数による出来高払いではなく、定員規模により一定の収入（売上）が保証されます。

施設型給付と地域型保育給付

子ども・子育て支援給付は、「**施設型給付**」と「**地域型保育給付**」に分かれています。「施設型給付」の対象は、認定こども園、保育所、幼稚園です。一方、「地域型保育給付」は、小規模保育、家庭的保育、居宅訪問型保育、事業所内保育が対象です。

「施設型給付」も「地域型保育給付」も定員区分等により、事業ごとに決められた**基本額**と、職員の配置状況や実施体制に応じて取得できる**各種加算額**の合計が収入（売上）になります。介護保険サービスや障害福祉サービスのような利用者延べ人数による出来高払いではなく、各事業所の定員数や各月初日の子どもの数によって収入が決まる、いわば定額制ですので、稼働率の概念はありません。

基本額と各種加算額の内容

保育所や小規模保育事業の収入（売上）を構成している基本額と各種加算額について、詳しくみていきます。まずは基本額ですが、事務費（人件費＋管理費）＋事業費で構成されています。人件費とは、保育所等の職員の給与費に相当するものです。管理費は、保育施設などを運営する際、必要となる管理的経費を指します。そして事業費は、園児の日々の生活費です。

民間保育所の例でみますと、人件費は図表16の人件費の基準をもとに、職員配置数に応じて計算されます。管理費は定員区分、保育必要量区分、年齢区分ごとに設定されます（図表17参照）。事業費は、三歳未満児は一人月額一万四七八円、三歳以上児は一人月額一八〇九円と決まっています。この三つを合わせたものが基本額となり、これに地域区分の係数（一・二倍～一・〇倍までの八区分）をかけた額が基本額としての収入（売上）になります。

次に各種加算額ですが、三歳児職員配置加算、処遇改善加算、休日保育加算、第三者評価受審加算などがあります。処遇改善加算は、主に保育士の処遇改善（給与の増額）を目的とした加算で、職員一人当たりの経験年数に応じて、基本額に二％～一二％の加算率が上乗せされます。

子ども・子育て支援給付の構造（図表15）

基本額（1人当たりの単価）
共通要素①：地域区分別（8区分）、利用定員別（17区分等）、認定区分、年齢別、保育必要量別
共通要素②：人件費、事業費、管理費

＋

各種加算額
職員の配置状況、事業の実施体制、地域の実情等に応じて加算等

保育（2号・3号）認定

地域区分	定員区分	認定区分	年齢区分	保育必要量	
				保育標準時間	保育短時間
□／100地域	□□人～△△人	2号	4歳以上児（30:1）	○円	○円
			3歳児（20:1）	○円	○円
		3号	1･2歳児（6:1）	○円	○円
			0歳児（3:1）	○円	○円

主な加算（例）	
･3歳児職員配置加算	○○円
･主任保育士専任加算（＋子育て支援活動費）	○○円 ○○円
･処遇改善加算	＋○%（加算率･3%充実）
･小学校接続加算	○○円
･第三者評価受審加算	○○円
･減価償却費等加算	○○円

保育標準時間：保育士1人、非常勤保育士1人（3時間追加）
研修代替要員費を追加

基本分単価の中の人件費部分（図表 16）

職種	格付	本俸基準額	特殊業務手当基準額		人件費（年額）
			調整数	基本額	
園長	(福)2-33	257,900円	−	−	約495万円
主任保育士	(福)2-17	240,108円	1	9,300円	約466万円
保育士	(福)1-29	205,530円	1	7,800円	約395万円
調理員等	(行二)1-37	176,200円	−	−	約327万円

（参考：内閣府資料）

基本分単価の中の管理費部分（一部のみ掲載）（図表 17）

（単位：円）

定員区分	保育必要量区分	年齢区分	管理費
20人まで	保育標準時間	乳児	17,103
		1・2歳児	11,682
		3歳児	7,888
		4歳児以上	7,346
	保育短時間	乳児	15,477
		1・2歳児	10,056
		3歳児	6,262
		4歳児以上	5,720
21人から30人まで	保育標準時間	乳児	15,079
		1・2歳児	9,658
		3歳児	5,864
		4歳児以上	5,322
	保育短時間	乳児	13,995
		1・2歳児	8,574
		3歳児	4,780
		4歳児以上	4,238

（参考：内閣府資料）

11 認可保育所の経営実態

保育所は現在、全国に二万三〇〇〇ヵ所以上あり、二〇〇万人あまりの児童が利用しています。子ども・子育て支援事業の中で一番多い施設が、この認可保育所です。認可保育所には、市区町村が運営している公立保育所と、社会福祉法人が経営している私立保育所の二種類がありますが、ここでは私立保育所の経営実態をみていきます。

定員規模が大きくなると収入単価が減る

図表18は、内閣府が二〇一八(平成三〇)年三月に発表した私立保育所の二〇一七(平成二九)年度経営実態調査結果です。集計対象施設数は一七六二件で、定員六〇名以下から一五一名以上まで、五階層に分けて集計されています。保育所は、定員規模によって収入単価が違いますので、定員規模別にみることで、より実態がわかります。

まず、売上を示す保育事業収益をみます。六〇名以下と一五一名以上を比較すると、七一〇五万五〇〇〇円と一億九六六八万円という結果です。平均定員数がそれぞれ四六名と一九三名になっていますので、平均定員数は四・二倍の開きがあります。

一方、保育事業収益は二・八倍に留まっています。定員規模が拡大するに従って、単価が低く設定されますので、定員規模が大きくなればなるほど、収入単価は減っていく構造です。これは、介護保険事業や障害者福祉事業にはない考え方です。

次に費用ですが、六〇名以下が六七三七万二〇〇〇円、一五一名以上が一億八五六四万一〇〇〇円。売上と同様、費用も二・八倍の開きがあります。こうしてみると、定員規模が大きくなっても、その分、利益が出る構造ではないことがわかります。保育所経営は、特養

保育所の経営実態（図表18-1）

科目			私立 60名以下 金額(千円)	構成割合	61～90名 金額(千円)	構成割合	91～120名 金額(千円)	構成割合	121～150名 金額(千円)	構成割合	151名以上 金額(千円)	構成割合
収益	Ⅰ サービス活動増減による収益	1保育事業収益	71,055	－	105,662	－	130,572	－	156,939	－	196,680	－
		(1)施設型給付費収益・特例施設型給付費収益	12,686	－	23,499	－	18,265	－	26,410	－	25,478	－
		(2)委託費収益	53,707	－	71,749	－	94,088	－	104,280	－	144,403	－
		(3)利用者等利用料収益	287	－	1,203	－	809	－	1,624	－	2,252	－
		(4)その他の事業収益	4,349	－	9,177	－	17,345	－	24,581	－	24,457	－
		2 児童福祉事業収益	2	－	6	－	14	－	103	－	42	－
		3 その他収益	542	－	748	－	804	－	1,086	－	1,801	－
	Ⅱ サービス活動外増減による収益		402	－	945	－	1,506	－	1,799	－	2,004	－
		①うち、借入金利息補助金収入	13	－	168	－	79	－	104	－	133	－
	Ⅲ 特別増減による収益		1,331	－	2,194	－	10,575	－	6,761	－	7,100	－
費用	Ⅳ サービス活動増減による費用	1 人件費	51,690	76.7%	75,969	76.0%	96,019	77.0%	115,246	77.2%	142,928	77.0%
		2 事業費	7,412	11.0%	12,140	12.1%	15,123	12.1%	18,046	12.1%	23,314	12.6%
		3 事務費	5,912	8.8%	7,994	8.0%	9,726	7.8%	11,168	7.5%	13,318	7.2%
		4 減価償却費	3,239	4.8%	5,163	5.2%	6,689	5.4%	8,563	5.7%	10,473	5.6%
		5 国庫補助金等特別積立金取崩額	−1,087	−1.6%	−1,878	−1.9%	−3,123	−2.5%	−4,005	−2.7%	−4,753	−2.6%
		6 その他の費用	204	0.3%	607	0.6%	210	0.2%	262	0.2%	361	0.2%
	Ⅴ サービス活動外増減による費用		584	－	1,522	－	1,392	－	2,135	－	1,630	－
		①うち、支払利息	55	－	165	－	256	－	321	－	327	－
	Ⅵ 特別増減による費用		3,806	－	3,581	－	12,822	－	11,585	－	8,800	－
①収益計(Ⅰ(3その他収益を除く))			71,057	100.0%	105,668	100.0%	130,586	100.0%	157,042	100.0%	196,721	100.0%
②費用計(Ⅳ)			67,372	94.8%	99,994	94.6%	124,644	95.4%	149,280	95.1%	185,641	94.4%
③損益差額(①−②)			3,685	5.2%	5,674	5.4%	5,943	4.6%	7,762	4.9%	11,080	5.6%

※構成割合は、費用計（②）に対する割合（ただし私立の収益計（①）、費用計（②）および損益差額（①−②）は収益計（①）に対する割合）。

保育所の経営実態（図表 18-2）

	60名以下	61～90名	91～120名	121～150名	151名以上
④施設数	295施設	217施設	358施設	384施設	508施設
⑤平均利用定員数	46人	79人	110人	138人	193人
⑥平均児童数	47人	83人	113人	140人	194人
⑦入所児童 1人当たり収益 (①÷⑥)	1,496,000円	1,274,000円	1,159,000円	1,125,000円	1,014,000円
⑧入所児童 1人当たり費用 (②÷⑥)	1,418,000円	1,206,000円	1,106,000円	1,070,000円	957,000円

（参考：内閣府「平成29年度『幼稚園・保育所・認定こども園等の経営実態調査』報告書」）

などと違い、定員が多ければ多いほど、スケールメリットが出ることはありません。損益の数字をみると、六〇名以下の損益差率が五・二%、一方、一五一名以上でも五・六%とほぼ変化がないことが、それを裏付けています。六〇名以下の保育所の児童一人当たりの収益(保育単価)をみると、年間一四九万六〇〇〇円となっています。

仮に、日曜祝日を除いた年間日数の二九七日で割り返すと、一日当たりの単価は五〇三七円になります。一五一名以上で同じように計算すると三四一四円。児童一人一日当たり、一五〇〇円の差があります。

定員規模に関係なく人件費率は一定

次に平均給与ですが、常勤の施設長(園長)が月額五二万八八二六円です。これには賞与も含まれているので、一二倍すると年収になります。結果、約六三五万円の年収です。障害者入所支援施設の施設長とほぼ同水準です。双方とも社会福祉法人が経営していることもあってか、奇しくも同じ年収レベルです。

保育士は月額二六万二一五八円。一二倍した年収は約三一五万円です。障害者の放課後等デイサービスの保育士の平均給与が二七〇万円あまりなので、同じ保育士でも、認可保育所の保育士のほうが、年収が高いことがわかります。

ちなみに人件費率は、六〇名以下が七六・七%、一五一名以上が七七・〇%と、ほぼ同レベルです。保育所は定員に関係なく、一定の人件費率だということがわかります。

保育所の給与（図表19）

職種	私立						公立					
	常勤			非常勤			常勤			非常勤		
	実人数（人）	平均勤続年数	給与（円）	換算人員	平均勤続年数	給与（円）	実人数（人）	平均勤続年数	給与（円）	換算人員	平均勤続年数	給与（円）
1 施設長	1.0	23.1	528,826	0.0	4.8	203,618	1.0	29.8	594,465	0.0	13.9	303,699
2 主任保育士	1.0	19.6	397,212	0.0	7.8	171,373	1.4	22.4	518,548	0.0	4.3	389,316
3 保育士	13.2	8.8	262,158	2.1	6.7	169,091	11.6	8.7	279,797	2.2	6.4	172,980
4 保育補助者（資格を有していない者）	0.2	3.5	161,553	0.4	4.7	153,805	0.4	4.0	147,955	0.8	5.6	158,611
5 調理員	1.4	8.1	238,439	0.5	5.3	154,483	1.9	10.9	272,254	0.5	4.4	154,053
6 栄養士（5に含まれる者を除く）	0.6	6.5	270,369	0.0	3.4	166,667	0.1	6.2	274,837	0.0	5.0	247,558
7 看護師（保健師・助産師）、准看護師	0.3	10.0	279,066	0.1	4.6	196,955	0.2	10.0	352,985	0.0	7.1	224,488
8 うち、保育業務従事者	0.1	8.8	254,727	0.0	4.8	182,215	0.0	6.8	231,428	0.0	11.2	184,070
9 事務職員	0.6	9.3	305,728	0.1	5.2	175,343	0.1	5.9	285,799	0.0	4.6	145,904
10 その他	0.2	7.5	297,848	0.1	5.0	159,457	0.2	11.3	285,565	0.1	5.5	157,398
合計	18.6	10.0	283,332	3.3	6.0	165,461	16.9	11.3	315,744	3.8	6.0	168,358
集計施設数	1,519施設						748施設					
平均利用定員数	91人						98人					
平均児童数	93人						91人					

※給与は1人当たり、賞与込み。

（参考：内閣府「平成29年度『幼稚園・保育所・認定こども園等の経営実態調査』報告書」）

12

認定こども園の経営実態

認定こども園は、認可保育所の次に多い保育施設です。認定こども園も保育所と同様、定員規模が大きくなれば単価が下がる構造となっています。一方、人件費率は定員が大きいほうが低くなっています。

保育所と同じく定員数が増えると単価は低下

図表20は、内閣府が二〇一八(平成三〇)年三月に発表した認定こども園の二〇一七(平成二九)年度経営実態調査結果です。集計対象施設数は一一六二件で、定員六〇名以下から二二一名以上まで、五階層に分けて集計されています。認定こども園も認可保育所と同様、定員規模によって収入単価が変わりますので、定員規模別にみることで、より実態がわかるようになります。

まず、売上を示す保育事業収益をみてみましょう。六〇名以下と二二一名以上を比較すると、六〇名以下七七九〇万一〇〇〇円、二二一名以上二億二七六八万六〇〇〇円となっています。平均定員数がそれぞれ四五名と二九七名なので、六・六倍の開きがありますが、保育事業収益は二・九倍に留まっています。保育所と同様、定員数が増えると単価が低くなるので、定員規模が大きくなれば、その分、収入も減る構造です。

次に費用ですが、六〇名以下が六九〇七万六〇〇〇円、二二一名以上が二億一二三六万四〇〇〇円です。こちらは、三・一倍の開きがあります。損益差額率を比較すると、六〇名以下の損益差額率が一一・三%、二二一名以上が六・八%なので四割減です。六〇名以下の児童一人当たりの収益(保育単価)は、年間一三〇万五〇〇〇円となっています。保育所の計算と同じく二九七日で割り返しますと、一日当たりの単価は四三九四円。

認定こども園の経営実態（図表 20-1）

科目			私立									
			60名以下		61～90名		91～150名		151～210名		211名以上	
			金額（千円）	構成割合	金額（千円）	構成割合	金額（千円）	構成割合	金額（千円）	構成割合	金額（千円）	構成割合
収益	Ⅰ サービス活動増減による収益	1 保育事業収益	77,901	-	94,588	-	134,858	-	162,523	-	227,686	-
		(1)施設型給付費収益・特例施設型給付費収益	72,811	-	85,235	-	118,440	-	140,628	-	189,558	-
		(2)委託費収益	0	-	674	-	557	-	907	-	791	-
		(3)利用者等利用料収益	1,100	-	1,464	-	3,185	-	5,876	-	15,166	-
		(4)その他の事業収益	3,941	-	7,141	-	12,599	-	15,052	-	22,089	-
		2 児童福祉事業収益	0	-	34	-	46	-	52	-	238	-
		3 その他収益	1,098	-	1,619	-	2,399	-	4,483	-	13,069	-
	Ⅱ サービス活動外増減による収益		296	-	1,304	-	1,237	-	1,594	-	4,369	-
		①うち、借入金利息補助金収入	2	-	598	-	268	-	49	-	87	-
	Ⅲ 特別増減による収益		818	-	4,564	-	4,953	-	6,675	-	6,552	-
費用	Ⅳ サービス活動増減による費用	1 人件費	50,581	73.2%	63,433	73.7%	88,498	73.2%	105,374	71.5%	144,976	68.3%
		2 事業費	9,142	13.2%	10,628	12.3%	15,348	12.7%	18,243	12.4%	26,583	12.5%
		3 事務費	7,158	10.4%	8,374	9.7%	11,789	9.8%	16,086	10.9%	27,454	12.9%
		4 減価償却費	2,964	4.3%	4,698	5.5%	7,425	6.1%	10,285	7.0%	14,535	6.8%
		5 国庫補助金等特別積立金取崩額	−915	−1.3%	−1,188	−1.4%	−2,296	−1.9%	−2,617	−1.8%	−1,268	−0.6%
		6 その他の費用	147	0.2%	170	0.2%	143	0.1%	80	0.1%	83	0.0%
	Ⅴ サービス活動外増減による費用		612	-	1,826	-	1,196	-	2,551	-	5,468	-
		①うち、支払利息	208	-	167	-	316	-	492	-	759	-
	Ⅵ 特別増減による費用		2,575	-	5,228	-	6,039	-	6,449	-	8,255	-
①収益計（Ⅰ（3その他収益を除く））			77,901	100.0%	94,622	100.0%	134,904	100.0%	162,574	100.0%	227,923	100.0%
②費用計（Ⅳ）			69,076	88.7%	86,115	91.0%	120,907	89.6%	147,452	90.7%	212,364	93.2%
③損益差額（①−②）			8,825	11.3%	8,507	9.0%	13,996	10.4%	15,122	9.3%	15,560	6.8%

※構成割合は、費用計（②）に対する割合（ただし私立の収益計（①）、費用計（②）および損益差額（①−②）は収益計（①）に対する割合）。

一方、二一一名以上の児童一人当たりの収益（保育単価）は年間八二万三〇〇〇円となっているので、同じく二九七日で割り返しますと、一日当たりの単価は二七七一円。一六〇〇円以上の差があります。約四割減です。

単価の四割減がそのまま損益の四割減につながっています。認定こども園は、認可保育所と比較してもさらにスケールメットが出にくい構造だということがわかります。

人件費率は定員が大きいほうが低い

次に平均給与ですが、常勤の施設長が月額五二万三三四四円。同様に一二倍すると年収が出ます。約六二八万円の年収です。認可保育所の施設長とほぼ同水準です。保育教諭は月額二四万二〇四三円。一二倍した年収は約二九〇万円。認可保育所の保育士のほうが、年収が高いことがわかります。ちなみに、人件費率は六〇名以下が七三・二%、二一一名以上が六八・三%で、その差は約五%です。保育所と違って、人件費率は定員が大きいほうが低くなっています。

認定こども園の経営実態（図表 20-2）

	60名以下	61～90名	91～150名	151～210名	211名以上
④施設数	92施設	184施設	499施設	179施設	208施設
⑤平均利用定員数	45人	77人	121人	178人	297人
⑥平均児童数	60人	77人	121人	168人	277人
⑦入所児童 1人当たり収益 （①÷⑥）	1,305,000円	1,224,000円	1,113,000円	965,000円	823,000円
⑧入所児童 1人当たり費用 （②÷⑥）	1,157,000円	1,114,000円	997,000円	876,000円	766,000円

（参考：内閣府「平成29年度『幼稚園・保育所・認定こども園等の経営実態調査』報告書」）

認定こども園の給与（図表21）

職種	私立						公立					
	常勤			非常勤			常勤			非常勤		
	実人数（人）	平均勤続年数	給与（円）	換算人員	平均勤続年数	給与（円）	実人数（人）	平均勤続年数	給与（円）	換算人員	平均勤続年数	給与（円）
1 施設長	1.0	24.8	523,344	0.0	8.2	336,436	1.0	32.9	599,674	0.0	37.5	212,500
2 副園長	0.6	20.4	431,647	0.0	23.8	299,245	0.7	29.5	591,295	0.0	-	-
3 教頭	0.1	22.0	391,495	0.0	3.8	207,912	0.0	25.7	501,635	0.0	-	-
4 主幹保育教諭	1.4	17.3	346,759	0.0	11.6	164,899	1.3	23.5	509,305	0.0	43.0	336,354
5 指導保育教諭等	0.4	12.8	307,994	0.0	5.7	161,527	0.2	19.5	511,394	0.0	-	-
6 保育教諭	14.1	7.9	242,043	2.5	6.8	155,693	12.7	7.8	251,128	1.9	5.5	162,903
7 助保育教諭	0.2	6.2	150,625	0.2	5.3	142,454	0.1	4.3	157,176	0.1	4.6	148,097
8 講師	0.1	7.8	189,278	0.1	6.4	133,909	0.2	5.3	175,019	0.1	6.9	134,900
9 調理員	1.2	7.2	209,629	0.6	4.4	145,927	2.1	10.0	225,977	0.3	4.1	135,771
10 栄養教諭・栄養士(9除く)	0.4	6.6	250,501	0.0	3.6	146,398	0.2	4.0	242,230	0.0	4.6	207,922
11 事務職員	0.8	8.6	278,347	0.1	5.2	164,816	0.2	5.1	270,396	0.1	2.2	159,585
12 その他	1.0	6.5	203,768	0.8	4.5	156,170	0.8	4.1	160,026	0.6	4.7	146,079
合計	21.2	9.7	266,342	4.4	6.0	154,261	19.5	11.0	293,454	3.2	5.5	157,677
集計施設数	792施設						200施設					
平均利用定員数	146人						126人					
平均児童数	142人						107人					

※給与は1人当たり、賞与込み。

（参考：内閣府「平成29年度『幼稚園・保育所・認定こども園等の経営実態調査』報告書」）

13 地域型保育事業の経営実態

一三〇％の伸びで増えている小規模保育A型をはじめとして、地域型保育事業も増加傾向です。地域型保育事業も保育所と同様に定員数が増えると単価は低くなり、費用については事業所内保育の人件費率が高い傾向にあります。

損益差額率と保育単価は家庭的保育が一番高い

図表22は、地域型保育事業の二〇一七（平成二九）年度経営実態調査結果です。集計対象事業所数は五六七件。家庭的保育、小規模保育（A型・B型・C型）、事業所内保育（A型・B型・二〇人以上）の七事業の平均値の集計結果です。

保育事業収益は、家庭的保育が一番少なく約一五〇六万六〇〇〇円、二〇人以上の事業所内保育が一番多くて約五六二七万六〇〇〇円という実態です。一方、損益差額率をみると家庭的保育が一七・八％と一番高く、二〇人以上の事業所内保育が平均マイナス二一・一％の赤字。ただし、二〇人以上の事業所内保育は、標本数が三二事業所しかないので、この点は注意が必要です。

児童一人当たりの収益（保育単価）は、家庭的保育が年間二七七万三〇〇〇円。保育所の計算と同じく二九七日で割り返すと、一日当たりの単価は九三三七円。同じ計算式で算出しますと小規模保育のA型が七八六九円、B型が七二五九円、C型が八〇九一円、事業所内保育のA型が六三八〇円、B型が六六七〇円、二〇人以上が四五八六円という結果です。

家庭的保育が九三三七円で一番高く、二〇人以上の事業所内保育が四五八六円で一番低く、両者には約二倍の開きがあります。保育所と同様、定員数が増えると単価

4-13 地域型保育事業の経営実態

地域型保育事業の経営実態（図表 22-1）

科目		私立							
		家庭的保育		小規模保育（A型）		小規模保育（B型）		小規模保育（C型）	
		金額（千円）	構成割合	金額（千円）	構成割合	金額（千円）	構成割合	金額（千円）	構成割合
収益	Ⅰ サービス活動増減による収益 1 保育事業収益	15,066	-	38,429	-	32,752	-	23,045	-
収益	(1)地域型給付費収益	13,345	-	33,277	-	28,473	-	20,101	-
収益	(2)委託費収益	824	-	3,280	-	2,812	-	2,160	-
収益	(3)利用者等利用料収益	43	-	583	-	357	-	244	-
収益	(4)その他の事業収益	848	-	1,284	-	1,110	-	510	-
収益	2 児童福祉事業収益	0	-	13	-	14	-	0	-
収益	3 その他収益	50	-	456	-	187	-	484	-
収益	Ⅱ サービス活動外増減による収益	8	-	93	-	58	-	133	-
収益	(1)うち、借入金利息補助金収入	0	-	1	-	0	-	0	-
収益	Ⅲ 特別増減による収益	20	-	500	-	140	-	74	-
費用	Ⅳ サービス活動増減による費用 1 人件費	8,691	70.2%	23,019	71.1%	19,659	71.6%	14,703	72.4%
費用	2 事業費	1,539	12.4%	3,246	10.0%	2,826	10.3%	2,351	11.6%
費用	3 事務費	1,894	15.3%	5,201	16.1%	4,117	15.0%	2,995	14.7%
費用	4 減価償却費	184	1.5%	761	2.4%	534	1.9%	175	0.9%
費用	5 国庫補助金等特別積立金取崩額	0	0.0%	−83	−0.3%	−53	−0.2%	−12	−0.1%
費用	6 その他の費用	77	0.6%	214	0.7%	389	1.4%	105	0.5%
費用	Ⅴ サービス活動外増減による費用	4	-	138	-	108	-	24	-
費用	①うち、支払利息	4	-	70	-	25	-	24	-
費用	Ⅵ 特別増減による費用	1,022	-	1,255	-	1,063	-	846	-
①収益計（Ⅰ（3その他収益を除く））		15,066	100.0%	38,442	100.0%	32,767	100.0%	23,045	100.0%
②費用計（Ⅳ）		12,385	82.2%	32,358	84.2%	27,473	83.8%	20,317	88.2%
③損益差額（①－②）		2,681	17.8%	6,084	15.8%	5,294	16.2%	2,728	11.8%
④施設数		106事業所		213事業所		132事業所		22事業所	
⑤平均利用定員数		5人		17人		15人		10人	
⑥平均児童数		5人		16人		15人		10人	
⑦入所児童1人当たり収益（①÷⑥）		2,773千円		2,337千円		2,156千円		2,403千円	
⑧入所児童1人当たり費用（②÷⑥）		2,279千円		1,967千円		1,808千円		2,118千円	

※構成割合は、費用計（②）に対する割合（ただし私立の収益計（①）、費用計（②）および損益差額（①－②）は収益計（①）に対する割合）。（参考：内閣府「平成29年度『幼稚園・保育所・認定こども園等の経営実態調査』報告書」）

地域型保育事業の経営実態（図表 22-2）

科目			私立					
			事業所内保育（A型）		事業所内保育（B型）		事業所内保育（20人以上）	
			金額（千円）	構成割合	金額（千円）	構成割合	金額（千円）	構成割合
収益	Ⅰ サービス活動増減による収益	1 保育事業収益	26,360	-	28,555	-	56,276	-
		(1)地域型給付費収益	22,814	-	26,124	-	49,515	-
		(2)委託費収益	2,326	-	997	-	3,726	-
		(3)利用者等利用料収益	296	-	160	-	539	-
		(4)その他の事業収益	924	-	1,273	-	2,477	-
		2 児童福祉事業収益	0	-	0	-	16	-
		3 その他収益	36	-	60	-	435	-
	Ⅱ サービス活動外増減による収益		81	-	64	-	140	-
	(1)うち、借入金利息補助金収入		0	-	0	-	0	-
	Ⅲ 特別増減による収益		101	-	43	-	2,078	-
費用	Ⅳ サービス活動増減による費用	1 人件費	17,714	76.4%	20,563	80.9%	42,193	73.4%
		2 事業費	1,824	7.9%	1,997	7.9%	5,086	8.8%
		3 事務費	2,659	11.5%	2,553	10.0%	8,596	15.0%
		4 減価償却費	976	4.2%	333	1.3%	1,522	2.6%
		5 国庫補助金等特別積立金取崩額	−55	−0.2%	−83	−0.3%	−131	−0.2%
		6 その他の費用	74	0.3%	45	0.2%	225	0.4%
	Ⅴ サービス活動外増減による費用		162	-	63	-	793	-
	①うち、支払利息		83	-	33	-	25	-
	Ⅵ 特別増減による費用		640	-	1,089	-	659	-
①収益計（Ⅰ（3その他収益を除く））			26,360	100.0%	28,555	100.0%	56,292	100.0%
②費用計（Ⅳ）			23,193	88.0%	25,409	89.0%	57,491	102.1%
③損益差額（①−②）			3,167	12.0%	3,146	11.0%	(1,199)	-2.1%
④施設数			45事業所		17事業所		32事業所	
⑤平均利用定員数			15人		17人		43人	
⑥平均児童数			14人		14人		41人	
⑦入所児童1人当たり収益（①÷⑥）			1,895千円		1,981千円		1,362千円	
⑧入所児童1人当たり費用（②÷⑥）			1,667千円		1,763千円		1,391千円	

※構成割合は、費用計（②）に対する割合（ただし私立の収益計（①）、費用計（②）および損益差額（①−②）は収益計（①）に対する割合）。（参考：内閣府「平成29年度『幼稚園・保育所・認定こども園等の経営実態調査』報告書」）

が低くなるので、ある意味で当然の結果といえるでしょう。

事業所内保育の人件費は高い傾向

費用に目を転じると、事業所内保育の人件費率が、家庭的保育や小規模保育と比べると高い傾向にあり、これが結果として費用比率の高さにつながっています。家庭的保育は保育単価が高いために人件費率が低い傾向ですが、事業所内保育は保育単価が低いので相対的に人件費率が高くなり、そのことが収益を圧迫する形になっているといえるでしょう。

次に平均給与をみると、常勤の管理者で一番高いのは、小規模保育A型の月額三六万八九二円。こちらも一二倍して年収に換算すると四三〇万円あまりと、放課後等デイサービスの施設長（管理者）と同程度です。

また、一番低いのは小規模保育C型で月額二四万七二五二円、同じく年収換算で二九六万円です。保育士をみると、こちらも小規模保育A型が一番高く、月額二二万七一三六円、年収換算で二七〇万円あまりです。

ちなみに、人件費率は事業所内保育B型が一番高い八〇・九％（ただし、一七事業所と集計数が少ない点は注意が必要）、一番低いのは家庭的保育の七〇・二％で、その差が一〇％以上もあります。

このようにみてくると、家庭内保育と小規模保育は利益率が高く、参入する上でのメリットはありそうです。また、企業内に保育所を設ける事業所内保育では、A型とB型の少人数保育への参入がおすすめといえるでしょう。

地域型保育事業の給与（図表 23-1）

事業類型	職種	私立					
		常勤			非常勤		
		実人数(人)	平均勤続年数(年)	給与(円)	実人数(人)	平均勤続年数(年)	給与(円)
家庭的保育	1 家庭的保育者	1.2	10.5	312,449	0.1	10.0	187,873
	2 家庭的保育補助者	0.6	8.5	201,372	0.8	5.0	172,383
	3 調理員	0.1	3.5	172,444	0.2	2.8	163,232
	4 栄養士(3除く)	0.0	-	-	0.0	12.0	167,563
	5 事務職員	0.0	15.0	188,657	0.0	1.5	193,903
	6 その他	0.0	2.0	261,708	0.0	3.0	167,393
	合計	1.9	9.6	271,666	1.1	4.9	172,952
	集計事業所数	122事業所					
	平均利用定員数	5人					
	平均児童数	5人					
小規模保育(A型)	1 管理者	0.9	11.2	360,892	0.0	5.0	295,208
	2 主任保育士	0.4	9.4	306,440	0.0	0.0	266,050
	3 保育士	3.8	5.1	227,136	1.6	3.9	167,394
	4 保育従事者(資格を有していない者)	0.1	4.1	232,415	0.1	1.4	179,826
	5 調理員	0.3	4.7	168,414	0.4	2.1	161,227
	6 栄養士(5除く)	0.1	3.3	241,148	0.1	1.6	163,500
	7 看護師(保健師・助産師)、准看護師	0.0	7.3	240,979	0.0	9.0	188,894
	8 うち、保育業務従事者	0.0	0.9	179,220	0.0	5.6	184,642
	9 事務職員	0.1	3.0	256,543	0.1	2.5	200,046
	10 その他	0.0	4.6	307,867	0.0	6.3	132,846
	合計	5.6	6.2	250,843	2.4	3.3	168,746
	集計事業所数	136事業所					
	平均利用定員数	17人					
	平均児童数	17人					

※給与は1人当たり、賞与込み。

地域型保育事業の給与（図表23-2）

事業類型	職種	私立					
		常勤			非常勤		
		実人数（人）	平均勤続年数（年）	給与（円）	実人数（人）	平均勤続年数（年）	給与（円）
小規模保育（B型）	1　管理者	0.9	11.1	332,574	0.0	18.0	604,167
	2　主任保育士	0.3	10.2	274,017	0.0	29.0	130,439
	3　保育士	3.0	7.3	229,977	0.9	6.8	162,782
	4　保育従事者（資格を有していない者）	0.7	3.7	188,790	0.7	2.8	144,380
	5　調理員	0.4	4.6	181,938	0.3	4.3	171,081
	6　栄養士（5除く）	0.0	2.5	177,660	0.0	2.3	154,770
	7　看護師（保健師・助産師）、准看護師	0.0	4.0	264,076	0.0	2.3	158,344
	8　うち、保育業務従事者	0.0	4.5	242,625	0.0	3.3	220,500
	9　事務職員	0.1	2.8	202,605	0.1	1.5	179,820
	10　その他	0.0	-	-	0.0	6.7	245,433
	合計	5.4	7.3	240,127	2.1	5.0	159,906
	集計事業所数	77事業所					
	平均利用定員数	16人					
	平均児童数	15人					
小規模保育（C型）	1　管理者	0.6	12.1	247,252	0.1	4.1	154,000
	2　家庭的保育者	2.7	4.4	193,100	0.7	3.4	184,018
	3　家庭的保育補助者	1.0	3.7	176,856	0.7	3.3	159,336
	4　調理員	0.2	2.2	184,763	0.4	2.5	169,032
	5　栄養士（4除く）	0.0	-	-	0.0	-	-
	6　事務職員	0.0	-	-	0.1	4.1	133,333
	7　その他	0.0	-	-	0.0	8.0	240,000
	合計	4.5	5.2	196,536	1.9	3.2	170,085
	集計事業所数	18事業所					
	平均利用定員数	9人					
	平均児童数	9人					

※給与は1人当たり、賞与込み。

社会福祉法人の経営実態

社会福祉法人は、全国に約二万法人あります。いままでみてきた特養や障害者入所支援施設、認可保育所などは、主に社会福祉法人が経営しています。社会福祉法人と一口にいっても様々です。ここでは、社会福祉法人の経営実態について詳しくみていきます。

過半数は小規模法人

1-4節では、社会福祉法人にはその設立経緯から民設民営、公設民営、公設公営の三つがあると述べました。ここでは、設立経緯に加えて事業規模でも分類することで、より詳しくみていきます。

社会福祉法人は全国に約二万法人ありますが、設立主体や事業規模は様々です。設立主体による分類では、民営の社会福祉法人、市区町村の外郭団体としての**市区町村社会福祉協議会**、県・区・市の外郭団体としての**社会福祉事業団**の三つに分かれます。そしてその事業規模は、年間一二〇〇億円から数千万円まで大小様々です。

図表24で示すとおり、事業規模三億円以下の民営の社会福祉法人の場合、認可保育所や特養などの施設を一ヵ所のみ経営している場合がほとんどです。ちなみに、特養は約八〇〇〇施設ありますが、その五割は五九名以下の、小規模な特養です。

一方、五億円を超えて一五億円規模になると、特養などの施設を複数経営しています。県全域に施設・事業所を展開している法人や、複数県にまたがって施設を展開している法人などもあります。

また、公営で施設を経営する法人には、先ほど述べたとおり市区町村社会福祉協議会と、県・区・市の社会福祉事業団があります。三億円以下の社会福祉協議会の場合、通所介護を一～二ヵ所、あるいは訪問介護などの事業を行っています。五億円を超えて一五億円規模になると、社会福祉事業団や大都市圏の市区町村社会福祉協議会が該当します。特養やデイサービスなどの同種の施設を複数経営しているケースが多くなります。

ただし、どんなに事業規模が大きくても、社会福祉事業団や市区町村社会福祉協議会は、民営の社会福祉法人のように県をまたいでの事業展開はできません。社会福祉事業団や市区町村社会福祉協議会は、あくまで行政の外郭団体の枠組みですので、県や市を超えて事業を展開することはできないようになっています。

小規模法人の吸収合併が進む？

それでは、社会福祉法人の経営はどのような状況でしょうか。民設民営で施設を建設する場合は、ほぼ例外なく、**福祉医療機構**という独立行政法人から融資を受けることになります。特養等の第一種社会福祉事業の施設を建設する際、国や県

社会福祉法人の分類（図表24）

事業規模：3億円以下 → 15億円以上

設立経緯	小規模（3億円以下）	大規模（15億円以上）
民営	**小規模法人（1施設経営）** ・認可保育所 ・児童養護施設 ・養護老人ホーム ・軽費老人ホーム、ケアハウス ・定員50名前後の特養 ・定員50名前後の障害者支援施設	**大規模法人（複数施設経営）** ・定員80名以上の特養を複数経営 ・特養併設通所介護を複数経営 ・障害者支援施設を複数経営 ・介護・障害・保育の複合経営 ・複数県にまたがった施設経営 ・全国に施設展開
公営	**小規模社会福祉協議会** ・地域福祉事業 ・ボランティア活動事業 ・生活資金貸付事業 ・配食サービス事業 ・通所介護 ・訪問介護（高齢・障害） ・居宅介護支援	**社会福祉事業団** ・広域型特養を複数経営 ・障害者支援施設を複数経営 ・介護・障害・保育の複合経営 **大規模社会福祉協議会** ・地域福祉事業 ・地域密着型特養

などから補助金を受けられますが、補助金を受給する条件の一つとして、福祉医療機構から融資を受けることとなっています。国の機関なので、市中の民間金融機関よりずっと低利で融資を受けられるというメリットがあります。

融資を受けている社会福祉法人は、毎年、福祉医療機構に決算書を提出することになっており、福祉医療機構では、全国から集まった社会福祉法人の決算書を定期的に分析して、レポートとして公開しています。これによると、社会福祉法人の収支差率は平均二・九％の黒字となっています（福祉医療機構「二〇一八年度社会福祉法人の経営状況について」より）。全国の中小企業の平均利益率が三・八％なので、これと比較すると概ね妥当といえるでしょう。

ただし、社会福祉法人の約三割は赤字です。この三割には、先ほどみてきた事業規模三億円以下の小規模法人が多く含まれています。今後は、赤字が続いている中小零細な法人は、解散や吸収合併に向かう可能性があります。

社会福祉法人における赤字法人の割合（図表 25）

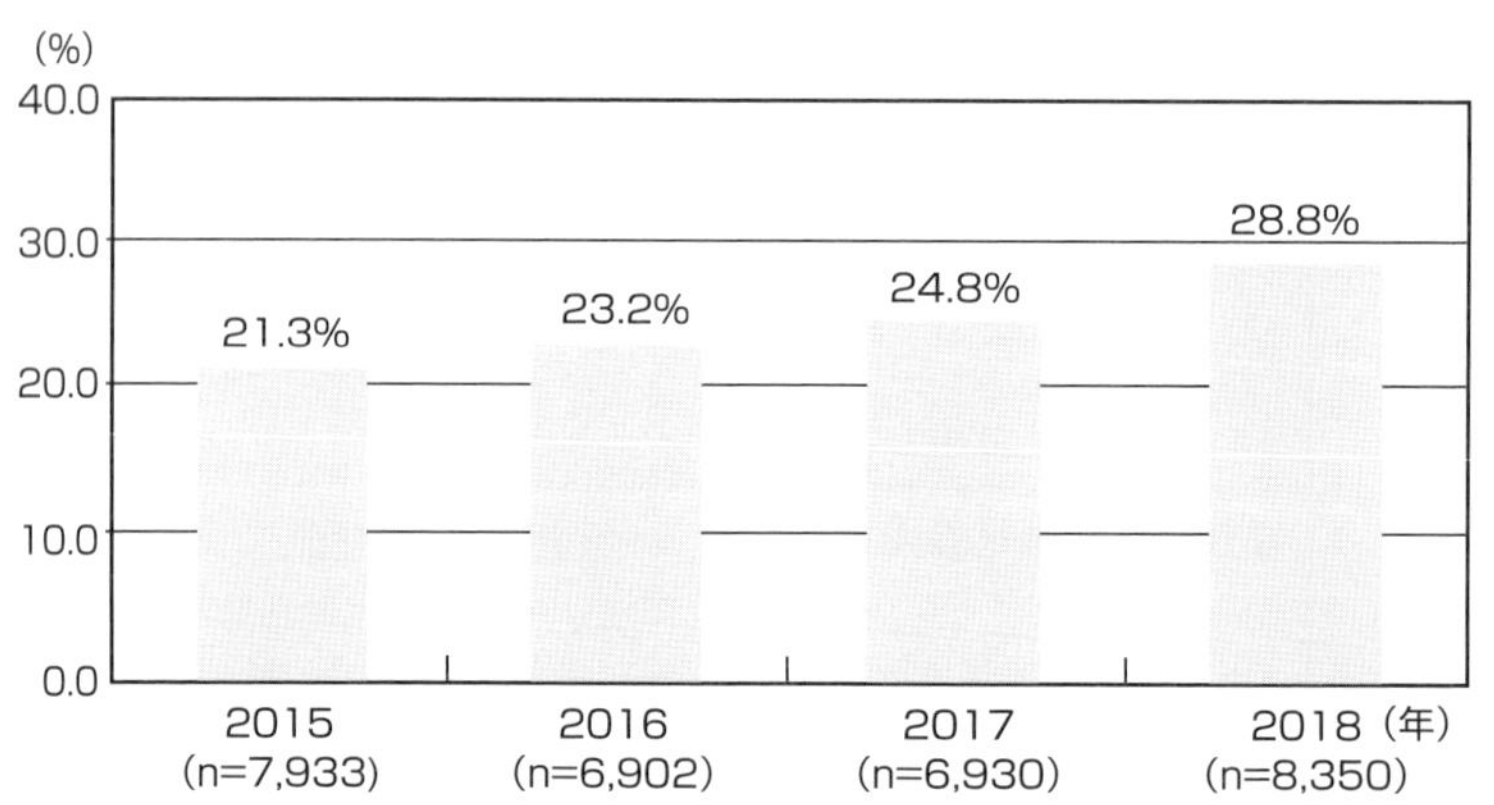

（参考：福祉医療機構「2018年度社会福祉法人の経営状況について」）

15

株式会社が経営する福祉事業

今日では、介護保険の在宅サービス事業所の過半数は、株式会社による経営です。社会福祉基礎構造改革以来、株式会社が福祉介護事業へ参入するケースが増え続けていますが、その参入実態はどのようなものでしょうか。

株式会社の参入形態は四つに分けられる

一口に株式会社といっても、社会福祉法人と同様、実に様々です。一人株式会社から一部上場企業まで参入していて、その事業規模も数千万円から数千億円規模まであります。そうした多種多様な中で、福祉介護事業に参入している株式会社の実態はどのようなものか、それを知る一つの手がかりとしてまとめたものが、図表26です。横軸を参入形態、縦軸を参入動機として、マトリクスで表しますと、四つのゾーン（象限）ができます。

まずA群ですが、これは、有限会社も含めた**小規模企業**＊が、遊休土地の資産活用を目的に、福祉介護事業に参入するケースです。デイサービスや認知症高齢者グループホームなどは、比較的狭い土地でも安定した収益が見込めることもあって、その多くが小規模企業による経営です。

加えて、資金力に乏しい小規模企業にとって、補助金が受けられることも大きな参入動機です。サ高住の場合、一戸当たり一〇〇万円程度、総建築費に対して、最大一〇分の一の補助金が出ます。仮に、建築費が四億円かかるとすると、四〇〇〇万円の補助金が受けら

用語解説

＊**小規模企業**　ここでの小規模企業の定義としては、資本金3000万円くらいまでの株式会社を想定している。

福祉介護事業に参入している株式会社の事業分野（図表 26）

縦軸：参入動機（土地・資産の活用／ノウハウ活用）　横軸：参入形態（小規模企業／大企業）

参入動機＼参入形態	小規模企業	大企業
土地・資産の活用	A 群 ・デイサービスの開設 ・地域密着型デイサービスの開設 ・認知症高齢者グループホームの開設 ・サービス付き高齢者向け住宅の開設 ・小規模多機能型居宅介護事業の開設	C 群 ・有料老人ホーム等介護事業所のM&A（損保HD、ベネッセHD等） ・駅ナカ保育所のドミナント展開 ・事業所内保育事業の開設 ・介護事業の開設コンサルティング
ノウハウ活用	B 群 ・訪問介護事業所の開設 ・訪問看護事業所の開設 ・居宅介護支援事業所の開設 ・就労継続支援 B 型事業所の開設 ・放課後等デイサービスの開設 ・小規模保育事業の開設 ・児童発達支援施設の FC 展開 ・障害者グループホームの FC 展開	D 群 ・大手電機メーカー等が住宅施工やIT システム等のノウハウを活かしてデイサービスや有料老人ホームを展開（パナソニック、富士通、三菱電機等） ・既存の福祉介護事業所を子会社化 ・定期巡回型訪問介護看護事業

サ高住の税制優遇策（図表 27）

【固定資産税】　適用期限：2021年3月31日まで

5年間税額について2／3参酌して1／2以上5／6の範囲において市区町村が条例で定める割合を軽減（一般新築特例は1／2軽減）

※2015年4月1日から「地域決定型地方税制特例措置（通称、わがまち特例）」を導入

要件
①床面積：30m²以上／戸（共用部分含む。一般新築特例は40m²以上／戸）
②戸　数：1戸以上
③補　助：国または地方公共団体からサービス付き高齢者向け住宅に対する建設費補助を受けていること
④構　造：主要構造部が耐火構造または準耐火構造であること等

【不動産取得税】　適用期限：2021年3月31日まで

家屋　課税標準から1200万円控除／戸（一般新築特例と同じ）
土地　次のいずれか大きいほうの金額を税額から控除（一般新築特例と同じ）
ア：4万5,000円（150万円×3%）
イ：土地の評価額／m²×1／2（特例負担調整措置）
※家屋の床面積の2倍（200m²を限度）×3%

要件
①床面積：30m²以上／戸（共用部分含む。一般新築特例は40m²以上／戸）
②戸　数：1戸以上
③補　助：国または地方公共団体からサービス付き高齢者向け住宅に対する建設費補助を受けていること
④構　造：主要構造部が耐火構造または準耐火構造であること等

れるわけです。さらに、サ高住を開設する場合、税制上の優遇措置があります（図表27参照）。土地持ちのオーナーとしては、節税は大きな動機につながります。一方、税制上の優遇措置はありませんが、小規模多機能型居宅介護も一施設当たり三〇〇〇万円程度の補助金が出ます。こうした背景から、多くの小規模企業が、サ高住や小規模多機能型居宅介護に参入しています。

次にB群ですが、こちらは同じ小規模企業でもノウハウを活用するケースです。介護保険導入当初は、ヘルパーや**ケアマネジャー**が独立して、訪問介護や居宅介護支援の事業所を開設するケースが多くありました。また、病院勤務の看護師が独立して訪問看護事業所を開設するケースも増えています。

さらには、障害者施設の勤務経験を活かして、障害者の就労継続支援B型事業所や放課後等デイサービスを始める人も増えている印象があります。最近では、新型コロナウイルス感染症の流行により本業が不振になった企業や、独立開業に興味のある人に向けて、児童発達支援施設や障害者グループホームをフランチャイズ展開する企業も目立ってきました。

資金力またはノウハウを活かして参入

三つ目のC群は、大企業がその資本力を活かして、福祉介護事業に参入するケースです。経営基盤をより盤石にするため、豊富な資金を使ってM&Aを行う場合などがこれに該当します。また、JR等の鉄道会社が、駅構内の遊休スペースを活用して、通勤客が多い駅などに駅ナカ保育所を展開するのも、大企業の資産活用の例といえるでしょう。

最後に四つ目のD群は、同じ大企業でもノウハウを活用するケースです。パナソニックなどは、住宅施工のノウハウを活かして介護付き有料老人ホームを多拠点展開しています。また、豊富な電化製品や自動化の技術を活用して、パナソニック健康保険組合が老健の経営を行っています。富士通は、福祉介護事業向けのパッケージソフトを開発していますが、こうしたITノウハウを活用して、自社工場内にデイサービスなどの施設を展開しています。

こうしてみていくと、株式会社の参入にも実に様々な形態があることがわかります。

16 生協が経営する福祉事業

生協（生活協同組合）は、もともと「助け合いの会」の活動を通して、組合員（会員）向けに訪問介護のサービスを展開していましたが、介護保険制度導入を機に、介護保険の訪問介護事業に移行することで、本格的に福祉介護事業に取り組むようになりました。

会員制組織であることが強み

生協は、皆さんにも身近な存在ではないでしょうか。どこの町にも生協のスーパーマーケットがあります。全国至るところにあるので、全国展開の企業のように感じられるかもしれませんが、独立採算の会員制の組織です。現在、全国には約一〇〇〇の店舗があり、店舗と宅配を合わせた売上が三兆円近い、巨大な事業体です。そして、全国にある生協を束ねているのが、**日本生活協同組合連合会（日生協・COOP）**です。

一〇年ほど前、日生協の依頼で、生協の福祉事業のコンサルティングに関わったことがあります。その当時、生協全体で、介護保険事業による売上が一〇〇億円程度あったと記憶しています。そして、その多くが赤字であり、三年かけて黒字化する方針のもと、コンサルとして関わりました。

生協の福祉事業の強みは、なんといっても会員制組織という点です。その当時、どこの生協でも訪問介護・居宅介護支援事業所を中心に事業展開していましたが、生協の理念に共感して組合員になっている人たちが、ヘルパーやケアマネジャーをしていますので、事業所に対する帰属意識が強いのです。コンサルの一環として現場のヒヤリングをすると、「生協が好きだから、介護の仕事をしている」と皆さんがおっしゃっていたことが、印象に残っています。「福祉介護の仕事がしたい」「興味がある」というだけでは、利用者はどこにでもいますから、「この会社・事業所でなくてはならない」という必然性はありません。専門職であっても組織の理念に共鳴して、「ここが好きだから、この会社で働く」という人材でないと長続きしないと思います。また、利用者も組合員ですから安定的に確保できていました。

スタッフに帰属意識を持ってもらう

それならなぜ赤字だったかというと、店舗での成功体験、ビジネスモデルが、福祉事業には使えなかったということが、大きかったように思います。店舗中心のマネジメント経験や損益構造の違いが、足かせとなっていたわけです。中にはそうした違いを認識して、安定経営している生協もあったので、その成功モデルを横展開することで、三年後には大半の生協が黒字化できました。その後、各生協は、小多機、認知症グループホーム、サ高住、有料老人ホームと事業の幅を広げています。

生協の福祉介護事業（図表28）

在宅系サービス	居宅介護支援
	訪問介護
	通所介護
	小規模多機能型居宅介護
居住系サービス	認知症対応型共同生活介護（グループホーム）
	サービス付高齢者向け住宅
	介護付き有料老人ホーム
地域福祉・助け合いの取り組み	くらしの助け合い
	認知症サポーター養成
	生活支援サービス

（参考：日本生活協同組合連合会ホームページ）

17

JAが経営する福祉事業

ＪＡ（農業協同組合）も生協と同じで組合員（会員）組織ですが、生協がその地域に生活している個人なら誰でも組合員になれるのに対し、農協の組合員になれるのは、原則、農業従事者のみです。ＪＡは福祉事業として、施設サービスでは老健、在宅サービスでは訪問介護、居宅介護支援、通所介護、小規模多機能型居宅介護などを展開しています。

二つの組織が福祉事業を展開

農協も生協と同じように協同組合組織です。至るところでスーパーマーケットや宅配事業を展開している生協ほど身近な存在ではありませんが、生協と同様、福祉事業に参入しています。

図表29でわかりますが、ＪＡは巨大な組織体です。この中で福祉事業を展開しているのが、**ＪＡ厚生連**と**ＪＡ中央会**です。ＪＡ厚生連は一九五一（昭和二六）年、公的医療機関の開設者として厚生大臣から指定を受けています。以来、特に農山村地域における中核病院として医療を展開するようになっています。そうした基盤を活かし、老人保健施設が制度化された早い時期から、老健の経営に乗り出しています。さらには二〇〇七（平成一九）年、ＪＡ厚生連による特別養護老人ホームの直接設置が可能となりましたので、近年は特養も経営しています。

一方、ＪＡ中央会は、在宅の高齢者福祉事業を中心に積極展開しています。具体的には、訪問介護、居宅介護支援、通所介護、小多機などの在宅サービスを全国各地で開設しています。

JA の組織構造（図表 29）

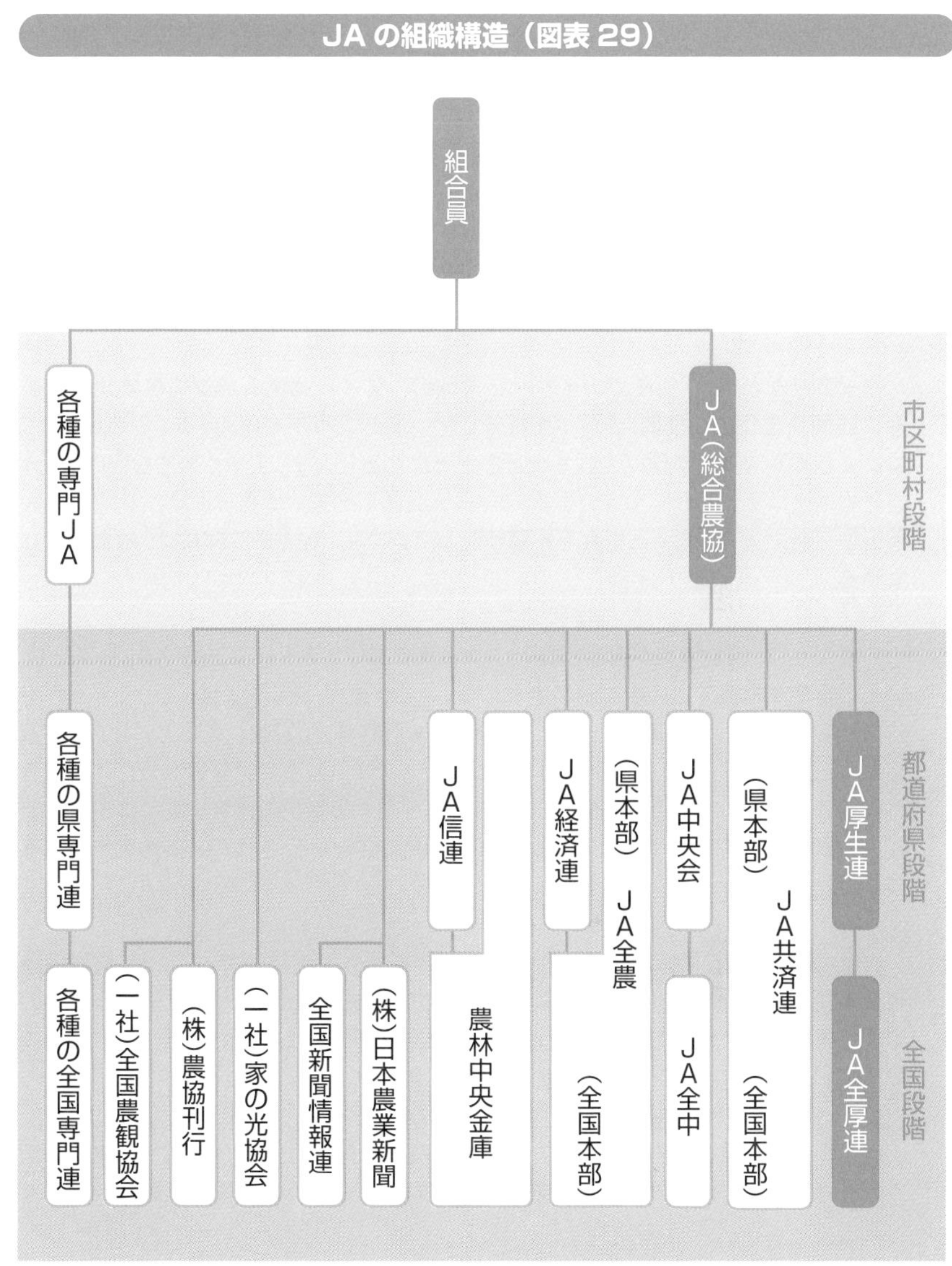

（JA全厚連ホームページをもとに著者作成）

福祉ビジネスと決算書

福祉介護事業の経営母体は、社会福祉法人、医療法人、NPO法人、株式会社、生協、農協と多種多様です。しかも、それぞれに会計基準が違います。しかし、会計基準がどうであれ、福祉介護事業の特性を踏まえた決算書になっている必要があります。

株式会社などで、１ヵ所でデイサービス（以下、デイ）、居宅介護支援事業（以下、居宅）、訪問介護（以下、訪問）の３つを経営しているところがありますが、この場合、1つにまとめて決算書が作成されていることがよくあります。デイも居宅も訪問も、介護報酬単価はそれぞれ全部違います。また、人員基準の違いもありますので、当然、人件費率も違います。デイは給食を外部委託していても、居宅や訪問には、給食はありません。

このように、損益構造が違う事業を１つの決算書にまとめてしまいますと、いったいどの事業が黒字でどの事業が赤字なのか、どこが悪くて何が課題なのか、まったく当たりを付けることができません。介護保険事業の場合、極論しますと、１つにまとめられた決算書では、全体の利益率がわかるだけです。税金の計算のためだけに作られたような、こういった決算書では、残念ながら個々の事業の経営判断には使えません。福祉介護事業では、事業ごと、かつ拠点ごとに経理区分された決算書を作成するのが大前提です。

また、費用費目が間違って仕訳されている決算書も見かけます。例えば、職員の通勤交通費が、人件費ではなく旅費に計上されている決算書がありました。おかしいので決算書を作った会計事務所に問い合わせたところ、一般企業ではそうしているので、それで問題ないとの回答でした。

福祉介護事業は、制度ビジネスです。費用費目の計上の仕方についても、厚生労働省から通知が出ています。それを踏まえた決算書でないと、全国平均との比較もできません。

経理を任されているスタッフには、会計事務所が作った決算書だから間違いないだろうと決め付けないで、厚労省のガイドラインに沿った決算書になっているかどうか、精査できる力が必要になります。現場スタッフの努力だけでなく、事務スタッフのそうした地道な仕事が、経営の質を高めることにつながっていくのではないでしょうか。

福祉事業の経営ノウハウ

福祉事業は、法令や省令などが数多く定められていることから、それらを遵守するだけの運営になりがちですが、福祉事業においても一般企業と同様、経営の視点を持つことが大切です。本章では、福祉事業を行う上での経営ノウハウについてみていきます。

1

運営と経営

「運営」とは、法律などで決められたことを行うこと。前例踏襲主義、マニュアル主義、手続き主義という特徴があります。一方、「経営」は、トップが三～五年先の目標を掲げ、現時点で存在しないものは創意工夫をして作り出し、必要ならば思い切った先行投資もしながら、目標を実現していく姿だと定義できます。

経営の考え方を取り入れる

福祉業界では、法令や省令を遵守するだけの「運営」を続けている施設・事業所が少なくありません。国・行政は、税金や保険料を投じる代わりに、人員基準や法定研修の受講など細かい制約を課していますが、こうした基準をクリアするだけでは、単なる運営に留まってしまいます。

福祉事業であっても、外部の経営環境は刻々と変化しています。少子高齢化の労働市場や他業種からの参入による競合事業所の増加などに適応していく必要があります。介護職や保育士の離職率が高かったり、福祉介護事業所の三割が赤字になっている背景には、国の制度を遵守するだけの運営になっていることも関係しているように思います。

国の運営基準は、あくまでも税金や保険料を公平に運用するために考えられているわけで、その基準を満たしたからといって、経営が持続できるかどうかはわかりません。経営を持続させていくためには、従業員満足を高めて離職を防止したり、経営がわかる管理職を育成したりして、環境変化に耐え得る体質にしていく必要があります。そのためには、単なる運営に留まらず、経営の考え方を取り入れることが重要です*。

経営は「三方良し」

それでは、運営と経営では何がどのように違うので

*…**重要です**　経営の考え方が、売り手良し、買い手良し、世間良しの「三方良し」で考えるのに対して、運営の考え方はどれか1つに偏りがちになる。福祉介護事業では「利用者」に偏る場合が多いが、一方、「利益」だけに偏る場合も運営といえるのではないか。

しょうか。「運営」の場合、経営層から現場スタッフまで、その多くが「利用者」だけに視線を向けています。利用者へのサービスだけで、従業員へのケアがない職場では、先輩スタッフが新人につらく当たるなどして、離職につながるケースを見かけます。

また、現場スタッフが「私たちは利用者のために働いているのであって、会社の利益のために働いているわけではない」と言いながら、経営状況に無関心でいる結果、何年も赤字が続いている事業所もあります。

経営とは、売り手（従業員と企業）良し、買い手（利用者）良し、世間（国・制度）良しの「三方良し」です。従業員が安心して働ける環境に注力して、従業員満足を高め、離職を減らし、組織の一体感を醸成する必要があります。それが、利用者への良いサービスにつながっていき、結果として経営も安定するからです。このように、原因（従業員）、プロセス（利用者）、結果（経営）の三方良しのサイクルが機能しているのが、経営です。

運営と経営では、採用に対する考え方にも違いがあります。運営では、人員基準を満たすための、頭数合わせの採用が多い傾向です。人員基準を守らないと減算

運営と経営（図表 1）

【運営とは】		【経営とは】
①考え方や価値観が利用者に偏っている ②人員基準を満たすためだけの採用（頭数合わせ） ③専門職中心で組織管理の意識が希薄 ④管理職不在で経営と現場が乖離（かいり）している	VS	①「三方良し」（従業員、利用者、経営者）のバランスがとれている ②経営を担える人材も採用（人員基準＋管理職候補） ③ビジネスマインド研修で組織化。加えて、階層別研修で管理職を養成 ④管理職が経営と現場をつないで、一体感のある職場を形成している

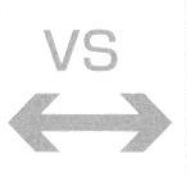

されるという制度だけにとらわれて、求人に応募してきた人は、多少難を感じても採用しているケースが多いように思います。人材派遣に頼り切った補充も少なくありません。結果、中途採用者が多く、色々な経歴の方が集まってしまい、一体感のない組織になっています。

一方、経営の場合は、自社が欲しいと思う採用基準をもとに採用します。自社の理念や方針と照らし合わせて、難があれば、思い切って不採用にします。難がある人材を採用するより、間口を広げて、応募者をできるだけ増やすことに尽力しているケースが多いようです。

また、人員の募集方法についても、運営の場合、ハローワークを使った中途採用が中心ですが、経営の場合は、大学や高校等の新卒採用に力を入れています。色が付いていない、将来性や可能性のある人材の募集を行いながら、将来の管理職候補という視点も交えつつ、採用活動を展開しています。

事業が小規模なときから経営の実践を

研修についても、運営の場合、国基準の技術研修や法定研修に留まるケースが多いですが、経営の場合は、それらに加えて、スタッフを自社に根付かせるためのビジネスマインド研修を定期的に行っています。福祉介護事業は労働集約型産業なので、人と人をつなげて、いかに生産性を上げるかが生命線です。利用者でつながるのではなく、スタッフ同士が同じ従業員としてつながり、組織として働くことが経営には欠かせない要素です。専門職研修だけに終始していると、自社に対する帰属感や一体感を高めることはできません。

また、管理職育成についても違いがあります。運営の場合は、多職種を束ねる管理職が不在です。課長や係長という役職者はいますが、一専門職として働いているケースが多い印象です。一方、経営の場合は、階層別研修を構築して、専門職にも役職者マインドとスキルを植え付ける育成を行いながら、役職転換を図っています。

こうしてみると、経営体質になるには大規模な組織でないと難しいように感じられるかもしれませんが、筆者が知っている企業は、一施設経営の小規模のときから、こうした経営の考え方を取り入れることで、事業の成長発展を遂げています。

2 経営理念

経営理念がある企業とない企業を比較した場合、ない企業のほうが赤字の割合が多いという研究結果があります。経営理念は、福祉事業の経営にとってどのような存在なのでしょうか。

福祉事業であっても、一人で完結するケースは少なく、組織で活動するケースが多いと思います。加えて、事業に占める人の割合が極めて高い業界ですので、烏合の衆になってしまっては、どうにもなりません。経営理念で役職者と従業員スタッフの判断基準と考え方のベクトルを合わせることが、組織の一体感や生産性の向上に欠かせない要素です。

組織の一体感や生産性の向上に欠かせない

「組織の方針や方向性といった会社の主体性がないところでの集団は、単なる烏合の衆でしかない」――これはご存じ経営の神様、松下幸之助(パナソニック創業者)が実践してきた考え方です。幸之助さんがいう「組織の方針や方向性」が、経営理念です。このような考え方で経営したからこそ、小さな町工場を一代で世界的企業へと発展させることができたのではないでしょうか。

三方良しの理念を掲げる

京セラの稲盛名誉会長がＪＡＬ(日本航空)の再生に乗り出したとき、全従業員をひとつに結び付ける経営理念がなかったことが倒産につながったのだと確信す

JALフィロソフィー（一部抜粋）（図表2）

●第1部　すばらしい人生を送るために
第1章　成功方程式（人生・仕事の方程式）
第2章　正しい考え方を持つ
第3章　熱意を持って地味な努力を続ける
第4章　能力は必ず進歩する

●第2部　すばらしいJALとなるために
第1章　一人ひとりがJAL
第2章　採算意識を高める
第3章　心をひとつにする
第4章　燃える集団になる
第5章　常に創造する

（参考：JALホームページ）

るようになったそうです。

全従業員を結び付ける価値観がないから、バラバラな価値観で働いている。優秀な人材を集めても、人と人とがつながらないので、総力が発揮されない。そう考えた稲盛会長は、全員が持つべき意識・価値観・考え方として「JALフィロソフィー」（JALの経営理念）を打ち立てました。その後の見事な再生は、皆さんもご存じのとおりです。

稲盛会長の京セラの経営理念は、「全従業員の物心両面の幸福を追求すると同時に、人類、社会の進歩発展に貢献する」となっています。この理念では、はじめに従業員の幸せについて述べています。

福祉事業でも、経営理念を掲げている法人企業は少なくありませんが、その経営理念をいくつか見たところでは、「高齢や障害を持つ利用者が自立し、尊厳を持って暮らせる地域社会を実現します」といった、事業内容について語ったものが多い印象です。しかも、利用者にしか、光が当たっていません。こうした理念が、利用者のみに偏った運営体質につながっているとも考えられます。

3 福祉事業の経営フロー

運営から経営への体質変換転換を図るためには、日々の利用者サービスに終始するのではなく、科学的なアプローチで経営を進めていく必要があります。ここでは、福祉事業の経営フローのモデルを使って説明します。

経営ビジョンと実行管理

福祉事業を持続的に経営していくためには、一般企業と同様、経営ビジョンおよびそれを達成するための実行管理が必要です。経営ビジョンとは、経営理念、経営戦略、経営目標までを指します。

経営ビジョンの最上位概念は経営理念です。経営理念で、従業員の判断基準や考え方のベクトルを合わせます。また、経営計画・採用基準・給与制度・就業規則・経営会議などの経営システムには、経営理念で掲げた価値観が盛り込まれている必要があります。

強み・弱みを分析して経営戦略を立てる

次に、経営戦略を立てることが必要です。戦略というと大げさに感じられますが、経営を持続するための将来構想といった程度に捉えればよいと思います。経営を継続していくためには、刻々と変わる経営環境に適応する必要があります。現在の経営環境は、自社にどのような脅威を与えているだろうか、与える可能性があるだろうか。逆に、どのような機会(チャンス)が生まれる可能性があるだろうか――を分析します。

加えて、自社のヒト・モノ・カネという経営資源は、現環境下でどのような弱みがあるか、強みは何かを分析します。このような分析をSWOT分析といっています（方法については次の節を参照）。

SWOT分析で明らかになった課題の克服に向けて経営戦略（将来構想）を打ち立てます。福祉事業の場合、三年に一度の報酬改定などがあるので、三年程度を見据えて構想するのが適切でしょう。そして、経営戦略からみえてきた将来ビジョンや目標を数値化していきます。

例えば、三年後の目標として、総収入（売上）額、事業所数、投資額、稼働率（延べ利用者数）、利益率などを掲げます。加えて三年後の従業員数、常勤非常勤比率、平均勤続年数、離職率、労働生産性、労働分配率などが数値目標になります。

次に、数値化した目標をどのように達成していくかを経営計画に落とし込みます。経営計画は、ロードマップやアクションプランなどと呼ばれていますが、その名が示すとおり、**5W2H**＊の実行計画にして、その道筋を示すものです。端的にいえば、誰が責任者として、いつまでに、どのような方法でそれを実現するのかを明文化するわけです。そして、それが計画どおりに進捗しているかどうかを定期的に実行管理していきます。

経営事業の経営フロー（図表3）

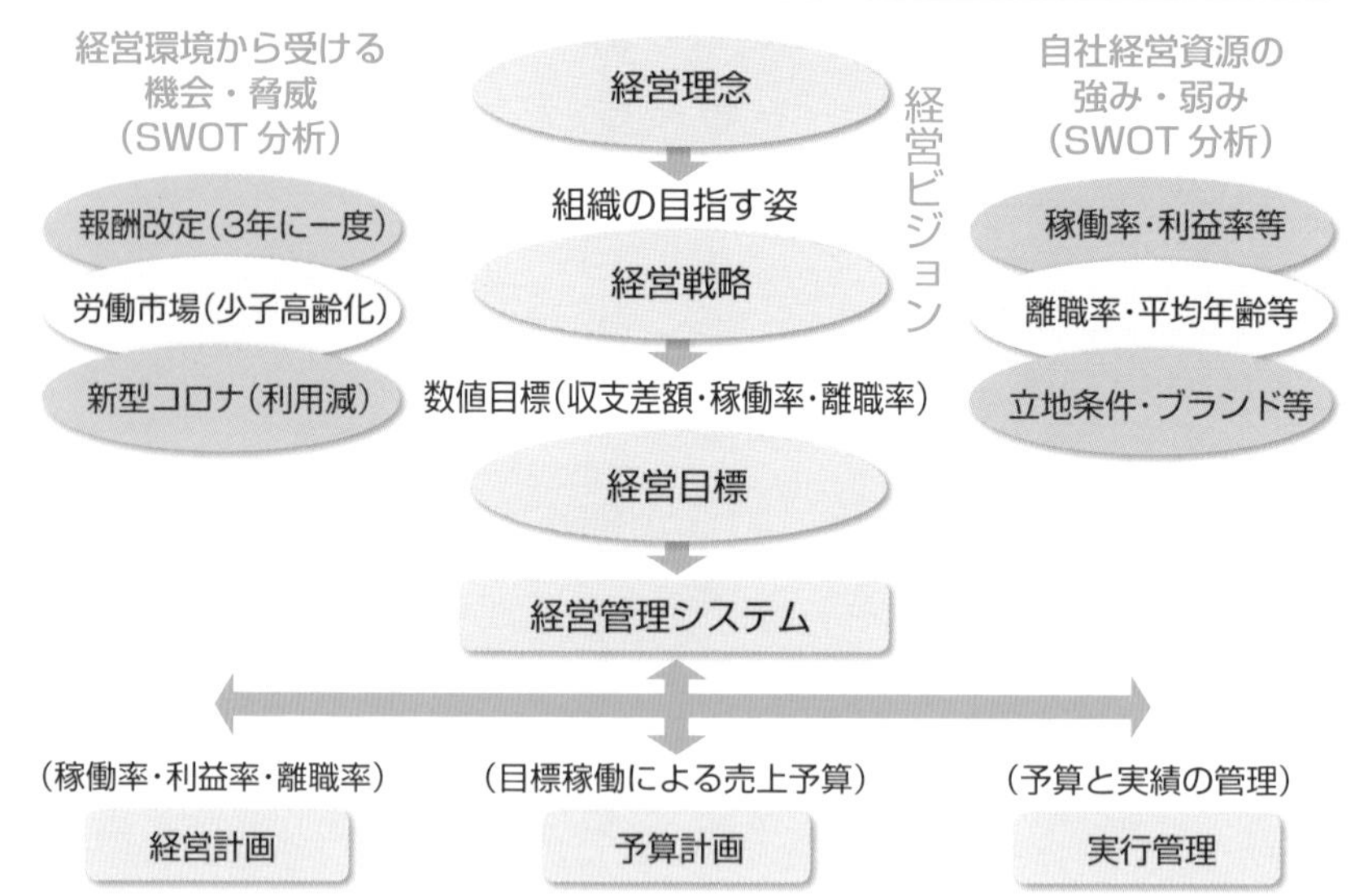

用語解説

＊**5W2H**　WHY＝目的（なぜ）、WHAT＝課題（何を）、WHEN＝時期（いつ・いつまでに）、WHERE＝場所・関係部署（どこで・どこと）、WHO＝責任者（だれが）、HOW＝方法（どのようにして）、HOWMUCH＝予算（いくら使って）のこと。

4 SWOT分析

前節では、福祉事業においてもSWOT分析により経営戦略を立てることが有効だと解説しました。ここでは、介護事業所を例にとり、SWOT分析の方法を具体的にみていきます。

弱みから課題を見つける

図表5に、介護事業所を想定したSWOT分析の事例を載せています。これに倣って一度、自社のSWOT分析に取り組んでみるといいと思います。以下では、SWOT分析のポイントについてみていきます。

まず、「W（弱み）」に注目してみましょう。この事例では、弱みとして「組織管理の概念が希薄」ということが掲げられています。組織として機能しないと、基準以上のスタッフが配置されていても、現場は年から年中、多忙ということになります。

また、組織管理の重要性が意識されていないと、経営の旗振りをする管理職が育たないことにもつながっていきます。職種ごとに人間関係の壁ができてしまうのも、この組織管理のぜい弱性に起因します。現場での働き方が経営にどのような影響を与えるのか――そのことについて、スタッフ全員が理解する必要があります。この事例では、経営や組織などのビジネス面の教育をいかにスタッフに施していくかが課題として挙げられるでしょう。

分析は定期的に繰り返し行う

次に、外部から受ける「T（脅威）」をみると、「今後も介護報酬のプラス改定は望めない」とあります。これからは、報酬単価が右肩上がりになっていくことは考えられませんので、従来どおりのやり方では、利益率は落ちていく可能性があることを示しています。

福祉事業であっても、収入（売上）は単価×数量で決まります。単価は公定価格であり、コストに利益を上乗せすることはできないので、数量、つまり利用者をどのようにして増やしていくかが重要になります。

このように、自社の強み・弱み、外部からもたらされる機会・脅威を客観的に洗い出してみることをSWOT分析といいます。なんとなく頭の中にあることを、このSWOT分析の表に落し込んでみると、経営についての将来構想が浮き彫りになっていきます。

SWOT分析を定期的に繰り返すことが、経営環境に適応していく第一歩です。SWOT分析に限らず、マトリクスで考えて、現象を四つに分類する手法は、課題を明確化するのに役立ちます。

SWOT分析の概念図（図表4）

	内部環境	外部環境
プラス	Strength 強み	Opportunity 機会
マイナス	Weakness 弱み	Threat 脅威

内部環境とは企業の経営資源のことであり、理念、風土、組織力、人材の質、財務体質、サービス力などを指します。
外部環境は大きくマクロ環境とミクロ環境から成り立っており、企業自身ではコントロールできない要因です。
マクロ環境は政治的要因、経済的要因、社会的要因などを指します。
ミクロ環境は地域の市場、競合事業所など、企業に直接的に影響を与えるものを指します。

介護事業所のSWOT分析事例（図表5）

	内部環境（強み・弱み）	外部環境（機会・脅威）
（強み）／（機会）	●創業10年を超えて、地域にも認知されてきている ●内部留保が1億円ある ●資格者が多い ●障害のある利用者も受け入れている	●国家事業であり、グローバル経済の影響を受けにくい ●サービス業の中でも比較的、雇用が安定している ●近隣のデイサービス・訪問介護が倒産・閉鎖してきている ●IT化やロボット導入による生産性向上に対する助成金が充実してきた
（弱み）／（脅威）	●組織管理の概念が希薄 ●管理職が育たない ●職種ごとに人間関係の壁がある ●経営層と現場の考え方のギャップが大きい ●特定のスタッフに業務負荷がかかり、結果、離職につながっている ●年々、利益率が減っている	●今後も介護報酬のプラス改定は望めない ●入院や死亡のリスクが高い利用者が増えてきた ●新型コロナウイルス感染症の影響で利用控えが増えてきた ●少子化が進み、介護士等の人材確保が困難になりつつある

5 福祉事業のマーケティング

マーケティングには、色々と難しい定義もありますが、福祉事業に置き換えて一言で表現すると、「利用してもらうための仕組み作り」ということになります。

マーケティングの四つのP

福祉事業においても、マーケティングの視点を持つことが大事になります。「利用してもらうための仕組み作り」を考える際、**四つのP**を押さえておく必要があります。

一つ目はProducts（商品）です。福祉事業にとっての「商品」とは、利用者サービスです。その良し悪しが、また利用してもらえるかどうかのリピート率に影響します。福祉サービスは目に見えませんので、その良し悪しは、従業員の質や組織の質ということになります。いくら営業で利用者を獲得できても、その質が悪ければ利用されなくなってしまいます。福祉介護サービスの知識技術研修に留まらない、サービス業としての従業員教育と組織管理が重要になってきます。

次にPlace（場所）すなわち立地・営業エリアです。入所事業は立地による影響をあまり受けませんが、在宅サービスは人口密集地のほうが有利とされています。ただし、送迎サービスでカバーできますので、立地が決定的な要件ではありません。それよりは、営業エリアの選定のほうが重要です。市場調査を行って、どの程度の潜在利用者がいるかを押さえておくことは大切でしょう。この市場調査は、現地を見ながら、目や耳で実体験してみるのも重要ですが、その前にできることがあります。第2章でも述べましたが、介護事業の場合は、市区町村の介護保険事業計画から、地域の介護ニーズをある程度読み取ることができます。障害者事業であれば障害者福祉計画、児童保育であれば子ども・子育て支援事業計画が公開されています。

宣伝・認知活動が重要

そして、三つ目がPrice(価格)です。福祉事業のほとんどが制度ビジネスであるため、値付け、つまり価格の決定権がありません。単価×数量のうち、数量(利用者数)しかコントロールできないわけです。そうすると、四つ目のPromotion(宣伝・認知活動)が非常に重要になります。事業所をただ開設するだけでは、事業所の存在を知ってもらうことにはつながりません。駅のホームや幹線道路などに目立つ看板を出すことも、認知してもらう方法の一つでしょう。

また、ホームページは必須要件であり、常にメンテナンスを心がける必要があります。何年も更新されていないホームページからは、事業に対する熱意が感じられません。

マーケティング4つのP（図表6）

①Products 商品 サービスの質 従業員の質	③Price 価格 報酬単価・利用者負担額
②Place 場所 立地 営業エリア	④Promotion 宣伝・認知活動 広報活動 営業活動

6

福祉事業の事業拡大

福祉事業において、事業拡大はなぜ必要なのでしょうか。株式会社と、非営利法人である社会福祉法人とでは、そのスタンスも当然違うと思いますが、どちらにも共通していえることは、人材育成とリスクヘッジです。

人材育成と制度改正等のリスクヘッジに対応

事業拡大をなぜ行うのか――一つには、人材育成のためです。「ポストが人を作る」という言葉がありますが、一事業のみですと、せっかく育ってきた人材を登用するポストがありません。福祉施設には、施設長（管理者）というポストは一つしかありません。育った人材をずっと下働きで使っていると、離職にもつながりかねません。新しい事業を始めるのは、そうした人材にポストを与えて、さらに飛躍してもらうためです。

二つ目は、制度改正等のリスクヘッジです。制度ビジネスでは、報酬改定のたびに、単価の上げ下げがあります。財務省の財政規律という制約がありますので、同じパイの中での分配となり、この事業を上げる代わりに、こちらの事業を下げるという操作が行われます。そうしますと、一事業のみでは、その事業の単価が下がった場合、影響をもろに受けてしまいます。デイサービスなどは、その顕著な例でしょう。そうした制度リスクを緩和するために異なる事業を展開していく、という考え方です。

成長戦略の四つの選択肢

事業における成長戦略の選択肢は、四つです。一つ目は、既存事業を現市場で拡大するというものです。デイサービスを例に考えると、空きスペースを活用して定員を三〇名から三五名にする、というのが一つの案として考えられます。これがうまくいけば**規模の経済***が働いて、生産性も上がります。また、デイサービスの稼働率が低迷していれば、利用者の利用回数を増やして、稼働率を上げていくことでシェアの拡大を図ります。

二つ目は、既存事業を新市場へ展開するという選択肢です。デイサービス経営のノウハウをまったく新しい市場へ展開するという考え方です。事業所を複数展開することで、経営ノウハウや人材などの経営資源を有効に活用でき、生産性の向上が期待できます。コンビニなどの**ドミナント戦略**がこれに当たります。

三つ目は、新しい事業を現市場に展開するという選択肢です。デイサービスの利用対象である軽度の要介護高齢者向けのサ高住を新しく開設する、などがその例です。また、通いと訪問と泊まりがセットになった小規模多機能型居宅介護事業も、デイサービス経営のノウハウが活かせる事業です。さらには、法改正により高齢者と障害者のサービスの垣根が取り払われたので、障害福祉サービスに参入するのも、一つの考え方で

事業拡大マトリクス（図表8）

	既存事業	新規事業
現市場	①既存事業の市場での拡大 ・定員拡大 ・利用回数の増加 (例) ●デイサービス定員規模の拡大 ●稼働率の向上	③新規事業を現市場に展開 ・デイサービス周辺事業に新規参入 (例) ●サ高住の新設 ●小規模多機能型居宅介護の新設 ●障害者グループホーム等、障害者サービスへの参入
新市場	②既存事業での新規市場開拓 ・新たな市場へ拠点を拡大 (例) ●デイサービスの新設	④新規事業で新しい市場へ進出 (例) ●サ高住の新設 ●小規模多機能型居宅介護の新設 ●障害者グループホーム等、障害者サービスを新天地に展開

（デービッド・A・アーカー／今枝昌宏訳『戦略立案ハンドブック』〈東洋経済新報社、2002〉をもとに著者作成）

＊**規模の経済**　ある一定規模の施設において、サービス量や定員規模を大きくすることで、単位当たりのコストが低減されるという考え方。

はないでしょうか。

四つ目は、新規事業を新天地に展開するという選択肢です。新しい事業を開設する場合、**市場セグメンテーション**という手法があります。市場セグメンテーションとは、市場の中から、ニーズ適合度の高い顧客グループを見つけることです。介護サービスの場合は、図表9が参考になります。

現在、デイサービスを経営しているとすると、その利用者層は、比較的軽度な要介護高齢者です。図を上のほうにたどっていくと、同じ利用者層に向けた事業が現れます。これがセグメンテーションです。介護付き有料老人ホームや特定施設入居者生活介護、あるいはサ高住などが、現在の経営ノウハウを活かせる事業として浮かんできます。

介護サービスの市場セグメンテーション（図表9）

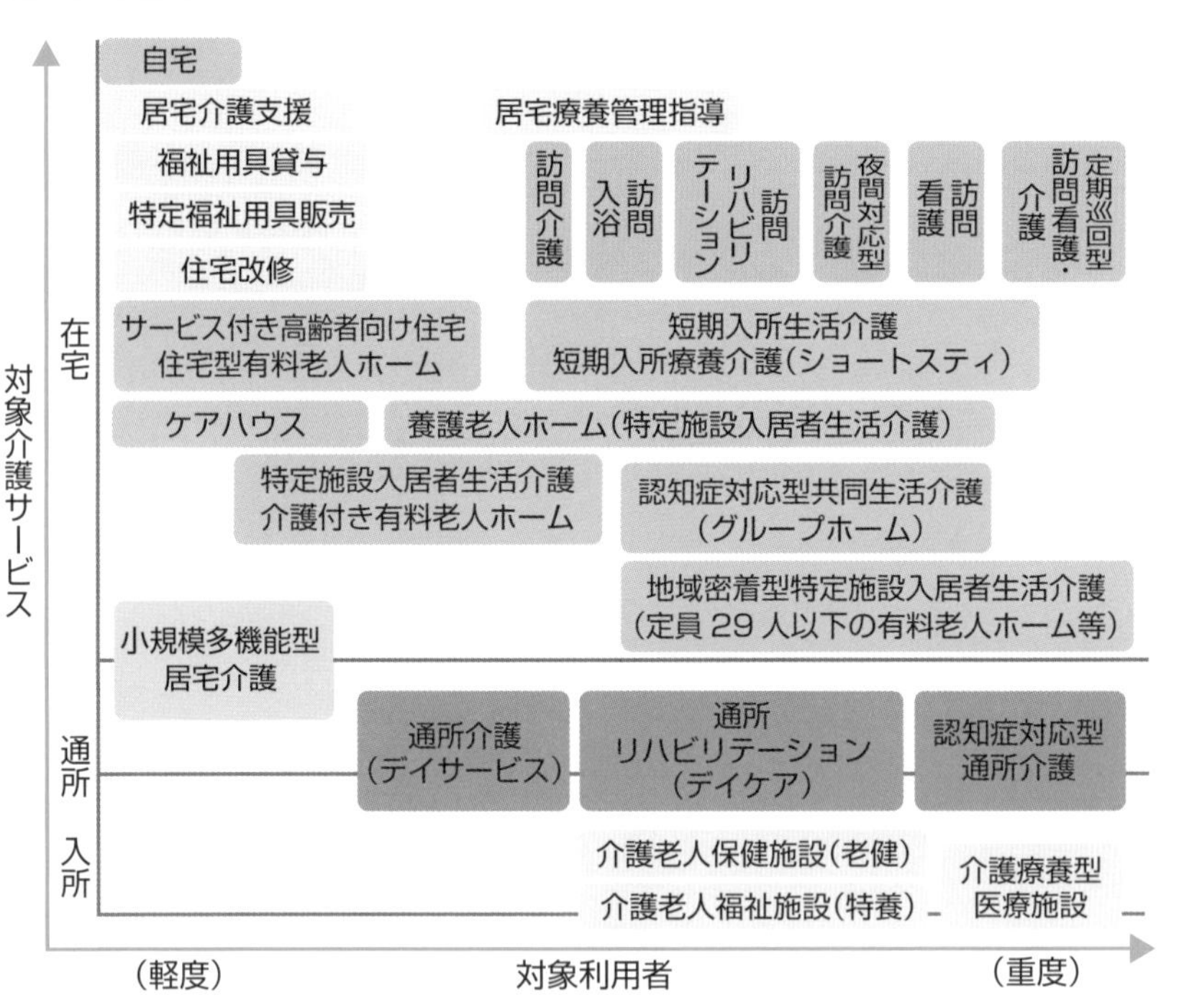

7 収支シミュレーション事例（小多機）

新規事業を立ち上げる場合、最低でも開設後三年程度の収支シミュレーションを作成して、事業の採算性を検討しておくことが重要です。

月間収入を算出する

　ここでは、定員二九名の小規模多機能型居宅介護（小多機）の収支シミュレーション事例をもとにみていくことにします。

　まず、月間収入（売上）を算出する必要があります。小多機は、他の介護事業のような利用者延べ人数による日々の積み上げ方式ではなく、通い・泊まり・訪問介護を基本、何回利用しても変わらない月額の定額制です。開設前であれば、全国平均の数字を使って算出するのが妥当でしょう。

　二〇二〇（令和二）年七月八日の厚生労働省の資料によると、小多機の平均介護度は二・二となっています。これをもとに利用者一人一月当たりの月額報酬を算出すると、一八万七九一一円になります。

　この数字には、利用者の一割（または二割）負担も含まれています。小多機の場合、日々の利用者数ではなく、登録者数が稼働率になりますので一八万七九一一円（単価）×登録者数（数量）が一ヵ月の介護報酬総額です。

　このシミュレーションでは、二〇二〇（令和二）年四月の登録者は五名が目標ですので、介護報酬総額は九三万九五五三円になります。

加えて、通所や泊まりを利用する場合の食事代、宿泊居室代は利用者の全額自己負担となるので、その実費が加算されます。その結果、二〇二〇(令和二)年四月の総収入(売上)は一三八万六五五三円です。

当然ですが、登録者数(稼働率)が増えなければ増収は見込めません。このシミュレーション上で、単月黒字になるのは一一月で、登録者数一六名、稼働率五五・二%の時点ということになります。ボーナス時を除いて単月黒字に持っていくには、五五%以上の稼働率が必要だということがわかります。

年間ボーナスを何ヵ月分支給するかなど、人件費率も関係してきますが、このシミュレーションでは、少なくとも八〇%以上の稼働率を保てないと、年間を通しての黒字は困難でしょう。

人件費は年間の賞与支給月数で調整

次に費用をみていきます。通常、収入の六〇%以上を占める人件費は大きな存在です。人員基準によって、雇用すべき職種と人数は決まってしまいます。

また、福祉介護職の給与相場も、だいたい決まっています。唯一、経営サイドでコントロールできるのは、年間の賞与支給月数でしょう。

この例では、正規職員のみに初年度一ヵ月、二年目以降二ヵ月でシミュレーションしています。

当初、一〜二年目の経営が安定しない期間は一ヵ月程度で我慢してもらって、稼働率が安定してくる三年目あたりから賞与の支給対象者や支給月数を見直していくとよいと思います。その他の経費は変動費ですので、全国平均の比率を使って計算するとよいでしょう。

小多機は、現在、一施設当たり三〇〇〇万円前後の補助金が出ますが、あまり立派な施設を建ててしまうと投資を回収できません。

経営計画策定時点で、一〇年で回収するか一五年で回収するか、といった方針も踏まえた上で、建築費の上限を決めておくことも重要です。

小規模多機能型居宅介護の収支シミュレーション事例（図表 10-1）

（単位：円）

	科目	2020年4月		2020年5月		2020年6月		2020年7月		2020年8月	
収入	定員数	29		29		29		29		29	
	登録者数	5		6		7		8		10	
	稼働率(登録者数／定員数)	17.2%		20.7%		24.1%		27.6%		34.5%	
	利用者1人1月当たり介護報酬	187,911		187,911		187,911		187,911		187,911	
	介護報酬総額	939,553		1,127,464		1,315,375		1,503,286		1,879,107	
	営業日数	30		31		30		31		31	
	通所利用者数	5	17.2%	6	20.7%	7	24.1%	8	27.6%	10	34.5%
	通所食費収入(月額)	105,000		130,200		147,000		173,600		217,000	
	泊まり利用者数	3	10.3%	4	13.8%	5	17.2%	6	20.7%	7	24.1%
	泊まり食費単価(3食)	1,800		1,800		1,800		1,800		1,800	
	泊まり室料	2,000		2,000		2,000		2,000		2,000	
	泊まり利用者実費収入(月額)	342,000		471,200		570,000		706,800		824,600	
	経常収入計	1,386,553		1,728,864		2,032,375		2,383,686		2,920,707	
支出	人件費	3,190,100	230.1%	3,190,100	184.5%	3,190,100	157.0%	3,190,100	133.8%	3,190,100	109.2%
	職員給与費	2,774,000	200.1%	2,774,000	160.5%	2,774,000	136.5%	2,774,000	116.4%	2,774,000	95.0%
	法定福利費	416,100	30.0%	416,100	24.1%	416,100	20.5%	416,100	17.5%	416,100	14.2%
	業務委託費	0	0.0%	0	0.0%	0	0.0%	0	0.0%	0	0.0%
	事業費支出	174,829	12.6%	227,910	13.2%	268,833	13.2%	324,609	13.6%	390,215	13.4%
	給食費	126,300	9.1%	167,400	9.7%	197,700	9.7%	241,180	10.1%	287,990	9.9%
	光熱水費	48,529	3.5%	60,510	3.5%	71,133	3.5%	83,429	3.5%	102,225	3.5%
	その他経費	218,655	15.8%	252,886	14.6%	283,237	13.9%	318,369	13.4%	372,071	12.7%
	車両等リース料	27,731	2.0%	34,577	2.0%	40,647	2.0%	47,674	2.0%	58,414	2.0%
	保険料	50,000	3.6%	50,000	2.9%	50,000	2.5%	50,000	2.1%	50,000	1.7%
	消耗品	41,597	3.0%	51,866	3.0%	60,971	3.0%	71,511	3.0%	87,621	3.0%
	通信費	30,000	2.2%	30,000	1.7%	30,000	1.5%	30,000	1.3%	30,000	1.0%
	諸経費	69,328	5.0%	86,443	5.0%	101,619	5.0%	119,184	5.0%	146,035	5.0%
	支払利息		0.0%		0.0%		0.0%		0.0%		0.0%
	経常支出計	3,583,585	258%	3,670,897	212%	3,742,171	184%	3,833,078	161%	3,952,385	135%
経常収支差額		(2,197,031)	−158%	(1,942,033)	−112%	(1,709,796)	−84%	(1,449,392)	−61%	(1,031,679)	−35%
借入金元本返済(福祉医療機構)		0	0%	0	0%	0	0%	0	0%	0	0%
累計収支残高		(2,197,031)	−158%	(4,139,064)	−239%	(5,848,860)	−288%	(7,298,252)	−306%	(8,329,930)	−285%
運転資金残高		5,802,969		3,860,936		2,151,140		701,748		(329,930)	

※カッコ内の数字はマイナスを表す。

小規模多機能型居宅介護の収支シミュレーション事例（図表 10-2）

	科目	2020年9月		2020年10月		2020年11月		2020年12月		2021年1月	
収入	定員数	29		29		29		29		29	
	登録者数	12		14		16		18		20	
	稼働率(登録者数／定員数)	41.4%		48.3%		55.2%		62.1%		69.0%	
	利用者1人1月当たり介護報酬	187,911		187,911		187,911		187,911		187,911	
	介護報酬総額	2,254,928		2,630,750		3,006,571		3,382,392		3,758,214	
	営業日数	30		31		30		31		31	
	通所利用者数	12	41.4%	14	48.3%	16	55.2%	18	62.1%	18	62.1%
	通所食費収入(月額)	252,000		303,800		336,000		390,600		390,600	
	泊まり利用者数	8	27.6%	8	27.6%	8	27.6%	8	27.6%	8	27.6%
	泊まり食費単価(3食)	1,800		1,800		1,800		1,800		1,800	
	泊まり室料	2,000		2,000		2,000		2,000		2,000	
	泊まり利用者実費収入(月額)	912,000		942,400		912,000		942,400		942,400	
	経常収入計	3,418,928		3,876,950		4,254,571		4,715,392		5,091,214	
支出	人件費	3,190,100	93.3%	3,190,100	82.3%	3,190,100	75.0%	5,075,100	107.6%	3,190,100	62.7%
	職員給与費	2,774,000	81.1%	2,774,000	71.6%	2,774,000	65.2%	4,441,500	94.2%	2,774,000	54.5%
	法定福利費	416,100	12.2%	416,100	10.7%	416,100	9.8%	633,600	13.4%	416,100	8.2%
	業務委託費	0	0.0%	0	0.0%	0	0.0%	0	0.0%	0	0.0%
	事業費支出	443,662	13.0%	490,333	12.6%	511,310	12.0%	559,359	11.9%	572,512	11.2%
	給食費	324,000	9.5%	354,640	9.1%	362,400	8.5%	394,320	8.4%	394,320	7.7%
	光熱水費	119,662	3.5%	135,693	3.5%	148,910	3.5%	165,039	3.5%	178,192	3.5%
	その他経費	421,893	12.3%	467,695	12.1%	505,457	11.9%	551,539	11.7%	589,121	11.6%
	車両等リース料	68,379	2.0%	77,539	2.0%	85,091	2.0%	94,308	2.0%	101,824	2.0%
	保険料	50,000	1.5%	50,000	1.3%	50,000	1.2%	50,000	1.1%	50,000	1.0%
	消耗品	102,568	3.0%	116,308	3.0%	127,637	3.0%	141,462	3.0%	152,736	3.0%
	通信費	30,000	0.9%	30,000	0.8%	30,000	0.7%	30,000	0.6%	30,000	0.6%
	諸経費	170,946	5.0%	193,847	5.0%	212,729	5.0%	235,770	5.0%	254,561	5.0%
	支払利息		0.0%		0.0%		0.0%		0.0%		0.0%
	経常支出計	4,055,655	119%	4,148,128	107%	4,206,867	99%	6,185,998	131%	4,351,734	85%
経常収支差額		(636,727)	−19%	(271,179)	−7%	47,704	1%	(1,470,606)	−31%	739,480	15%
借入金元本返済(福祉医療機構)		0	0%	0	0%	0	0%	0	0%	0	0%
累計収支残高		(8,966,657)	−262%	(9,237,836)	−238%	(9,190,132)	−216%	(10,660,737)	−226%	(9,921,257)	−195%
運転資金残高		(966,657)		(1,237,836)		(1,190,132)		(2,660,737)		(1,921,257)	

小規模多機能型居宅介護の収支シミュレーション事例（図表 10-3）

	科目	2021年2月		2021年3月		2020年度合計	年間平均
	定員数	29		29		29	29
	登録者数	22		25		5	13.6
	稼働率(登録者数／定員数)	75.9%		86.2%		–	46.8%
	利用者1人1月当たり介護報酬	187,911		187,911		–	187,911
	介護報酬総額	4,134,035		4,697,767		30,629,442	2,552,454
	営業日数	28		31		365	30.4
収入	通所利用者数	18	62.1%	18	62.1%	155	13
	通所食費収入(月額)	352,800		390,600		3,189,200	265,767
	泊まり利用者数	8	27.6%	8	27.6%	84	7
	泊まり食費単価(3食)	1,800		1,800		21,600	1,800
	泊まり室料	2,000		2,000		24,000	2,000
	泊まり利用者実費収入(月額)	861,200		942,400		9,359,400	779,950
	経常収入計	5,338,035		6,030,767		43,178,042	3,598,170
	人件費	3,190,100	59.8%	3,190,100	52.9%	40,166,200	3,347,183
	職員給与費	2,774,000	52.0%	2,774,000	46.0%	34,955,500	2,912,958
	法定福利費	416,100	7.8%	416,100	6.9%	5,210,700	434,225
	業務委託費	0	0.0%	0	0.0%	0	0
	事業費支出	542,991	10.2%	605,397	10.0%	5,111,961	425,997
	給食費	356,160	6.7%	394,320	6.5%	3,600,730	300,061
	光熱水費	186,831	3.5%	211,077	3.5%	1,511,231	125,936
支出	その他経費	613,804	11.5%	683,077	11.3%	5,277,804	439,817
	車両等リース料	106,761	2.0%	120,615	2.0%	863,561	71,963
	保険料	50,000	0.9%	50,000	0.8%	600,000	50,000
	消耗品	160,141	3.0%	180,923	3.0%	1,295,341	107,945
	通信費	30,000	0.6%	30,000	0.5%	360,000	30,000
	諸経費	266,902	5.0%	301,538	5.0%	2,158,902	179,909
	支払利息		0.0%	136,000	2.3%	136,000	11,333
	経常支出計	4,346,895	81%	4,614,574	77%	50,691,966	4,224,330
経常収支差額		991,140	19%	1,416,194	23%	(7,513,923)	(626,160)
借入金元本返済(福祉医療機構)		0	0%	656,000	11%	656,000	54,667
累計収支残高		(8,930,117)	-167%	(8,169,923)	-135%	–	–
運転資金残高		(930,117)		(169,923)		(169,923)	(14,160)

8

福祉事業の損益構造

収支シミュレーションを作成したり、介護事業経営実態調査結果を自社の決算と比較したりする場合のために、福祉事業の損益構造を理解しておく必要があります。

介護料収入や自立支援費収入等が営業利益の九割

収益構造を理解するには、以下の三つの利益をみていくとわかりやすいでしょう。

まずは、**営業利益**です。営業利益は本業による利益を指し、福祉介護事業収益から福祉介護事業費用を差し引いて算出できます。福祉介護事業収益は、介護事業や障害者福祉事業の場合、介護料収入や自立支援費収入と利用料収益が九〇％以上を占めます。保育事業も大方、似たような構造です。

福祉介護事業費用は、給与費（人件費）、減価償却費、委託費、その他（食材費・光熱水費等の経費）の構成になっていて、介護も障害も保育も共通です。福祉事業では、事業種別によっても異なりますが、人件費が概ね六〇％以上、八〇％程度を占めます。

次に、**経常利益**です。これは、営業利益＋（福祉介護事業外収益－福祉介護事業外費用）で算出できます。つまり、本業による営業利益に事業外収益である借入金利息補助金収入を足して、そこから借入金の利息を引いたものを指します。

借入金利息補助金収入は、社会福祉法人のための科目で、株式会社等の営利企業には存在しませんが、株式会社の場合、預金利息がこれに該当します。預金利息は、本業による収入（売上）ではないので、事業外収益に計上されます。

最後に、**税引き前当期純利益**です。これは、名前のとおり税引前の純利益を指し、経常利益＋（特別収益－特別費用）で計算します。つまり、経常利益に特別収益である本部繰入を足して、そこから本部経費や役員報酬を引くと税引き前当期純利益が出ます。

本部経費・役員報酬は三％以内に

いずれにしても、本業による営業利益が黒字でなければ、どうにもなりません。営業利益が赤字で最終の税引き前当期純利益が黒字になることはあり得ないからです。また、仮に営業利益が一〇％出ていたとしても、本部経費や役員報酬が一〇％を超えると、税引き前当期純利益が赤字になります。

本業でせっかく利益が出ているのに、本部経費や役員報酬が高すぎることで、赤字になっている企業もあります。経験上、本部経費・役員報酬は三％以内に抑える必要があります。なお、社会福祉法人は課税されないので、税引き前当期純利益と最終的な当期純利益はイコールとなります。

福祉事業の損益構造（図表11）

収益	費用	
【1 福祉介護事業収益】 1．介護料収入･自立支援費収入･保育給付 2．利用料収益 3．補助金収益 4．その他	【4 福祉介護事業費用】 （1）給与費 （2）減価償却費 （3）委託費 （3）その他	直接費用
	【営業利益】	
【2 福祉介護事業外収益】 1．借入金利息補助金収入 2．預金利息収入	【5 福祉介護事業外費用】 1．借入金利息	間接費用
	【経常利益】	間接費用
【3 特別収益】 1．本部繰入収益	【6 特別費用】 1．本部費繰入役員報酬等	間接費用
	【税引き前当期純利益】	

9 福祉事業の経営分析

経営分析は、SWOT分析の一環として行います。決算書を経営分析すると、財務体質のみならず、組織風土などもある程度まで把握することができます。ここでは、経営分析の仕方をみていきます。

経営分析に役立つ四つの指標

福祉事業の経営分析においては、ここで述べる四つの指標に着目するとよいでしょう。なお、各項目の計算方法は図表14に示しています。また、ベンチマークについては次の節で解説します。

●収益性の指標

収益性については、次の四つの数字を確認します。

①事業活動収入：利用者サービスで売り上げた収入、②事業活動支出：利用者サービスに要した費用で内訳は人件費・事業費（材料費）・事務費（経費）、③収支差額：営業利益、④収支差率：営業利益率。

●機能性の指標

機能性については、次の四つの数字を確認します。

⑤一日平均利用者数：一日当たりの利用者数（日々、何名の利用者にサービスを提供しているかの人数を確認するもので、単価×数量（利用者数）が収入（売上）を決定するため、この人数が収入の増減に影響する）、⑥稼働率：定員に対する稼働率（利用者数を率で表現したもの）、⑦利用者一〇人当たり従業員数：利用者一〇人当たりに対する従業員の配置割合（職員配置の多さ、少なさを判断）、⑧利用者一人当たり収入：利用者一人一日当たりの収入単価。

●合理性の指標

合理性については、次の五つの数字を確認します。
⑨人件費率：従業員の雇用にかかる費用比率（法定福利費も含まれる）、⑩材料費率：利用者サービスに直接かかる費用（給食材料費、光熱水費、介護材料などが該当し、人件費に次いで高い費用項目）、⑪減価償却費率：一〇万円以上の固定資産の償却費用が収入に占める割合、⑫委託費率：外部業者に委託している場合の費用比率で、給食・洗濯・清掃・送迎・会計経理・夜間警備等の業務に関する委託費が対象、⑬経費率：リース料、保守料、修繕費、通信費等の運営経費の比率。

●生産性の指標

生産性については、次の四つの数字を確認します。
⑭従業員一人当たり給与額：従業員一人当たりの平均の給与額、⑮従業員一人当たり売上額：全収入を従業員数で割ったもの、⑯労働生産性：売上からサービス提供に必要な材料費、委託費（給食等の外部委託費用）、減価償却費（施設設備の消耗）を控除することで、従業員が純粋に稼ぎ出した付加価値が算出できる（高ければ高いほど、生産性が高い）、⑰労働分配率：⑭の従業員一人当たり給与費を⑯の労働生産性で割ったもの（一〇〇％を超えると赤字で、従業員が自分の給与さえ稼いでいないことになる）。

皆さんも、図表14の算出式を使って自事業所の経営分析に取り組んでみてはいかがでしょうか。必要な資料は、決算書あるいは月次試算表と、それに加えて「常勤換算職員数」「利用者延べ人数」です。エクセルを使えば簡単に算出できます。一度作ってしまえば、毎年あるいは毎月の経営指標をみながら経営状況をモニタリングできるようになります。

福祉事業の経営指標（図表 13）

定義	代表的経営指標	指標の意味
収益性 福祉介護事業の全体の損益をみるもの	①事業活動収入 ②事業活動支出 ③収支差額 ④収支差率	①福祉介護事業による収入(売上) ②福祉介護事業による支出(費用) ③収入と支出の差額(営業利益) ④③の収入に対する比率(営業利益率)
機能性 サービス提供能力や職員配置の状況等、施設の機能を数値化したもの	⑤1日平均利用者数 ⑥稼働率 ⑦利用者10人当たり従業員数 ⑧利用者1人当たり収入	⑤1日当たりの利用者数(数量) ⑥定員に対する1日当たり稼働率 ⑦利用者10人に対する職員配置 ⑧利用者の1日当たり収入(単価)
合理性 収益を上げるもとである人的資源や物的資源に対して、どの程度の費用が投下されているかをみるもの	⑨人件費率 ⑩材料費率 ⑪減価償却費率 ⑫委託費率 ⑬経費率	⑨収入に占める人件費の割合 ⑩収入に占める食材・光熱水費等の割合 ⑪収入に占める減価償却費の割合 ⑫収入に占める外部委託費の割合 ⑬収入に占めるリース保守料等の割合
生産性 人的費用の投資はどの程度の付加価値を生み出しているか、生産性を数値化したもの	⑭従業員1人当たり給与額 ⑮従業員1人当たり売上額 ⑯労働生産性 ⑰労働分配率	⑭法定福利を含んだ給与額 ⑮従業員1人当たりの売上 ⑮従業員1人当たりの付加価値 ⑰付加価値に対しての労働分配率

経営指標の算出式（図表 14）

代表的経営指標	算出式
①事業活動収入 ②事業活動支出 ③収支差額 ④収支差率	①決算書の事業活動内収入を転記 ②決算書の事業活動内支出を転記 ③①－② ④③÷①×100
⑤1日平均利用者数 ⑥稼働率 ⑦利用者10人当たり従業員数 ⑧利用者1人当たり収入	⑤年間利用者延べ人数÷365 ⑥⑤÷定員数 ⑦常勤換算従業員数÷⑤×10 ⑧事業活動収入÷利用者延べ人数
⑨人件費率 ⑩材料費率 ⑪減価償却費率 ⑫委託費率 ⑬経費率	⑨人件費÷事業活動収入 ⑩材料費÷事業活動収入 ⑪減価償却費÷事業活動収入 ⑫委託費÷事業活動収入 ⑬(事務費支出－委託料)÷事業活動収入
⑭従業員1人当たり給与額 ⑮従業員1人当たり売上額 ⑯労働生産性 ⑰労働分配率	⑭人件費支出÷常勤換算職員数 ⑮事業活動収入÷常勤換算職員数 ⑯(事業活動収入－事業費支出－委託料－減価償却費)÷常勤換算従業員数 ⑰⑭÷⑯

10 福祉事業の経営指標適正値

決算書を分析しても、比較できるベンチマークがなければ、事業所の課題がわかりません。全国平均値は、その多くが三割の赤字事業所を含んだ指標なので、安定経営のベンチマークにはなりません。ここでは、介護・障害・保育の三事業における主要な施設の経営指標適正値を説明します。

安定経営のために適正値を知る

図表15・16に、介護保険事業と障害福祉サービス、児童保育施設の経営指標の適正値を示しています。適正値というのは、平均値ではありません。安定経営していくための目標値と考えてもらえればよいと思います。

以下、新型特養を例に見方を説明します。

まず、収支差率（利益率）は七％以上。ちなみに全国平均は一・八％です。繰り返しますが、三割赤字の中の全国平均は、ベンチマークにはなりません。適正値七％以上の収支差率を出すためには、稼働率は九六％を超えていないといけません。

また、生産性に大きな影響のある利用者一〇人当たり職員数は、七・五人です。一方、同じ特養でも従来型は五・五人です。個室ユニットが職員をいかに多く必要とするかを表しています。蛇足ですが、筆者は個室・ユニット型特養を中心に増やしていったことが、いまの人手不足の一因だと考えています。

利用者一人一日当たりの単価は一万三〇〇〇～一万五〇〇〇円の範囲です。地域区分による単価の増減と施設による家賃額の差が表れるので、二〇〇〇円程度の幅があります。一方、従来型は一万円程度です。

介護保険事業の経営指標適正値（図表 15）

	経営指標	新型特養	従来型特養	通所介護（一般・認知症）	訪問介護	居宅介護支援
収益性	収支差率	7%以上	7%以上	10%以上	3%以上	1%以上
機能性	月間サービス提供時間				1,000時間以上	
	訪問1回当たり収入				3,400円以上	
	身体介護割合				40%以上	
	身体・生活割合				30%以上	
	生活援助割合				30%未満	
	ケアプラン作成件数					39件
	ケアプラン1件当たり収入					14,000円以上
	稼動率	96%以上	96%以上	85%以上		
	利用者10人当たり職員数	7.5人以下	5.5人以下	4.3人以下		
	利用者1人1日当たり事業収入	13,000～15,000円	10,000～11,000円	9,000～13,000円		
合理性	人件費率	65%未満	65%未満	55%未満	85%以下	85%以下
	材料費率	15%未満	15%未満	10%以下	1%以下	1%以下
	材料費率（給食外部委託の場合）	8%前後	3%前後	3%以下	1%以下	1%以下
	委託費率	1%未満	1%未満	1%未満	1%未満	1%未満
	委託費率（給食外部委託の場合）	8.5%以下	8.5%以下	5%未満	―	―
	経費率	5.5%以下	5.5%以下	2%以下	1%以下	1%以下
生産性	労働分配率	85%未満	85%未満	75%未満	90%未満	95%未満

障害・保育事業の経営指標適正値（図表 16）

	経営指標	就労支援B型	放課後等デイサービス	認可保育所	認定こども園
収益性	収支差率	20%以上	15%以上	8%以上	15%以上
機能性	一日当たり利用率	80%以上	80%以上	―	―
	利用者10人当たり職員数	2.0人強	2.0人強	2.0人強	2.0人強
	利用者1人1日当たり事業収入	6,000円以上	10,000円強	3,500～5,000円強	2,800～4,500円強
合理性	人件費率	55%以下	55%以下	75%以下	70%以下
	材料費率	10%以下	10%以下	8%以下	10%以下
	減価償却費率	3%以下	3%以下	3%以下	3%以下
	委託費率	1%以下	1%以下	1%未満	1%未満
	経費率	5.5%以下	5%以下	8%以下	10%以下
生産性	労働分配率	70%未満	80%未満	85%未満	80%未満

人件費率は六五％未満を目安に

次に費用をみていきます。人件費率は六五％未満です。六五％を超えて大きくなればなるほど、収支差は悪化します。七五％を超えている施設は、ほぼ赤字です。材料費は、食材料費と光熱水費です。材料費率は一五％未満に抑える必要があります。

減価償却費率は八％前後。新型特養は、従来型に比べて建築費が高いわりに補助金は少ないという実態が、この減価償却費率に表れています。

委託費は、外注費です。清掃や送迎を外注していると委託費率一％では収まりません。ちなみに、給食を外注している場合は八％以内に抑える必要があります。外注費は労務コストですので、外注している調理員の人件費は、人件費率には反映されません。つまり、外注費とは人件費そのものです。したがって、人件費率と委託費率を合わせて六五％以内に保つ必要があります。

経費は、施設の運営管理費です。リース料、保守料、通信費、修繕費等が該当します。経費率は五・五％以内に抑える必要があります。結果として、労働分配率が八五％未満に収まっていることが重要です。

こうした見方で、自事業所の経営分析結果と比較してみることで、課題が浮き彫りになります。

特養の労働生産性の事例（図表 17）

経営指標		A特養	B特養	差分(B−A)
収益性	①事業活動収入	268,642,742円	516,424,955円	(比率)192%
	②事業活動支出	262,328,117円	430,548,812円	(比率)164%
	③収支差額	6,314,625円	85,876,143円	79,561,518円
	④収支差率	2.4%	16.6%	14.3%
機能性	⑤1日平均利用者数	69.4人	102.7人	33.3人
	⑥稼働率	96.4%	102.7%	6.3%
	⑦利用者10人当たり従業員数	7.8人	6.3人	−1.5人
合理性	⑧利用者1人当たり収入	10,605円	13,740円	3,135円
	⑨人件費率	66.2%	55.0%	−11.2%
	⑩材料費率	20.1%	13.1%	−7.0%
	⑪減価償却費率	4.5%	11.3%	6.8%
	⑫委託費率	2.0%	0.0%	−2.0%
	⑬経費率	4.7%	4.0%	−0.7%
生産性	⑭従業員1人当たり給与額	3,270,148円	4,400,200円	1,130,052円
	⑮従業員1人当たり売上額	4,938,285円	7,742,568円	2,804,283円
	⑯労働生産性	3,115,808円	6,695,100円	3,579,291円
	⑰労働分配率	105.0%	65.7%	−39.3%
施設データ	利用定員数	72名	100名	28名
	常勤換算職員数	54.4人	64.5人	10.1人
	平均要介護度	3.9	3.9	0.0
	施設稼動(開園)日数	365日	365日	0日

11 経営計画の作り方

経営計画がなくても運営はできますが、それでは日々の利用者サービスに明け暮れることになってしまいます。また、何か課題が発生するたびに検討し、判断するという場当たり的な対応に終始してしまう可能性もあります。経営計画があれば、全従業員に、経営の方向性を理解してもらうことができ、迷ったときの経営の羅針盤にもなります。福祉事業であっても、経営計画を軸にした科学的経営が望まれます。

毎月の稼働率の目標を立てる

図表18は、経営計画に盛り込む内容です。5-7節でみてきた小多機の収支シミュレーションを例に経営計画を考えると、数値目標として、毎月の稼働率があります。毎月の稼働率目標をどのように達成するのかという月次での目標達成が、年間計画の達成につながります。

目の前の利用者サービスに明け暮れていると、いつまでたっても登録者は増えません。誰が、どのようにして登録者を増やしていくのか、その**アクションプラン**（**ロードマップ**）を経営計画の中に盛り込む必要があります。

また、小多機の例では、パートも含めて一七名の従業員を採用しなければなりません。ただし、誰でもよいわけではありませんので、経営戦略で考えた人材ビジョンにかなう人材を採用する必要があります。そうした人材をどのように確保していくのか、同じように5W2Hのロードマップで明記することになります。

従業員満足度にも配慮する

せっかく採用できた優秀な従業員を離職させないためには、従業員満足を高めていく必要があります。人は給料だけで引き留めることはできません。やりがい

経営計画に盛り込む項目（図表18）

1. 経営理念（使命・価値基準）
2. 経営方針（行動指針）
   ○全従業員の心得
3. 経営戦略（重点課題）
   ○事業ビジョン　○人材ビジョン　○サービスビジョン
4. 経営目標（数値目標）
   ○収入高・稼働率・利益率　○採用者数・離職率　○満足度指標
5. アクションプラン
   ○経営目標を達成するための５Ｗ２Ｈ（ロードマップ）
6. 研修計画
   ○内部研修…理念教育・沿革歴史・方針伝達・労務管理・組織論
   ○外部派遣研修…利用者サービス技術研修
7. 会議体
8. 組織図

や安心感、愛情といった精神的報酬のある職場に定着します。

福祉事業に限らず、公正公平な職場運営が極めて重要です。利用者のことだけ考えていても経営は成り立ちません。従業員満足を高めて、離職を防ぐアクションプランを盛り込みます。

また、ここに経営方針の存在理由があります。信賞必罰という一つの考え方があります。「褒めるべき人を適宜適切に褒めて、叱るべき人はその場でしっかりと叱る」という意味です。

福祉事業は、人によって成り立つ事業なので、「和親一致」ということは極めて大事ですが、ややもするとこれが、叱るべき人を叱らない（叱れない）、褒めるべき人を褒めない、ということにもつながりかねません。優秀な人材が、職場に嫌気がさして離職することのないように、「信賞必罰」という経営方針を掲げるのも一つの方策かもしれません。

12

経営計画と実績管理

経営計画で掲げた目標数値を達成するためには、月次実績管理表などを活用した適切な実績管理が必要になります。ここでは、その手法についてみていきます。

月次実績管理表で目標を管理する

図表19は、実際の特養の**月次実績管理表**の事例です。一ヵ月の稼働率、収入、支出、収支差、職員配置状況、残業時間、定着率、平均勤続年数など、経営計画の全体像がA4サイズ一枚の書式でほぼわかるようになっています。これを使って、経営計画で掲げた目標数値を達成していきます。

この事例は、特養定員八〇名、ショートステイ定員二〇名の計一〇〇名が定員の新型特養です。目標稼働率が九五%に設定されています。特養・ショート合算で九五%を達成するためには、当然ですが、特養の稼働率もショートの稼働率も九五%以上をキープしなければなりません。全国平均の特養稼働率は九六%ですが、ショートステイは八〇%台に留まっています。ですから、楽な数値目標ではありません。

また、利用者確保のための営業は欠かせませんので、居宅介護支援事業所や病院、サ高住への営業訪問回数も重要です。光熱水費は全体収入の三～四%を占めるので、ムダな使用はないか、前年同月と比較しながら実績管理します。

目標稼働率を設定すれば、目標となる収入は自動的に算出されますので、それを一二分の一にした数字が、月次の収入目標(予算)です。稼働率が目標をクリアしていれば、おのずと収入目標も達成されます。

支出は前年度並みの支出額に抑えるのが理想ですが、毎年の従業員の昇給により、総額が一～二%上がってしまうことは否めません。人件費の増加を、残業時

月次実績管理表（事例）（図表 19）

利用状況・営業実績

特養		実利用日数	稼働率	目標利用者数	目標稼働率	居宅訪問回数	病院訪問回数	サ高住訪問回数	利用者純増数
当月	延べ利用者数	3,092	99.7%	2,945	95.0%	5	0	0	2
	1日平均	99.7		95.0					
前月	延べ利用者数	2,961	98.6%	2,850	95.0%	12	1	0	1
	1日平均	98.7		95.0					

財務状況　（金額の単位：円）

事業名	年度	月次実績収入	月次予算額	月次予算比	累計実績収入	年間予算額	達成率	年間予算比	前年同月累計収入	前年累計比
○○苑収入	当月(7月)	44,039,417	40,830,038	107.9%	168,429,028	480,740,770	35.0%	33.3%	159,186,909	105.8%
	前月(6月)	42,372,399	39,512,940	107.2%	124,389,611	480,740,770	25.9%	25.0%	120,541,776	103.2%

事業名	年度	月次実績費用	月次予算額	月次予算比	累計実績費用	年間予算額	達成率	年間予算比	前年同月累計費用	前年累計比
○○苑支出	前月(6月)	34,939,820	36,042,710	96.9%	107,234,304	432,512,524	24.8%	25.0%	104,896,467	102.2%
	前々月(5月)	35,209,377	34,965,489	100.7%	72,294,484	432,512,524	16.7%	16.6%	71,552,757	101.0%

事業名	年度	月次実績収支差	月次予算額	月次予算比	累計実績収支差	年間予算額	達成率	年間予算比	前年同月累計収支差	前年累計比
○○苑収支差	前月(6月)	7,432,579	4,019,020	184.9%	17,155,307	48,228,246	25.0%	35.6%	15,645,310	109.7%
	前々月(5月)	6,864,180	4,019,020	170.8%	9,722,728	48,228,246	16.6%	20.2%	10,063,905	96.6%

職員配置状況　特養・ショート

	正規職員頭数	パート職員頭数	合計	パート職員常勤換算	常勤換算合計	パート比率	月間総残業時間	1人当たり残業時間	介護福祉士資格者数
当月	56	10	66	7.1	63.1	11.3%	72H	1.4H	39
前月	55	9	64	6.5	61.5	10.5%	90H	1.8H	35

看護師配置・定着率状況

	正規職員頭数	パート職員頭数	月間総残業時間	1人当たり残業時間
当月	9	0	9.75H	1.1H

職員定着状況　特養・ショート

	正規職員頭数	退職職員数	退職率	累計退職職員数	累計退職率	人件費率	平均年齢	平均勤続年数
当月	56	0	0.0%	0	0.0%	56.7%	47.2	4.9年
前年同月	55	0	0.0%	1	1.8%	56.7%	46.5	3.3年

間の削減などで抑えられれば理想です。最終的に、収支差額が目標達成できていれば、今月、この事業所は経営計画どおりに進んでいるという評価ができます。この事業所を任されている管理職は、相当に力を付けていることがわかるので、次の昇進も検討材料です。

職員配置については、前年同月と比較してスタッフ数が増えていないか、が重要なチェックポイントです。現場任せの管理職は、スタッフから多忙を訴えられると、すぐに増員してしまうきらいがあります。この数字をしっかりチェックしてブレーキをかけることも必要になります。残業代は、収入全体の二〜三％を占めるので、残業時間の削減は重要な経営マターです。前年同月と比較して増えているようであれば、何かしらのアクションを促します。

また、離職率の数字も経営計画に盛り込んでおく必要があります。離職が毎月あるような事業所は、職場風土に問題を抱えているケースが多いです。

月次実績会議を意識改革の場に

こうして、目標との比較、前年同月との比較をしながら、月次で実績を点検していく仕組みで経営計画を達成するわけです。ただし、この管理表を導入すれば直ちに経営計画の達成につながるか、といえば、そう簡単な話ではありません。この管理表が、ただの数字の読み上げで終わってしまっては、何にもなりません。

経営層や外部の税理士、コンサルタントが適切かつ的確な指摘をして、考えさせるためのツールにしなければ、意味がありません。この月次実績管理表をもとに会議を行い、その場を「従業員が自らの数値目標に責任を持つ」という意識改革の場にすることがポイントです。この実績会議に関わる管理職だけでなく、会議に出席しない現場スタッフも巻き込んで、数字の意味と日々の仕事が連動するようになって、初めて目標は達成されるようになります。

仕組みは色々と作れますが、その仕組みがいかに現場スタッフに理解され、浸透できるかにかかっています。経験上、この仕組みを二年程度、適切に運用していくと、目標と実績の差が埋まってきますし、こうした取り組みが優秀な管理職を育成することにつながります。

第5章　福祉事業の経営ノウハウ

13

社会福祉援助技術と組織

福祉業界では、組織として未成熟な施設・事業所も少なくありません。ここでは、組織化を阻害する要因とその対策についてみていきます。

組織力を付ける

社会福祉援助技術論は、社会福祉を学ぶ人にとっては必須科目です。また、専門職研修にも盛んに取り入れられている理論です。ですから、福祉業界で働く人々には、社会福祉援助技術の考え方が根付いています。

ここで、社会福祉援助技術論を簡単に説明しますと、「利用者は様々な障害を持っているが、その利用者の良い面、悪い面も積極的に受け入れて、その利用者を肯定すること。決して、審判的態度をとってはいけない」というものです。

この考え方が、利用者(被援助者)に対して向けられているうちはよいのですが、この考え方がスタッフ(援助者)同士にも応用され始めると、困ったことになります。例えば、「あの人(スタッフ)は時間にルーズであったり、決まりを守らなかったりすることも多いけど、それもその人の個性だから、それはそれでよしとしましょう。決して、ダメだという審判的態度をとってはいけない」というようになってしまうと、組織としては成り立たなくなります。

社会福祉のカリキュラムには「組織論」はありませんので、確立された組織で働いた経験がない場合、この落とし穴に簡単にはまってしまいます。そして、スタッフの様々な働き方や価値観が横行することになります。社会福祉援助技術の考え方では、スタッフ同士をつなげることはできません。組織力とは、(スタッフの能力)×(スタッフ同士のつながり)とされています。

三層構造で組織化する

組織力を発揮して生産性を高めるためには、組織のヒエラルキーを作り上げることがその第一歩です。組織は一般に三層構造です。この場合、職種は関係ありません。一般企業にも営業職や事務職、研究職といった職種はありますが、それによるヒエラルキーではありません。福祉介護の世界では、「医療職が上で、介護支援職が下」というようなヒエラルキーができやすいので、この点は注意が必要です。経営者や上級管理職がトップマネジメントです。現場の中間管理職がミドルマネジメント。そして現場が一般スタッフ、という三層構造で組織を考える必要があります。

トップマネジメントの役割は、理念や目標に向かって、同じ方向にスタッフを動かしていくこと。ミドルマネジメントの役割は、会社の方針やトップマネジメン

組織活動のヒエラルキー（図表 20）

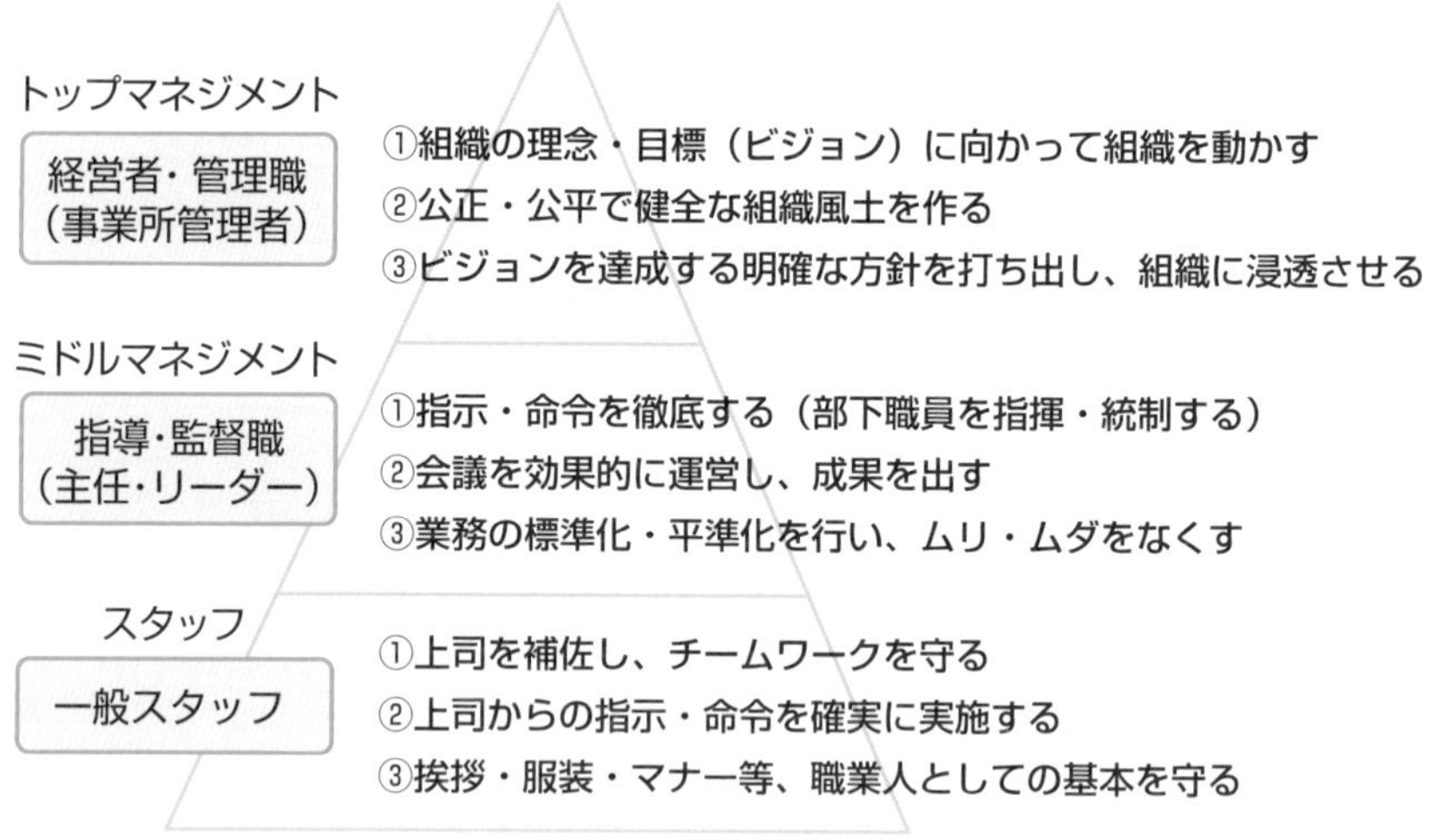

トップマネジメント 経営者・管理職 (事業所管理者)	①組織の理念・目標（ビジョン）に向かって組織を動かす ②公正・公平で健全な組織風土を作る ③ビジョンを達成する明確な方針を打ち出し、組織に浸透させる
ミドルマネジメント 指導・監督職 (主任・リーダー)	①指示・命令を徹底する（部下職員を指揮・統制する） ②会議を効果的に運営し、成果を出す ③業務の標準化・平準化を行い、ムリ・ムダをなくす
スタッフ 一般スタッフ	①上司を補佐し、チームワークを守る ②上司からの指示・命令を確実に実施する ③挨拶・服装・マナー等、職業人としての基本を守る

トから落ちてくる指示命令を一般スタッフに浸透させること。そして一般スタッフは、指示命令に従い、直ちに実行することです。

トップマネジメントは、職種で働くことはありません。一般企業において営業職上がりの管理職が自ら営業に回っているようでは組織力が発揮できなくなるのと同様に、管理職になったら、介護職などの専門職として働くことは許されないわけです。福祉業界では、一般産業に比べると職種と役職の分離が未成熟です。生活相談員が課長という管理職に就いていたりしますが、日々の仕事は、生活相談員という職種で働いている場合も少なくありません。

一方、ミドルマネジメントは、プレーイングマネジャーの位置付けですので、職種で働く部分もあります。このように、福祉事業であっても三層構造で組織化することが、生産性向上につながっていきます。

集団とチームの違い（図表 21）

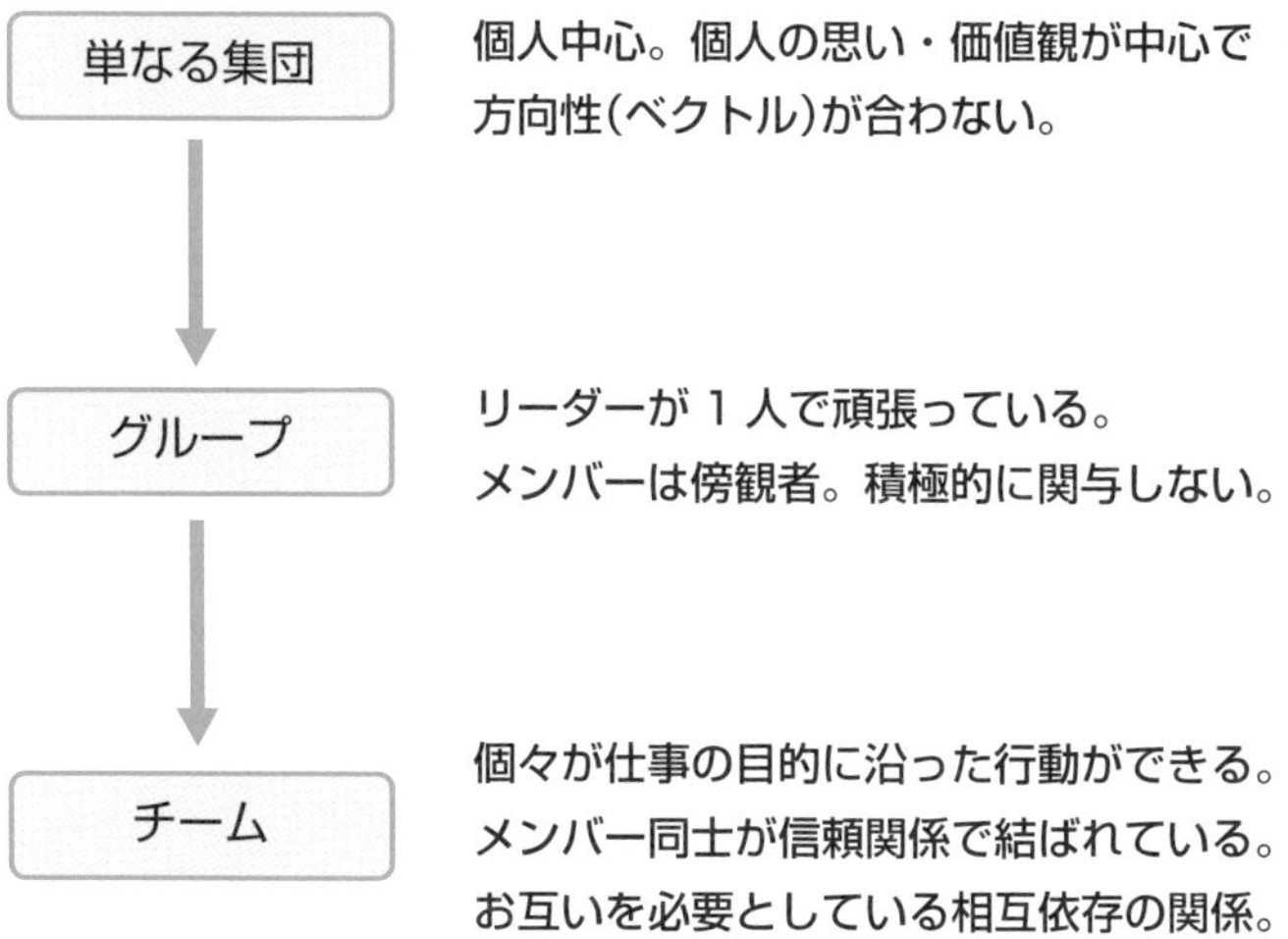

単なる集団	個人中心。個人の思い・価値観が中心で 方向性（ベクトル）が合わない。
↓	
グループ	リーダーが 1 人で頑張っている。 メンバーは傍観者。積極的に関与しない。
↓	
チーム	個々が仕事の目的に沿った行動ができる。 メンバー同士が信頼関係で結ばれている。 お互いを必要としている相互依存の関係。

14

福祉介護施設の組織図

三層構造の組織で日々の活動を統制するためには、組織図を整備する必要があります。組織図も三層構造になっていなければなりません。その上で、責任の所在と指揮命令系統を明示するという役割があります。

ワンマン・ワンボスの原則を守る

図表22は、筆者が実際に手がけた特養の組織図です。組織改革の一環で組織図を見直しました。以前は、単なる職種配置図のような組織図であり、三層構造にはなっていませんでした。加えて、責任の所在や指揮命令系統が不明瞭でした。結果、特養の稼働率は誰が責任を持つのか、ショートステイの稼働率は誰が責任を持つのか、といったことがあいまいであり、目標達成に支障をきたしていました。

また、施設長から現場へと指示命令が直接飛んできて、中間の課長や係長は、名ばかり管理職のような状態になっていました。組織図を見直したからといって、即座に組織図どおりに動くとは限らないので、会議などでことあるごとに、組織図を示しながら、責任の所在と指揮命令系統の確認を行う必要があります。

組織には、**ワンマン・ワンボス**という原則があります。これは、一人のスタッフに指揮命令する者は、必ず一人の人間でなくてはならない、という原則です。色々な役職者から別々の指示命令が飛んでくるようでは、スタッフは何を信じて行動すればよいかわからなくなります。この無秩序やムダを排除するために考えられた組織論の一つが「ワンマン・ワンボス」です。ですから、組織図を作る際は、そのことが一目でわかるようにする必要があります。

特養の組織図（事例）（図表 22）

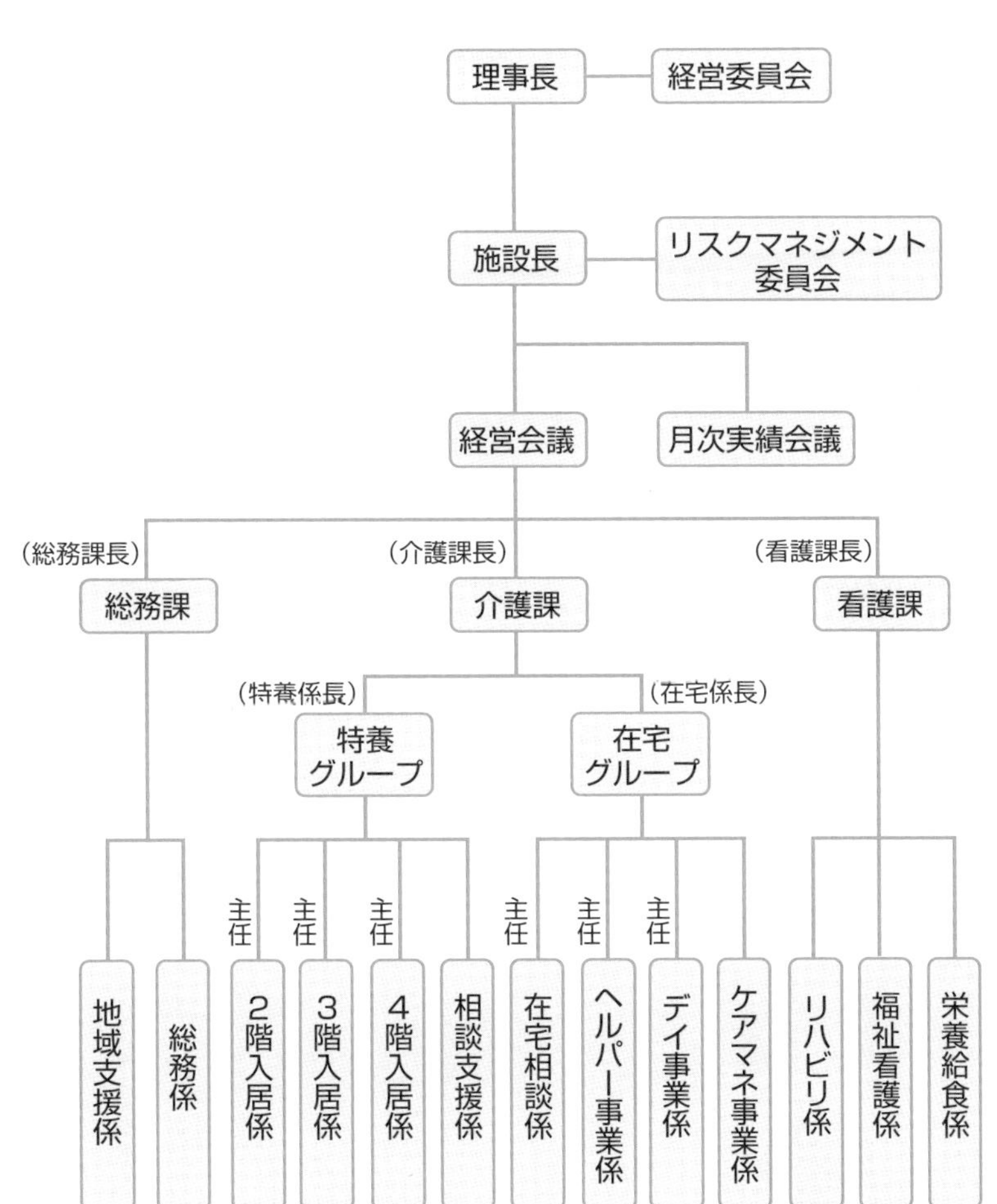

スタッフと直属の上司が一対一の直線で結ばれているものが組織図です。話せば簡単ですが、国の人員基準によって色々な職種が混在していて、それぞれに職種の壁が立ちはだかる福祉事業で、この原則を組織図に表すのは非常に大変な作業です。国の人員基準だけに縛られていると、往往にして職種配置図のような組織図ができあがります。

直線で指揮命令系統を明示

この施設は、特養定員九〇名、ショートステイ定員一〇名の計一〇〇名定員の施設に、定員三〇名のデイサービスと居宅介護支援事業所（ケアマネ事業所）、訪問介護事業所が併設されています。従業員数は、パートも含めて約九〇名です。

繰り返しになりますが、組織図は三層構造になっていることが重要です。この例では、理事長・施設長がトップマネジメントになります。そして、ミドルマネジメントが、課長・係長・主任です。その下が一般スタッフ、という三層構造です。

理事長・施設長は、理念や目標に向かって、組織の全体を同じ方向に動かしていく役割です。介護課長や看護課長は、現場のシフトには一切入らず、経営層と現場をつなぐ役割を担ってもらいます。また、課長という役職であれば、責任と権限は同じです。部下スタッフの数は関係ありません。「責任と権限の一致」というのは、組織論の重要な根幹です。

福祉介護施設は、職種の垣根ができてしまいがちですので、漏れなく情報が行き渡るよう、図表22のように、指揮命令系統が直線で明示された組織図を作って浸透させることが重要になります。

15

事業所管理者の役割

専門職スタッフを一つに束ねる事業所管理者の力量は、経営の安定と大きく関わっています。ここでは、事業所管理者の役割についてみていきます。

事業所管理者の役割とは

ここでいう事業所管理者とは、デイサービスの施設長、サ高住の管理者（施設長）、障害者の生活介護事業所の管理者などを想定しています。だいたい二〇名前後のスタッフの管理者です。

筆者が知る限り、こうした管理者には、様々な経歴の方がいます。現場スタッフとして長年現場を経験して管理者になった人、異業種で管理職経験を積んだのちにこの業界に転職してきた人、現場経験はないが計数管理に長けているという理由で抜擢された人などが、主なところではないでしょうか。

福祉介護事業所を組織としてまとめ上げなければならない管理者は、非常に難しい立場です。なぜなら、「多職種の垣根があり、組織としての一体感の醸成が難しい」「現場スタッフは数字に関心がない」「利用者を受け入れるかどうかの裁量権を現場が持っている」「係長や主任といった現場に近い役職者が専門職の仕事しかしてくれない」といったことが、普通にあるからです。

事業所管理者として、どのようにまとめていけばよいか、同じ方向を向いて仕事をしてもらうか、日々悩んでいる管理者も少なくないのではないでしょうか。

事業所管理者は、経営層に近い管理職ですので、スタッフの力を結集して、経営目標を達成しなければな

3階層それぞれに必要とされる能力（図表23）

【経営層に必要とされる能力】

コンセプチャルスキル（概念化能力）	①目の前の現象にとらわれずに、現象を概念化できる ②手段と目的を混同しない強固な目的意識 ③自分の責任で物事を考えられる主体性

【管理者に必要とされる能力】

ヒューマンスキル（人間関係構築能力）	①自分の言葉で説明・説得できる ②部下スタッフと人間として付き合える ③嘘（うそ）のない人間性で信頼できる

【スタッフに必要とされる能力】

テクニカルスキル（知識・技術）	①日々の繰り返しのルーチンワーク（作業） ②時間が経てばある程度熟練する性質のもの ③福祉介護の知識・技術、会計経理処理など

らない立場です。現場の仕事だけに埋没してしまっては、その責任を果たせません。一方、デスクで計数管理だけして、「稼働率、稼働率……」と不毛な会話を続けていても現場は相手にしてくれません。

立場により求められる能力を理解する

経営層には、コンセプチュアルスキルが求められます。管理者には、自分の言葉でしっかり説明できるヒューマンスキルが求められます。管理者になったら、テクニカルスキルはあればあるに越したことはありませんが、そこに埋没してしまっては役割を果たせません。事業所管理者に求められる役割とは、①専門職スタッフの様々な価値観や思いを経営理念と調和させる、②方針や稼働率等の目標や職場のルールを自分の言葉にして浸透させる、③職種で付き合うのではなく人間として付き合う、④現場任せにせず、逃げずに責任をとってみせる、⑤サークル活動や委員会活動を通してスタッフのベクトルを合わせていく、などでしょう。

16 新卒中心の採用戦略

福祉業界は中途採用が中心です。しかし、経営理念や方針といった価値観の浸透のしやすさ、勤続期間の長さ等の利点を考えると、新卒採用に力を入れていく必要があるでしょう。

中途採用主体の事業者が多い

福祉事業の場合、人員基準により、配置しなければならない職種が決まっていますので、即戦力という観点で、どうしてもその職種を経験した人を集めてしまうことが多く、中途採用者主体になってしまいます。ここが、人員基準のない一般産業との違いです。また、求人募集の媒体がハローワークと人材派遣会社だけというところも多く、未経験者も含めて、自然と中途採用者中心になってしまいます。

一方、筆者が知っているいくつかの施設では、新卒採用中心で人員募集をしています。そのうちの一つは、従業員一〇〇名未満の障害者施設ですが、毎年五人以上、四年制大学の新卒者を採用できています。

新卒採用の利点は、なんといっても、以前勤めた他施設などと比べてネガティブな発言をすることがないという点です。また、中途採用者より新卒採用者のほうが、概して長く勤めてくれます。ある施設で、中途採用と新卒採用の勤続年数の比較を行ったことがありますが、新卒は中途採用の二倍程度という結果が出ました。

従業員の新卒割合が高い施設ですと、ルールが浸透しやすく、方向性も合わせやすいという傾向があるようです。労働集約型産業としては、大きな利点です。また、ほかで働いた経験がありませんので、概して素直です。管理者の立場としてみれば、マネジメントがしやすいというのも新卒特有の利点ではないでしょうか。

新卒を育てていく仕組みを構築する

そのように利点はたくさんありますが、一方で障壁も大きいので、なかなか新卒採用に踏み切れない福祉介護事業所が多いのも事実です。いくつかの障壁がありますが、中でも、経験者中心の現場では即戦力を欲しがる、ということが大きいといえます。

また、新卒を採用して即、現場に放り込んでしまうようでは、新卒者は現場に付いていけず潰れてしまいます。新卒を採用する以上、新卒を教育する研修体制や受け入れ体制を整備する必要があります。

今後は少子化の影響で新卒者が少なくなっていき、採用がますます難しくなりますので、いまのうちに新卒や第二新卒の若い人を採用して、自社で育てていく仕組みを構築できた事業所が、今後は永続するのではないかと考えられます。

新卒採用ホームページ（社会福祉法人の事例）（図表 24）

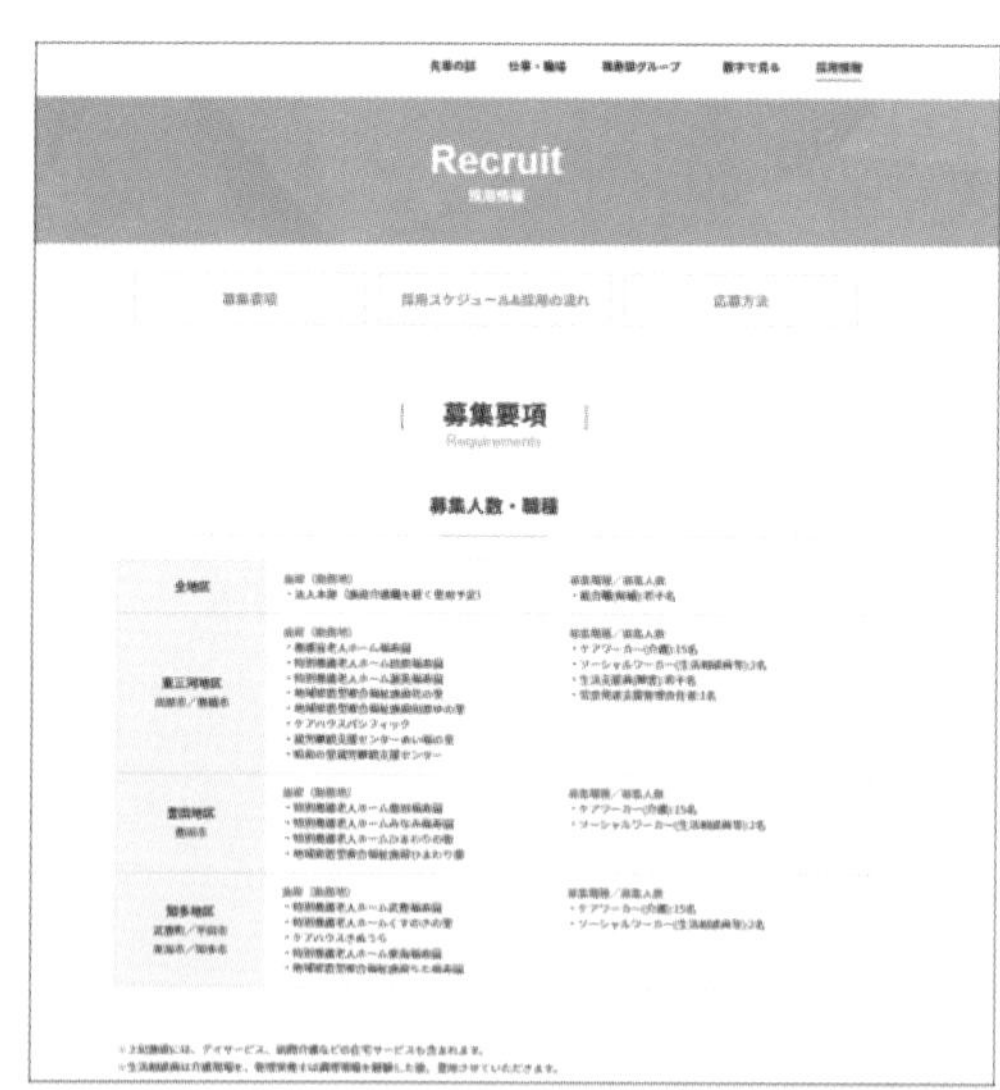

（参考：福寿園グループ https://www.fukujuen-recruit.jp/sp/saiyou/recruit/）

17

中途採用のための求人票

最近、どこへ行っても福祉介護職の人手不足が話題になります。募集しても一件も問い合わせがないとの嘆きの声も聞かれます。一方で、採用に困っていない事業所もあります。ここでは、求職者にアピールする求人票とはどのようなものかを考えてみます。

良い求人票には空欄がない

ハローワークの定型フォーマットに書かれていて、一見同じように見える求人票なのに、応募が多い求人票と、一件も応募がない求人票があります。何が違うのでしょうか。

良い求人票には空欄がなく、すべて埋まっています。実際に、筆者もハローワークに行って求人情報を検索してみることがありますが、空欄が多い求人票には「ちゃんと見てもらおう」というアピール力が足りません。昇給の欄や賞与の欄でさえ空白になっている求人票もあります。求職者に訴える求人票にするためには、空欄はすべて埋めることが重要です。「求人票の欄を全部使って自社の情報を伝え切る」——このスタンスが大事ではないでしょうか。

それでは、具体的にどのようなことを書いたらよいか、図表25の事例で順番にみていきましょう。まず、ホームページアドレスは必ず記入してほしいと思います。実際、筆者が訪れたハローワークでも、若い求職者が求人票を検索しながら、その場で、スマホで確認している姿を見かけました。気になった求人票の会社のホームページを一件ずつ見ているのです。

当然、ホームページでは、求職者に訴えかける求人情報を充実させておく必要があります。福祉介護事業所のホームページを見ると、「利用者目線」だけのホームページが実に多くあります。「求職者目線」で見たとき、何の情報も得られないホームページが結構多いのです。自社のホームページが、求職者に訴えかける「求職者目線」のものになっているかが非常に重要な点です。

次に「就業場所」欄ですが、もしアクセスがよければ、事例の求人票のように「○○駅下車徒歩五分」などと記入しておくとよいでしょう。また、主婦や子育て中の方は、転勤を嫌がります。「転勤の可能性なし」と明記すれば、そうした求職者にアピールすることができます。

「仕事の内容」欄については、「介護業務」とだけ書くのではなく、未経験者でも安心して働けるイメージをできるだけ盛り込んでほしいと思います。「三ヵ月間の試用期間でゆっくり覚えていただければ結構です」「研修制度が充実しています」「中途採用者の方も、皆さん定着しています」など、職場の労働環境や人間関係のよさをアピールしておくことをおすすめします。

賃金は幅を持たせておく

「賃金」欄は、求職者が一番注目する欄ではないでしょうか。ここには、月額総支給額を書くようになっています。この事例のように「二四万円〜二四万円」と下限も上限もない求人票がありますが、これはトラブルのもとになりかねません。実際には前歴換算やその人の現在の月給なども参考にしながら、給与を決めていくことも多いでしょう。

しかし、前歴換算で四割の人と一〇割の人では当然違ってきます。どうしても欲しい人だと、少し上乗せすることもあると思いますが、いまいる従業員とのバランスも考慮する必要があります。ですから、最低金額と最高金額を示して、幅を持たせておくことをおすすめします。最高金額が魅力で応募してくれるかもしれません。

「手当」の欄には、給与規程に記載されている手当はすべて書き込み、手当額についても最低額と最高額を書くようにします。「通勤手当」欄も、最低額から最高

求人票の事例（図表 25）

求人番号 27100-0000　　受付年月日 令和 年 月 日　　紹介期限日 令和 年 月 日　　事業所番号 （静） 27100-0000

求人票（フルタイム）

就業地住所		職業分類	169-01
		産業分類	854 老人福祉・介護事業

1 求人事業所名

事業所名	シャカイフクシホウジン ○○カイ 社会福祉法人 ○○会
所在地	〒135-0016 江東区東陽 2-4-2 ホームページ [http://www.] Eメール [abcd@efg.com]
就業場所	転勤の可能性なし 〒135-0016 江東区東陽 2-4-2 ○○駅 下車徒歩 5 分

2 仕事の内容等

職種	ケアマネジャー業務 「介護」		
仕事の内容	・相談業務 ・居宅介護支援業務 「介護」		
雇用形態	正社員	雇用期間	雇用期間の定めなし
学歴 履修科目	不問		
必要な経験等	不問		
必要な免許・資格	介護支援専門員 「介護」		
年齢	不問		

3 労働条件等

賃金（税込）	a + b　240,000 円 ~ 240,000 円		
	a 基本給（月額換算・月平均労働日数 21.7 日） 240,000 円 ~ 240,000 円		
	b 定期的に支払われる手当 手当 円 ~ 円 手当 円 ~ 円 手当 円 ~ 円 手当 円 ~ 円	c その他の手当等付記事項 児童手当 3000 円~	
賃金形態	月給 円~ 円 その他の場合 [ ]		
賃金締切日	末日	賃金支払日	毎月 20 日（翌月払い）
通勤手当	実費（上限なし）	マイカー通勤 不可	[ ]
昇給（実績）	あり 円~ 円／月 又は %~ %		
賞与（実績）	あり （前年度実績） 年 回 計 月分 又は 万円~ 万円		
加入保険等	雇用 労災 ~~公災~~ 健康 厚生 ~~財形~~ 確定拠出年金 退職金共済 職金制度 なし		
就業時間	(1) 09：00 ~18：00 (2) ~ (3) ~ 又は ~ の間の 時間 時間外 あり 月平均 6 時間 休憩時間 60 分	就業時間に関する特記事項 [ ]	
休日等	休日 他 週休二日制 毎週 6 ヵ月経過後の年次有給休暇日数 10 日	その他の場合 [シフト制]	
求人条件特記事項	※事業所内の研修制度が充実、キャリアアップ、資格取得を支援します。介護の仕事が好きだからこそ、長く働ける職場環境と各種制度を用意しています。 ※交通費：実費（上限なし） ただし、法人が指定する通勤経路に基づき支給致します。 ※少子化対策奨励金あり 子 3 人目：100 万円 4 人目：200 万円を 60 ヵ月（5 年）分割支給（会社規定あり）		

4 会社の情報

従業員数	企業全体 464 人 就業場所 51 人 （うち女性 40 人） （うちパート 22 人）	創業 資本金 労働組合	平成 10 年 なし
事業内容	高齢者および障がい者への福祉・介護事業		
会社の特長	「自立・自由度の高い福祉で社会に貢献する」という基本理念のもと、○○市・○○市における地域の方々の医療・介護の相談援助を通じ、必要な時に必要な支援サービスを提供しています。		
代表者名	理事長 ○○○○	法人番号	4120905004000
定年制なし		勤務延長なし 再雇用なし	
入居可能住宅	~~単身用 あり~~ ~~世帯用 あり~~ [ ]		
利用可能託児施設	あり [ただし、○○台]		
育児休業取得実績	あり	介護休業取得実績 あり	看護休暇取得実績 あり
年間休日数	105 日	就業規則	あり

5 選考等

採用人数	通勤 1 人	選考方法	面接 書類選考 筆記試験 先に送付・備考欄
日時	その他 書類選考後連絡		
応募書類	ハローワーク紹介状 履歴書（写真添付） 職務経歴書 選考後は返却		
選考結果	7 日後 通知方法 郵送 電話 [ ]		
試用期間	あり	労働条件 試用期間 3 ヵ月 変更なし	
備考	■先に履歴書（写真添付）・職務経歴書・紹介状をご送付ください。書類選考後、選考結果をご連絡します。 〒135-0016 江東区東陽 2-4-2 ※職員食の割引 ※制服貸与		

額まで書きます。

また、「昇給」「賞与」の欄は必ず埋めておき、できれば実額で最低額から最高額まで書いておきます。募集している職種で、現在実際に支給している最低額と最高額を書き込みましょう。

また、「求人条件特記事項」という欄がありますが、ここに何も書いていない求人票が実に多い印象です。

しかし、この「求人条件特記事項」が、一番差別化を図れる欄です。事例の求人票には「少子化対策奨励金あり、子三人目：一〇〇万円、四人目：二〇〇万円を六〇ヵ月（五年）分割支給」と書かれています。一〇〇万円を六〇ヵ月で分割支給なので、ひと月当たり約一万六〇〇〇円ですが、求職者に対しては訴える力があります。自社の給与規程から、差別化できる独自の施策がないか探してみましょう。

退職金のために会社負担で積み立てている金額があれば、これも記載しておきます。これは、賃金欄には書けない項目です。

働く側から見た会社の優位性を示す

次は「会社の特長」欄です。運営理念をうたっている求人票が多いですが、利用者を募集しているわけではありませんので、働く側から見た会社の優位性を書くようにしましょう。歴史のある会社なら、過去の実績を書いておくと求職者の目を引くかもしれません。

最近では各自治体が、優良な福祉介護事業所を認定して、自治体のホームページで公表しているところもあります。優良事業所として、自治体に認定してもらっている企業であれば、こうした情報も載せておくと優位性につながるでしょう。

定着率が高いところは、「離職率〇％。職員が辞めない働きやすい職場です」と明記できれば、大きな差別化につながります。ちなみに、介護職員の離職率の全国平均は一五～一六％です。

「備考」欄は、「求人条件特記事項」欄と同じく、記載内容に決まりはありませんが、他の求人票と差別化できる欄です。事例の求人票には「職員食の割引」と「制服貸与」が記載されています。ここには、他の欄では書けない、福利厚生を細かく書いておくとよいでしょう。例えば、「勤続年数に従ってお祝い金が出ます」などの福利厚生があれば、漏れなく書いておきます。

この欄に採用担当者の役職名と氏名を入れておくこともおすすめします。求職者の身になれば、誰に電話すればすぐつながるかわかったほうが親切でしょう。とにかくこの一枚が、はじめに求職者に伝えることのできるすべての情報ですので、空欄にしておくのは非常にもったいないことだと認識しておきましょう。

なお、求人募集したい施設の所在地だけに求人票を出せばよいと考えがちですが、そのことについては一考を要します。他の地域にIターン希望者やUターン希望者がいるかもしれません。東京、大阪、名古屋、福岡といった大都市から地元に戻りたいと考えている転職者もいるかもしれません。そう考えると、近隣の県や大都市にも同じ求人票を出しておくのも、一つの方法といえるでしょう。

求人情報を載せているホームページの例（図表26）

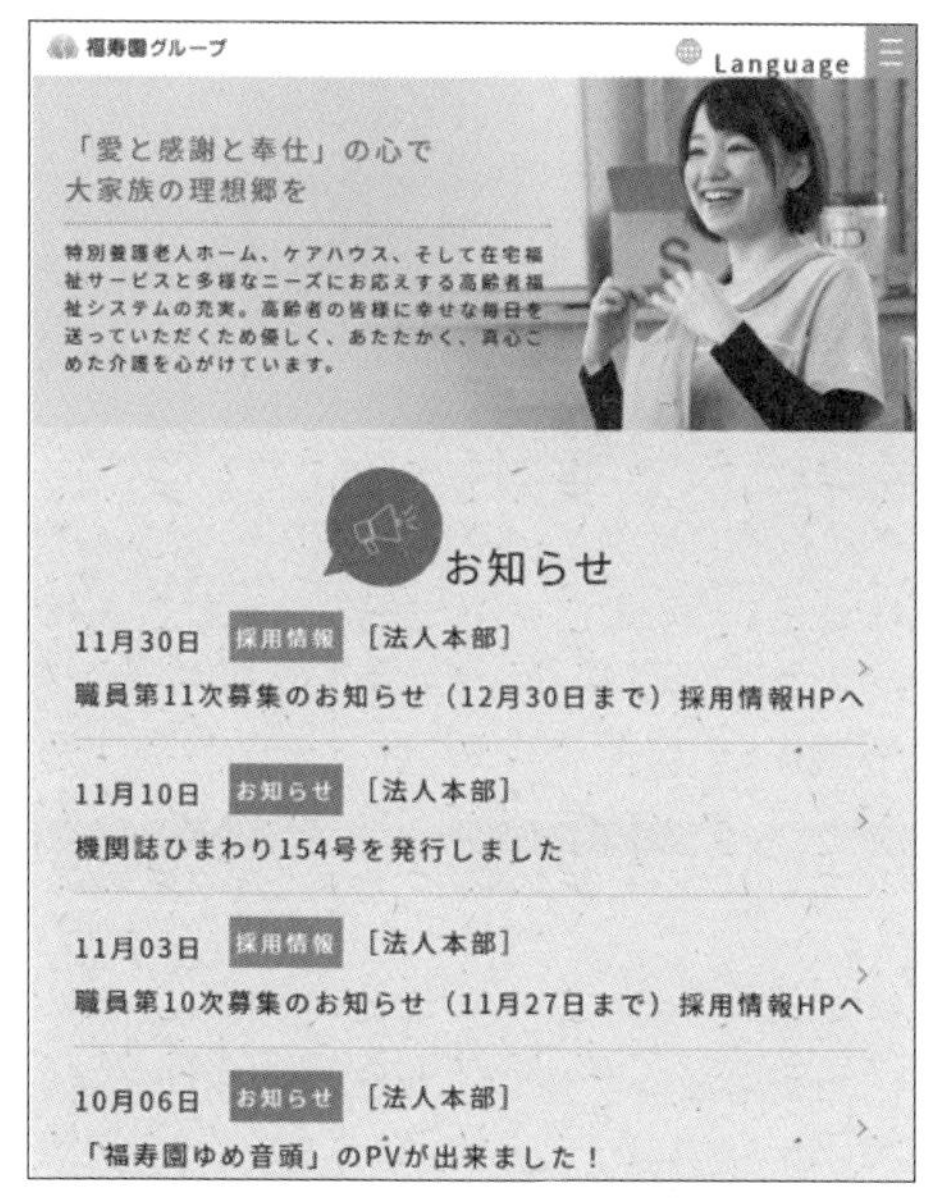

採用情報をクリックすれば、詳しい募集要項を見ることができる

（参考：福寿園グループ　https://www.fukujuen-recruit.jp/sp/）

福祉と新型コロナウイルス

2020年からのコロナ禍で、市区町村社会福祉協議会が実施している福祉貸付に利用者が殺到し、同年3月25日～7月25日のたった4ヵ月間で、貸付件数78万8千件、金額にするとなんと約2130億円にのぼっているそうです。2008年秋のリーマン・ショック後の2009～11年度の3年間の貸付件数が約20万5千件、貸付額約682億円とのことですので、今回のコロナ禍では、たった4ヵ月でリーマン・ショック後の3年間の3倍以上にも達したことになります。コロナ禍による影響が3年間続くとしたら、その件数と総額は莫大なものになることでしょう。

ちなみに、福祉貸付には「緊急小口資金」と「総合支援資金」の2種類がありますが、いずれも無利子、保証人なしの貸付です。緊急小口資金は、一時的な減収に対応するもので20万円まで。総合支援資金は、日常生活の維持が困難な世帯向けで、月額20万円（単身15万円）を6ヵ月間、最大120万円まで貸し付けるというものです。

厚生労働省の報告書（2008年）では、自助・互助・共助・公助を次のように定義しています。

「自助とは、自ら働いて、又は自らの年金収入等により、自らの生活を支え、自らの健康は自ら維持すること。互助とは、インフォーマルな相互扶助を指し、近隣の助け合いやボランティア等。共助とは、社会保険のような制度化された相互扶助。公助とは、自助・互助・共助では対応できない困窮等の状況に対し、所得や生活水準・家庭状況等の受給要件を定めた上で必要な生活保障を行う社会福祉等」

この定義に従うと、自助が基本ということになりますが、いままで“自助”で、福祉に縁がなかった多くの人たちが、今回の新型コロナウイルス感染症対策の自粛要請により、こうした“公助”の社会福祉扶助を必要とするようになりました。戦争や震災と同様に、今回のような有事の際には、自助がことごとく制限されることになります。しかも、互助も働かない昨今では、公助の役割が極めて大きくなることが、改めて認識される結果となりました。

新自由主義経済は、「小さな政府（公助）」と「大きな自己責任（自助）」がその理念ですが、今回のコロナ禍は、この新自由主義経済における社会福祉のあり方についても、大きな問題提起をしているように思えます。

第6章

福祉業界で働く人々

福祉業界は事業が多岐にわたることから、様々な職種の従業者が働いています。本章では、福祉業界の国内の就労人口や就業ルート等をみた上で、主な職種の概要や業務内容、必要資格などを解説します。

1 福祉業界の就労人口

現在、福祉業界の就労人口は三五〇万人ともいわれていますが、少子高齢化や社会環境の変化により、福祉サービスの需要はますます拡大し、それに伴って今後も就労人口は増え続けるものと推測されます。

福祉サービスの就労人口は短期間で増加

図表1は、社会福祉施設の従事者数を職種別に**常勤換算数***で集計したものです。この統計によると、約一〇八万人が、社会福祉施設で働いていることがわかります。また、職種別で一番多いのが、保育士の約三九・三万人。次いで、介護職員が約一五・三万人。そして、生活指導・支援等が約八・九万人です。

なお、この一〇八万人には、特養や老健、デイサービスといった介護保険サービスの従事者は入っていません。また、生活介護や障害者グループホームなどの障害福祉サービスの従事者も含まれません。

介護サービスの従事者数の実態は、図表2の介護職員数の推移をご覧ください。二〇一七(平成二九)年度で一八六・八万人となっています。二〇〇〇(平成一二)年度が五四・九万人でしたので、一七年間でなんと三・四倍も増加しています。昨今、短期間で就労人口がこれほどまでに増えた産業は、そう多くはないでしょう。数少ない成長産業といわれるゆえんです。

先ほどの一〇八万人と、この介護職員一八六・八万人を合わせますと、二九四・八万人にのぼります。また、この一八六・八万人は介護職員だけで、介護施設や介護事業所の施設長、管理者、事務員、看護職員、調理員等は含まれていません。

現在、特養だけで約八千施設あります。デイサービスは四万事業所を超えています。

それに、障害者支援施設(障害者支援施設の従業者は図1-1に含まれている)を除く障害福祉サービス

用語解説

＊**常勤換算数**　従業者の勤務延べ時間数を、常勤の従業者が勤務すべき時間数(通常は週40時間、週32時間を下回る場合は週32時間を基本とする)で除することにより計算する方法。計算にあたっては、1ヵ月(4週間)を基本として計算する。例えば、常勤者が勤務すべき時間数が週40時間(4週160時間)の場合、4週128時間の非常勤者A＋4週96時間の非常勤者Bの常勤換算数は、(128＋96)÷160＝1.4となる。

社会福祉施設の職種別常勤換算職員数（図表 1-1）

（単位：人）

	総数	保護施設	老人福祉施設	障害者支援施設等	婦人保護施設
総数	1,079,497	6,382	38,999	108,483	353
施設長・園長・管理者	51,233	208	2,405	4,045	28
サービス管理責任者	4,111	…	…	4,111	…
生活指導・支援員等	89,436	715	4,323	62,253	138
職業・作業指導員	3,773	76	86	2,779	9
セラピスト	6,795	7	126	1,017	6
理学療法士	2,300	2	31	503	-
作業療法士	1,519	3	19	333	-
その他の療法員	2,976	1	76	182	6
心理・職能判定員	51	…	…	51	…
医師・歯科医師	3,548	34	130	322	5
保健師・助産師・看護師	49,367	424	2,508	5,267	21
精神保健福祉士	1,297	116	22	1,021	-
保育士	393,898	…	…	…	…
保育補助者	16,606	…	…	…	…
保育教諭	85,290	…	…	…	…
うち保育士資格保有者	77,672	…	…	…	…
保育従事者	25,218	…	…	…	…
うち保育士資格保有者	23,385	…	…	…	…
家庭的保育者	1,375	…	…	…	…
うち保育士資格保有者	1,059	…	…	…	…
家庭的保育補助者	898	…	…	…	…
居宅訪問型保育者	167	…	…	…	…
うち保育士資格保有者	65	…	…	…	…
児童生活支援員	622	…	…	…	…
児童厚生員	42	…	…	…	…
母子支援員	703	…	…	…	…
介護職員	153,709	3,350	17,782	12,131	2
栄養士	27,658	200	2,110	2,448	18
調理員	77,203	555	4,782	5,058	49
事務員	35,713	448	2,779	5,267	40
児童発達支援管理責任者	1,180	…	…	…	…
その他の教諭	3,697	…	…	…	…
その他の職員	45,905	250	1,945	2,711	37

社会福祉施設の職種別常勤換算職員数（図表 1-2）

（単位：人）

	児童福祉施設（保育所等・地域型保育事業所を除く）	保育所等	地域型保育事業所	母子・父子福祉施設	有料老人ホーム（サービス付き高齢者向け住宅以外）
総数	68,421	618,833	42,142	237	195,648
施設長・園長・管理者	1,799	27,516	4,748	22	10,464
サービス管理責任者	…	…	…	…	…
生活指導・支援員等	13,646	…	…	7	8,353
職業・作業指導員	321	…	…	2	500
セラピスト	3,800	…	…	-	1,838
理学療法士	1,099	…	…	-	665
作業療法士	844	…	…	-	320
その他の療法員	1,858	…	…	-	853
心理・職能判定員	…	…	…	…	…
医師・歯科医師	1,405	1,402	134	-	117
保健師・助産師・看護師	11,383	10,595	546	-	18,622
精神保健福祉士	…	…	…	…	137
保育士	16,766	375,312	1,816	5	…
保育補助者	…	16,546	60	…	…
保育教諭	…	85,290	·	…	…
うち保育士資格保有者	…	77,672	·	…	…
保育従事者	…	…	25,218	…	…
うち保育士資格保有者	…	…	23,385	…	…
家庭的保育者	…	…	1,375	…	…
うち保育士資格保有者	…	…	1,059	…	…
家庭的保育補助者	…	…	898	…	…
居宅訪問型保育者	…	…	167	…	…
うち保育士資格保有者	…	…	65	…	…
児童生活支援員	622	…	…	-	…
児童厚生員	42	…	…	-	…
母子支援員	703	…	…	-	…
介護職員	…	…	…	…	120,444
栄養士	1,516	18,503	1,180	-	1,683
調理員	4,085	47,175	2,636	6	12,858
事務員	3,499	13,995	773	87	8,825
児童発達支援管理責任者	1,180	…	…	-	…
その他の教諭	…	3,697	…	…	…
その他の職員	7,655	18,803	2,590	109	11,805

※従事者数は常勤換算従事者数であり、小数点以下第1位を四捨五入している。
※従事者数は詳細票により調査した職種についてのものであり、調査した職種以外は「…」とした。

の約七万事業所を加えますと、おそらく三五〇万人は下らないでしょう。

今後も就労人口の増加が見込まれる

二〇二〇(令和二)年八月一一日の総務省統計局の公表資料では、全産業の正規従業員数が三五四三万人ですので、そのうちの約一割は福祉業界で働いている計算になります。全国の労働者の一〇人に一人は、福祉業界で働いているわけです。おそらく、皆さんの周りでも、一〇人に一人くらいの割合で、福祉関係で働いているという人がいるのではないでしょうか。

非正規も合わせた全産業の労働者数が五五七九万人ですので、それと比較しても六・三%を占めます。厚労省は、団塊世代が後期高齢者に突入する二〇二五(令和七)年には、介護職員が三四万人不足すると推計しています。このような情勢から、福祉業界の就労者数は今後もますます増えていくものと予想されます。

介護職員数の推移（図表2）

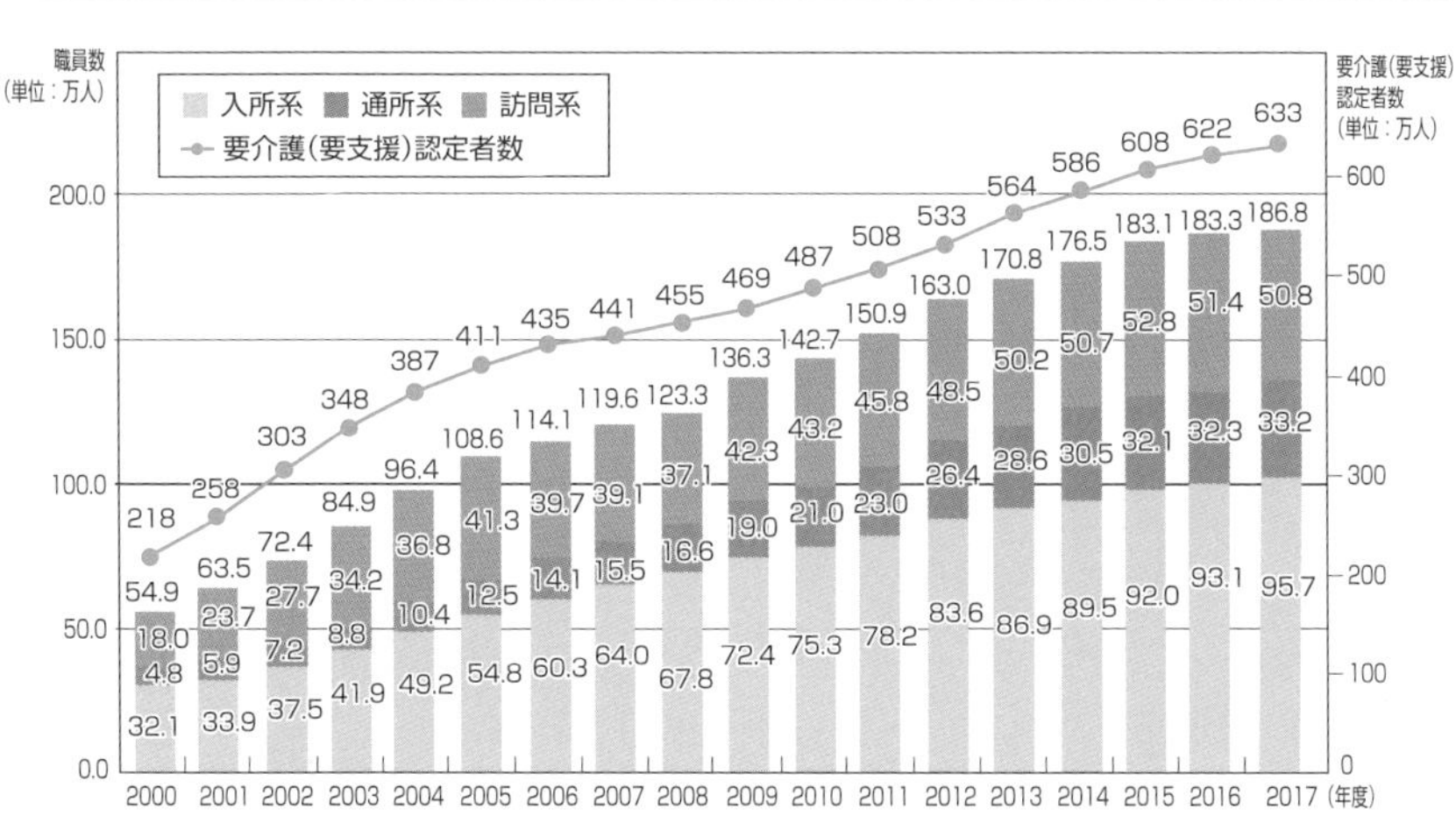

※本グラフにおける介護職員数は、介護保険給付の対象となる介護サービス事業所、介護保険施設に従事する職員数。(参考：厚生労働省「介護サービス施設・事業所調査」「介護保険事業状況報告」)

2

福祉業界の採用ルート

福祉業界の採用ルートには、社会人を経験してから就職するケースや、福祉系の学校を卒業したあとで新卒採用されるケースなどがあります。ここではそれらの実態についてみていきます。

福祉業界で働く場合の就業ルート

図表3は、福祉業界で働く場合、どのような就業ルートがあるかを示した図です。前の章でも述べたとおり、福祉業界では、中途採用者中心という実態があります。実際、福祉業界で働く場合、❶の一般労働市場ルートが、その大半ではないかと思います。何年か社会人を経験したのち、求職活動中にハローワークの求人情報を見て応募し、福祉業界で働くようになるケースです。

かつて筆者が老人福祉施設に転職したときも、このルートで採用されました。また、最近では、派遣会社を通して福祉業界で働くようになる人も増えています。さらには、子育てに一段落した主婦が、新聞のチラシを見て、近所にある福祉施設・事業所に応募し、採用されるケースもありますが、これらはいずれも一般労働市場ルートです。

❷のケースは、福祉系の学校を卒業して、いったん、福祉業界以外の分野で社会人経験を積んだのち、社会福祉士や介護福祉士の資格を活かすために、改めて福祉業界に転職してくるケースです。一般的に誤解されているかもしれませんが、福祉業界で働く介護職員や生活支援員などには、必要とされる資格はありません。資格が必要とされるのは、ケアマネジャー、訪問介護のサービス提供責任者、ホームヘルパー、保育士、そして看護職員に限られます。

ケアマネジャーは介護支援専門員資格、サービス提供責任者は介護福祉士か実務者研修修了者（旧ホームヘルパー一級課程)、ホームヘルパーは初任者研修終了者(旧ホームヘルパー二級課程)、保育士として従事するためには保育士資格、看護職員は看護師資格が必要ですが、その他の職種には、必須となる公的資格はありません。ですから、人手不足もあいまって、異業種からの中途採用を受け入れやすい土壌があるといえます。

新卒採用ルートの開拓が課題

一〇年ほど前まで福祉系の四年制大学で教えていましたが、その当時、社会福祉士資格を取って卒業する学生の八割までが、福祉介護と何ら関係のない企業に就職するという実態でした。実際、福祉業界では、❸と❹の新卒採用ルートが圧倒的に開拓されていません。新卒採用を実施している法人企業の数は、極めて限られています。

今後の福祉業界が真の意味で成長産業といわれるようになるためには、❸と❹の高校、短大、四年制大学の新卒採用ルートを開拓していくことが重要になると考えます。

福祉人材の供給ルート(図表3)

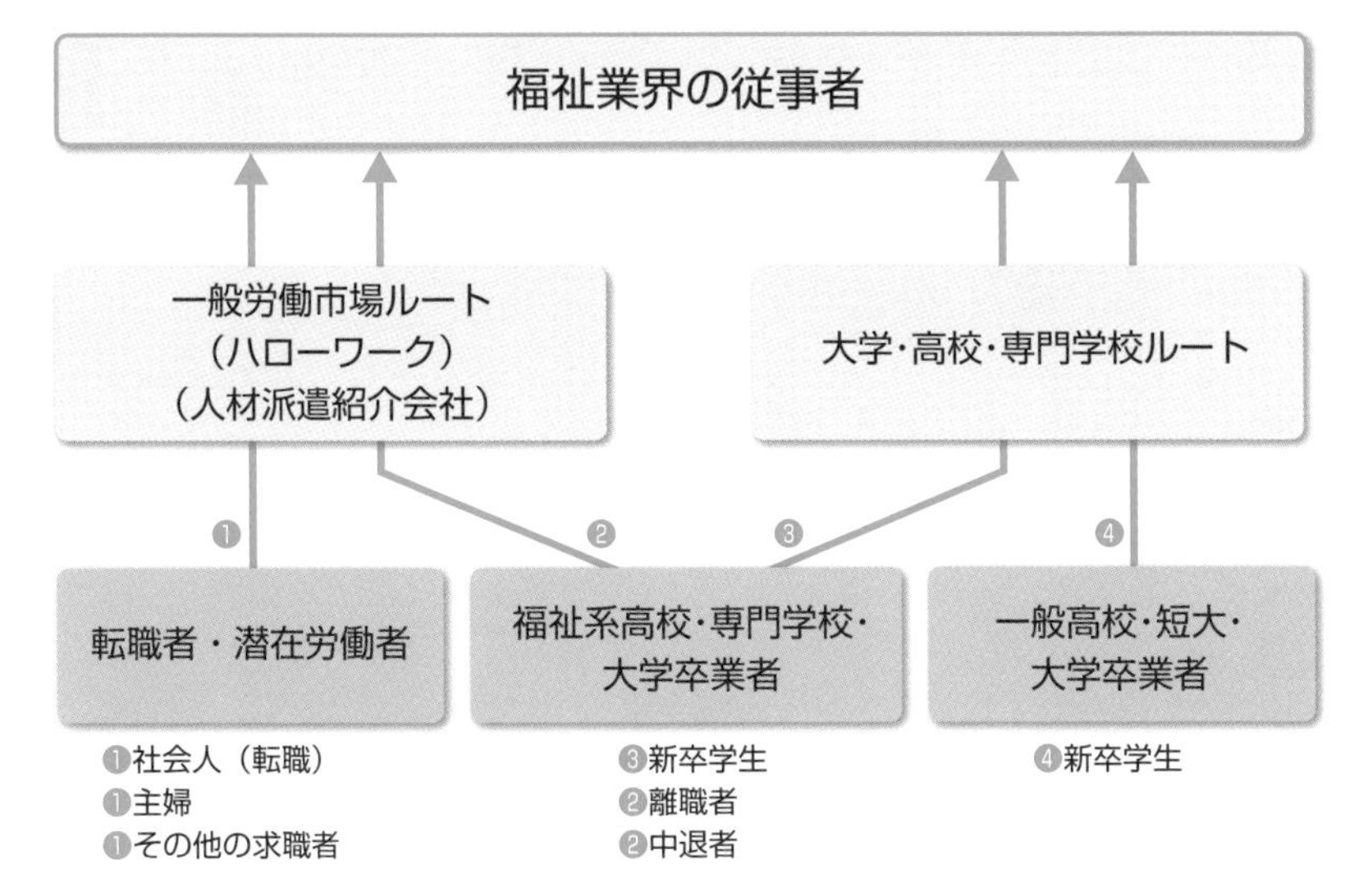

3 介護職員の離職の実態

介護職員は、一般に離職率が高いとされていますが、実際には事業所によって二極化しているといえます。ここでは、その実態と主な離職の要因についてみていきます。

介護職員の離職の実態

介護職員の離職の実態については、公益財団法人介護労働安定センターが、二〇〇二(平成一四)年から毎年実施している介護労働実態調査が参考になります。最新の公表資料は、二〇一九(令和元)年度のものですが、一万八〇〇〇ヵ所の介護保険事業所を対象に実施され、有効回収数九二二六件、回収率五一・九%の結果が公表されています。

図表4は、全産業従事者と介護職との離職率の比較です。ここでいう介護職とは、特養・老健などの入所施設やデイサービスなどの通所施設で働いている介護職員と、訪問介護サービスに従事しているホームヘルパーを指します。直近の二〇一八年度で比較すると、全産業従事者の離職率が一四・六%、それに対して、介護職(二職種:介護職員とヘルパー)の合計が一五・四%となっており、その差は、〇・八ポイントとわずかです。

一方、二〇一二(平成二四)年度をみますと、全産業従事者は一四・八%で、全調査年度を通してほぼ一定割合で推移していますが、介護職は一七・〇%で直近の二〇一八年度より一・六ポイント高い結果です。このことから、介護職員とヘルパーの離職率は、ここ一～二年、低下していることがわかります。

一方で、事業所単位の離職率では、直近年度の二〇一九(令和元)年度をみますと、離職率一〇%未満の事業所割合が四四・五%に対して、三〇%以上の離職率の事業所が一九%と、約二割あります(図表6参照)。三〇%以上の離職率ということは、従業員一〇人が働

6-3 介護職員の離職の実態

介護労働者の採用形態（図表4）

（単位：%）

		2012年度	2013年度	2014年度	2015年度	2016年度	2017年度	2018年度	2019年度
雇用動向調査	全産業	14.8	15.6	15.5	15.0	15.0	14.9	14.6	−
	宿泊業、飲食サービス業	27.0	30.4	31.4	28.6	30.0	30.0	26.9	
	生活関連サービス業、娯楽業	21.3	23.7	22.9	21.5	20.3	22.1	23.9	
	医療、福祉	13.9	15.2	15.7	14.7	14.8	14.5	15.5	
本調査	介護職	17.0	16.6	16.5	16.5	16.7	16.2	15.4	15.4

介護サービス別の離職率（図表5）

（単位：%）

	2012年度	2013年度	2014年度	2015年度	2016年度	2017年度	2018年度	2019年度
訪問介護	14.4	14.3	14.7	14.8	15.9	14.8	13.4	13.6
通所介護	18.8	19.4	18.7	18.5	18.1	18.5	18.1	16.3
特定施設入居者生活介護	25.2	22.8	23.0	24.7	20.3	22.2	19.9	19.7
認知症対応型共同生活介護	21.1	19.6	19.3	17.8	18.7	18.4	16.8	17.0
介護老人福祉施設	15.3	15.2	15.4	15.0	14.3	13.5	13.3	14.6
介護老人保健施設	15.0	13.4	14.6	14.4	13.5	15.3	12.9	12.3

事業所単位の離職率（図表6）

（単位：%）

	2012年度	2013年度	2014年度	2015年度	2016年度	2017年度	2018年度	2019年度
10%未満	48.2	46.6	48.8	42.8	39.5	39.9	45.5	44.5
10～15%未満	10.7	11.8	11.5	13.1	13.8	13.6	12.8	14.2
15～20%未満	7.0	7.5	7.6	8.2	9.1	9.0	8.3	8.5
20～25%未満	6.6	6.5	6.3	7.7	8.1	8.1	7.5	7.1
25～30%未満	6.4	6.7	6.3	7.0	7.2	6.9	6.5	6.6
30%以上	21.1	20.9	19.5	21.2	22.3	22.5	19.4	19.0

いている事業所で、年間三人以上が辞めていくことを意味します。言い換えると、三年で従業員がほぼすべて入れ替わるということになります。

一方で、一〇％未満なら、離職者が一〇人に一人いない計算になります。この比率は、二〇一二年度から八年間、一貫して変わりません。このことから、介護事業所は、収支差率と同様、離職率でも二極化しているといえます。

離職の要因トップ三

それでは、離職の要因は、どのようなものでしょう。介護労働安定センター「令和元年度介護労働実態調査結果」によると、前職で介護の仕事をしていた人に聞いた、前職を辞めた理由の一位は、「職場の人間関係に問題があったため」で二三・二％。次いで、「結婚・妊娠・出産・育児のため」で二〇・四％。三位が、「法人や施設・事業所の理念や運営のあり方に不満があったため」で一七・四％となっています。

このトップ三は図表7のとおり、二〇一七（平成二九）年度の調査でも変わりません。職場の人間関係の問題

前職の介護の仕事を辞めた理由（図表7）

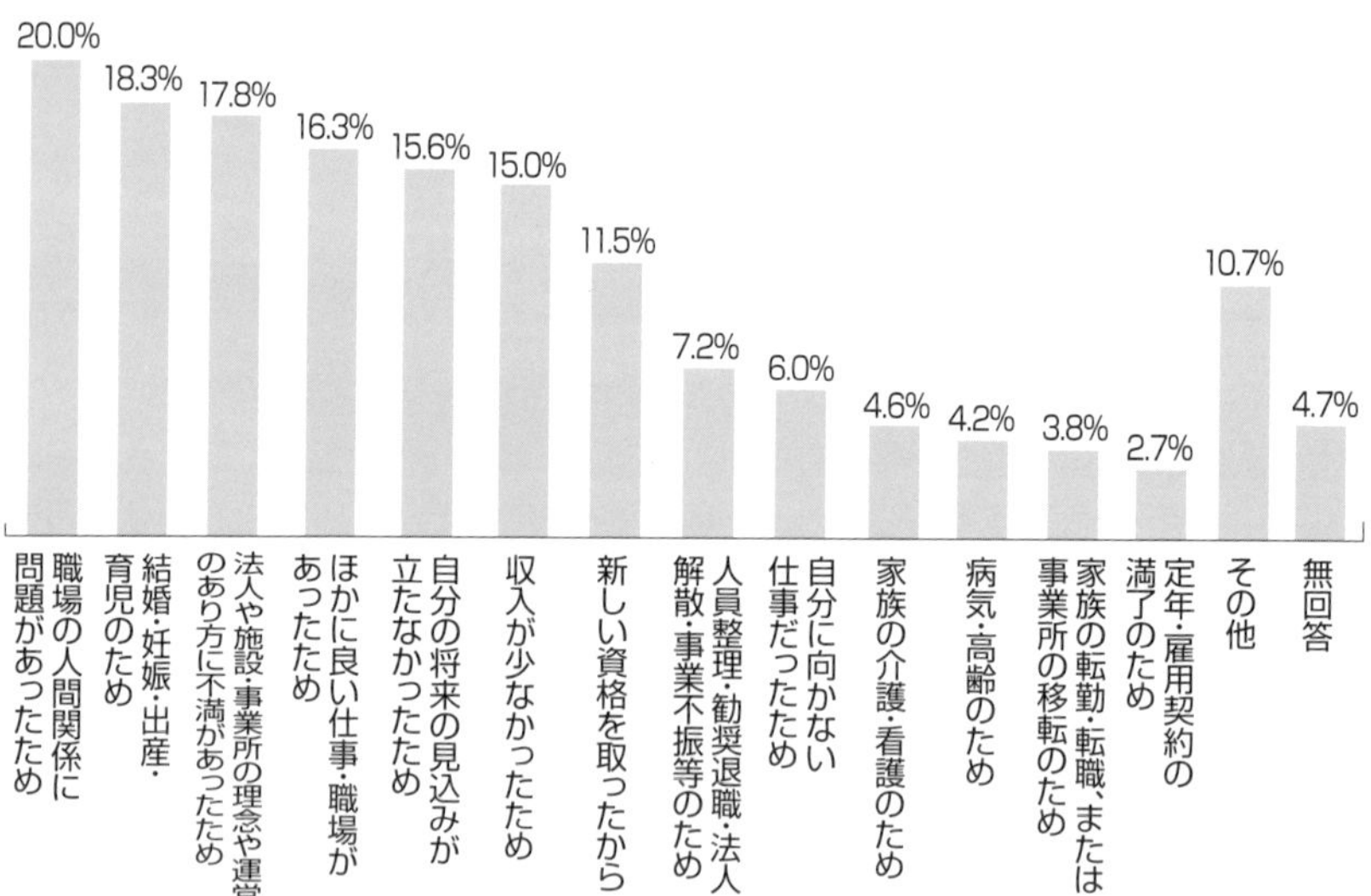

※前職の職種について「介護関係職種」と回答した人を対象に前職の離職の理由を調査。
（出典：（公財）介護労働安定センター「平成29年度介護労働実態調査」）

は、どの業種でも離職理由の上位ですが、狭い空間で、長時間一緒に働くことの多い介護事業所の場合、一層深刻です。狭い空間に加えて、職種と所属部署がひも付いているので人事異動もままならず、働く人間同士の感情的確執が固定化しやすいという問題があります。

先ほど、離職率も二極化しているという話をしましたが、離職率一〇％未満の施設・事業所では、サンクスカードなどを導入して、職場の人間関係を良好に保つ試みを取り入れているところが多い印象です。サンクスカードは、ご存じの人もいると思いますが、従業員同士で日頃助けてもらったことやありがたかったことを、各自が名刺大のカードに記入して、タイムカードが入っている場所などに入れておくというものです。

毎日会えない従業員同士や、コミュニケーション不全に陥っている従業員同士のコミュニケーションが、サンクスカードを通して円滑になり、風通しのよい職場の形成につながるといわれています。

三位に挙がっている「法人や施設・事業所の理念や運営のあり方に不満があったため」は、仕事の割り振りが不平等で特定の人間だけに業務負荷がかかっている、評価の基準があいまいで不公平感がある、などの労務管理上の問題です。利用者に対するサービス管理だけに偏って、従業員に対する労務管理がおろそかになっている事業所は、離職率が高い傾向にあります。

また、介護従事者の男女比は二：八ですが、女性が八割という従業員構成が、二位の「結婚・妊娠・出産・育児」による離職につながっています。一般産業の男女比は概ね八：二で、福祉介護業界の真逆の比率なので、結婚・妊娠・出産・育児が離職理由の上位に挙がることはありません。男性が、結婚や育児を理由に、いまの仕事を辞めるというのは極めてまれでしょう。これは、女性の比率が高い、福祉介護業界特有の要因といえます。

4

社会福祉法人の賃金実態

福祉介護従事者の賃金は低いというのが定説になっていますが、社会福祉法人の場合、初任給やモデル年収では一般企業と大差はありません。ここでは、特養などの介護保険事業、障害者入所支援施設、認可保育所など、福祉事業を幅広く展開している社会福祉法人の賃金実態調査を参考にみていきます。

社会福祉法人の初任給・賞与の実態

筆者は、岡山県社会福祉協議会に設置されている「社会福祉経営支援委員会」の委員を務めています。岡山県社会福祉協議会では、二〇〇七(平成一九)年度から五年おきに県内の社会福祉法人・施設の賃金実態調査を続けていますが、直近の二〇一七(平成二九)年度賃金実態調査結果を一部抜粋しながら、果たして本当に給料が安いのか、その実態をみていきたいと思います。

岡山県内には六九五の社会福祉施設がありますが、二〇一七年度調査の有効回答数は四一〇件(五九%)、その内訳は高齢施設一五八件、障害者施設一一三件、児童施設一三九件でした。

まず初任給をみていきますが、初任給とは、新規学卒者の基本給に加えて月例で決まって支給される諸手当を含めた金額です。通勤手当は含みません。当然、実績が確定できない残業手当なども対象外です。

全国平均の会社員(サラリーマン)の初任給と見比べてみていかがでしょうか。特養の介護職ということなので、夜勤手当が月四回程度加算されていますが、サラリーマンの全国平均と比較しても遜色ない金額です。短大、高卒では二万円以上も高い結果です。自社の初任給が、この特養介護職の平均額と比べて見劣りしないのであれば、新卒の労働市場でも十分な競争力があるといえるのではないでしょうか。

また、本調査結果では、賞与の支給月数は平均三・九ヵ月でした。併せて、年間平均二七万九〇〇〇円の処遇改善加算手当が支給されています。

最近では、一般の中小零細企業ではボーナスを支給しないというところも増えてきています。一方、社会福祉法人・施設の賞与は、経営状況に関係なく、ほぼ固定で、決まった支給月数が支給されます。サラリーマンの全国平均の初任給と比べて高い水準であることと、賞与の支給月数および処遇改善加算手当の金額を勘案しますと、ハローワークを含めた労働市場に十分訴える力があるのではないかと思われます。

初任給の比較（図表 8）

	大学卒	短大・専門卒	高卒
全産業全国平均の会社員(※1)	203,400円	176,900円	161,300円
岡山県内特養の介護職(※2)	203,520円	196,950円	189,900円

※1出所：厚生労働省「平成28年賃金構造基礎統計調査」
※2出所：岡山県社会福祉協議会「平成29年度賃金実態調査結果」

年収比較（モデル賃金）（図表 9）

対象年齢	岡山県内特養の介護職平均 短大・専門卒(※1)	対象年齢(※2)	岡山県内全産業平均(※2)
20歳	3,127,135円	20～24歳	2,743,400円
25歳	3,536,399円	25～29歳	3,278,200円
30歳	3,927,725円	30～34歳	3,831,400円
35歳	4,252,077円	35～39歳	4,108,100円
40歳	4,485,157円	40～44歳	4,538,300円
45歳	4,704,971円	45～49歳	4,715,200円
50歳	4,847,812円	50～54歳	5,133,200円
55歳	4,987,389円	55～59歳	4,850,000円
60歳	5,082,137円	60～64歳	3,649,500円
平均額	4,327,867円		4,137,200円

※1出所：社会福祉法人岡山県社会福祉協議会「平成29年度賃金実態調査」
※2出所：厚生労働省「平成28年賃金構造基礎統計調査」

勤続年数の短さ、中途採用の多さが影響

次に年収です。図表9は、岡山県内特養の短大・専門卒の介護職の年齢別モデル年収と、岡山県内全産業の平均年収を比較したものです。全産業平均が明らかに上回っているのは五〇〜五四歳だけです。平均額も含めて、ほかの年齢層では、すべて特養介護職が上回っています。

ちなみに二〇一七(平成二九)年度の全国調査では、給与所得者の男女合わせた正社員の平均年収は四三二・二万円です(図表10参照)。新聞紙上で見かけるサラリーマンの平均年収四四〇万円という数字をほぼ裏付ける結果です。この国税庁のデータと比較しても、四三二万七〇〇〇円という短大・専門卒の介護職の平均モデル年収は、遜色のない金額といえます。

しかし、ここに盲点があります。特養介護職のこの数字は、あくまでもモデル賃金ということです。一方で岡山県内の全産業平均は、実体の真水の年収です。自施設に中途採用された方の年収を、このモデル賃金と比べてみてください。仮に四〇歳で中途採用されたとしたら、おそらくこのモデル賃金にはほど遠いのではないでしょうか。なぜ、モデル賃金と実態とは違うのでしょうか。モデル賃金というのは、新卒で入ってきた学卒者が、初任給から積み上げていき、換言すると勤続を重ねることで、何十年かかけてその金額(年収)に到達するというものです。

ですから、ここでいう四〇歳のモデル賃金とは、短大新卒で入社して、二〇年間かけて積み上げた年収なのです。介護職の給料が安いという実態には、中途採用が多い、勤続年数が短いという決定的な要因が存在するのです。なぜなら、新卒の初任給は全国平均の会社員と比較しても遜色がないからです。新卒者を採用して、その人たちが定着して勤続してくれれば、県内全産業平均と比較しても遜色ない、かえって多いくらいの年収が出せるようなモデル賃金表になっているわけです。

しかし実際には、中途採用者は実年齢より低い年齢のモデル賃金から始まり、勤続年数も伸びていかないため、この新卒積み上げのモデル賃金とは大きなギャップとなって表れてしまいます。

これは岡山県の事例ですが、経験上、全国的にも同

じ状況です。この調査での特養の平均勤続年数は六・八年でした。一方で、岡山県内全産業平均の勤続年数が一一・九年でしたので、その約半分の長さです。

こうしてみてきますと、福祉介護業界の給与が安いといわれるようになった大きな要因は、勤続年数が短いこと、特に中途入職者が多いことだといえます。他産業と比べても高い初任給にもかかわらず、右のような理由からそれが実際の賃金として積み上がっていかないというのが、本当のところではないでしょうか。

1年を通じて勤務した人の1人当たりの平均給与（図表10）

区分（年）	（千円）	伸び率（%）	うち正規		うち非正規		平均年齢（歳）	平均勤続年数（年）
			（千円）	伸び率（%）	（千円）	伸び率（%）		
2007	4,372	0.5					44.1	11.6
2008	4,296	1.7					44.4	11.5
2009	4,059	5.5					44.4	11.4
2010	4,120	1.5					44.7	11.6
2011	4,090	0.7					44.7	11.6
2012	4,080	0.2	4,676	–	1,680	–	44.9	11.9
2013	4,136	1.4	4,730	1.2	1,678	0.1	45.2	11.8
2014	4,150	0.3	4,777	1.0	1,697	1.1	45.5	12.0
2015・男	5,205	1.2	5,385	1.2	2,258	1.7	45.4	13.3
2015・女	2,760	1.4	3,672	2.2	1,472	0.2	45.8	9.8
2015・計	4,204	1.3	4,849	1.5	1,705	0.5	45.6	11.9
2016・男	5,211	0.1	5,397	0.2	2,278	0.9	45.9	13.5
2016・女	2,797	1.3	3,733	1.7	1,481	0.6	46.1	9.9
2016・計	4,216	0.3	4,869	0.4	1,721	0.9	46.0	12.0
2017・男	5,315	2.0	5,475	1.4	2,294	0.7	45.9	13.5
2017・女	2,870	2.6	3,766	0.9	1,508	1.8	46.2	10.1
2017・計	4,322	2.5	4,937	1.4	1,751	1.7	46.0	12.1

（参考：国税庁「平成29年分民間給与実態統計調査結果」）

5 処遇改善加算の功罪

処遇改善加算は、福祉介護職の賃金の底上げには貢献していますが、一方で、経営上のリスクにもなっています。

九割以上の事業者が受給

処遇改善加算＊とは、福祉介護職員の賃金が低いことや勤続年数が短いという実態に鑑みて、福祉介護職（保育含む）の賃金を底上げする目的で、二〇〇九（平成二一）年度に処遇改善交付金という名目で導入され、それを引き継ぐ形で二〇一二（平成二四）年度に報酬化されたものです。

キャリアパス要件を満たす対象事業所に対して、介護報酬や障害福祉サービス報酬、保育所運営費に加えて、加算という形で毎月支給されます。現在では、九割以上の介護サービス事業所が、この処遇改善加算を受給しています。

対象が限定されている点がネックに

このように、用途が限定されませんので、比較的使いやすい加算ですが、一つ大きな問題をはらんでいま

対象者は基本的に、介護職員、障害福祉サービスの支援員、保育士に限定されています。この加算は、介護職員、障害福祉サービスの支援員、保育士の賃金に全額使うことが義務化されていますが、どのように賃金に反映させるかは、法人の裁量にほぼ任せられています。昇給の原資として利用してもよいですし、賞与の一部に充てることもできます。

また、管理職手当をアップさせるために使うこともできます。さらには、年度末に、対象となる職種に一律分配しても構いません。

＊**処遇改善加算**　2019年（令和元）10月の消費税増税分を原資として、特定処遇改善加算という特例が設けられた。これは、従来の処遇改善加算に、さらに一定割合を加算するというもの。サラリーマンの平均年収440万円に近付けるという目的で、勤続10年の介護職員の年収を440万円まで引き上げるという考え方が示された。

す。それは、介護職員のみ、支援員のみ、保育士のみと対象が限定されていることです。これが、経営上、大きな足かせとなっています。なぜなら、福祉介護事業所は、介護職や支援員、保育士だけで運営されているわけではありません。ケアマネジャーもいますし、看護師も配置しています。事務員もいれば施設長、保育園長もいます。

毎月二～三万円のお金が、介護職や支援員、保育士には上乗せされ、一方、ケアマネジャーや看護師等の他職種には上乗せされません。他の職種にとっては、不公平な政策と映ってしまいます。実際、処遇改善手当が支給されないので、ケアマネジャーが介護職に職種転換してくれと訴えるケースを至るところで耳にします。そこで多くの事業所では、持ち出し覚悟で、いくばくかのお金を他職種にも上乗せせざるを得ないこととなり、結果として人件費率の過度の上昇を招いているのです。

「平成二九年度介護事業経営実態調査結果」をみますと、特養の全国平均の収支差率は一・六％でした。その三年前の平成二六年度調査では全国

介護職員の勤続年数（図表11）

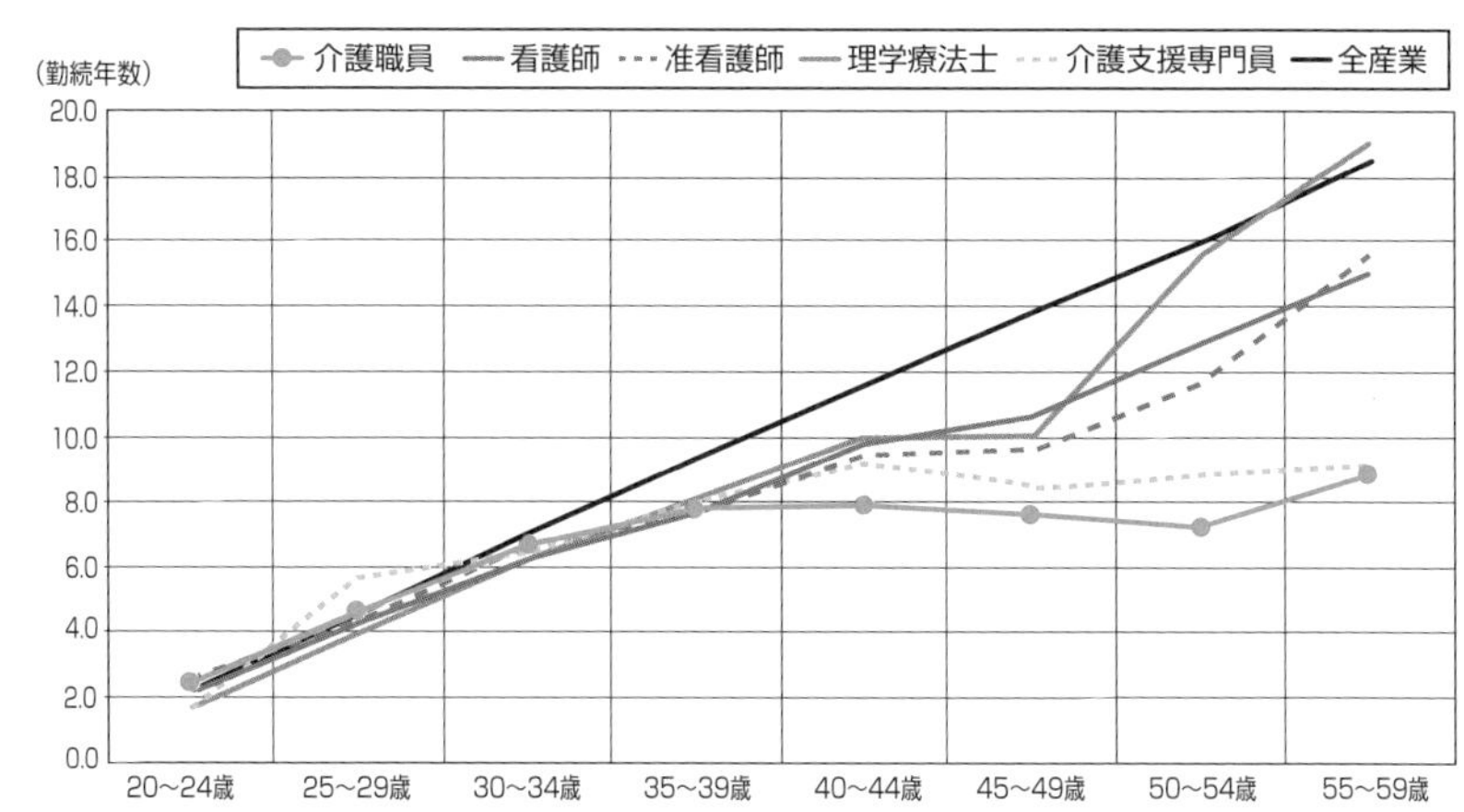

※「短時間労働者」を除く。短時間労働者とは、１日の所定労働時間が一般の労働者よりも短い者、または１日の所定労働時間が一般の労働者と同じでも１週の所定労働日数が一般の労働者よりも少ない者をいう。
※介護職員は「ホームヘルパー」と「福祉施設介護員」の加重平均。
※全産業は「100人以上規模企業における役職者」を除いて算出。なお、職種別には役職者は含まれていない。
（出典：厚生労働省「平成30年賃金構造基本統計調査」に基づき老健局老人保健課において作成）

平均八・七%もあった収支差率が、なんと七・一%も低下しました。二六年度調査での人件費率五七・六%に対し、二九年度は六四・六%と、ちょうど七%増加しています。平成二七年度の特養の報酬改定はプラス改定であったにもかかわらず、この結果です。

特養では、介護職以外の他職種も決して少ない人数ではありません。法人からの持ち出しの結果が、人件費率七%増の一つの要因と考えられます。介護職員は喜んでくれているので、決して悪い政策ではありませんが、それによって事業所自体が赤字に陥ってしまっては、本末転倒ということにもなりかねません。このように制度ビジネスは、何の疑問も抱かず素直に制度に従っていると、思わぬ落とし穴にはまることがあります。

処遇改善加算全体のイメージ（図表12）

<特定処遇改善加算の取得要件>
処遇改善加算（Ⅰ）から（Ⅲ）までを取得していること
処遇改善加算の職場環境等要件に関し、複数の取組を行っていること
処遇改善加算に基づく取組について、ホームページへの掲載等を通じた見える化を行っていること
<サービス種類内の加算率>
サービス提供体制強化加算（最も高い区分）等の取得状況を加味して、加算率を2段階に設定

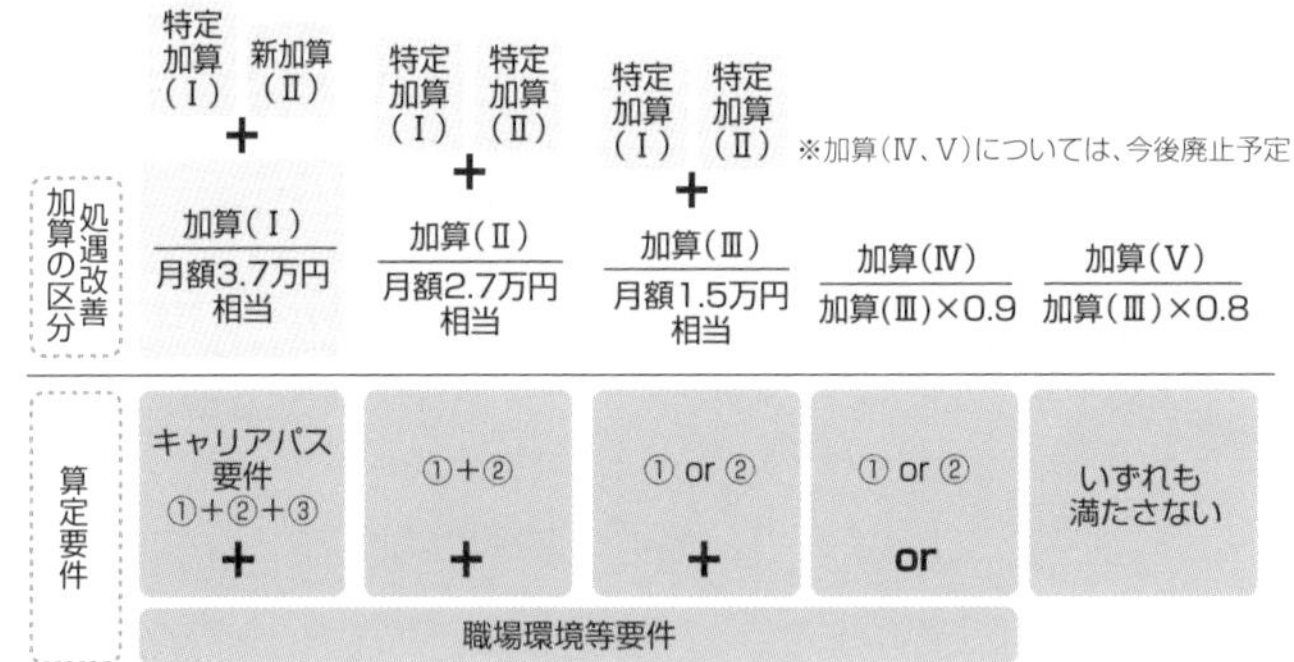

※就業規則等の明確な書面での整備・すべての介護職員への周知を含む。

<キャリアパス要件>
①職位・職責・職務内容等に応じた任用要件と賃金体系を整備すること
②資質向上のための計画を策定して研修の実施または研修の機会を確保すること
③経験もしくは資格等に応じて昇給する仕組みまたは一定の基準に基づき定期に昇給を判定する仕組みを設けること
<職場環境等要件>
○賃金改善を除く、職場環境等の改善

（参考：厚労省介護給付費分科会資料）

職種と資格①　施設長

施設長は、福祉介護施設の現場の経営責任者です。ここでは、施設長の資格要件とその役割・責任について解説します。

就任には資格要件がある

施設長とは、第一種社会福祉事業の社会福祉施設の長を指します。特養、養護老人ホーム、軽費老人ホーム、障害者支援施設、児童養護施設等の経営（運営）責任者です。園長や苑長などの呼称を使っているケースもありますが、これらも同じく施設長を意味しています。

社会福祉施設長に就任するためには、資格要件があります。資格要件とは、国家資格を持っている必要はなく、決められた要件を満たせば就任できるというものです。社会福祉主事任用資格があるか、もしくは、社会福祉事業や社会福祉施設での従事経験が二年以上あることが要件となっています。この二つのいずれにも該当しない場合は、全国社会福祉協議会中央福祉学院が主催する社会福祉施設長資格認定講習を受講しなければなりません。

ただし、このような資格要件は、社会福祉施設を認可する都道府県の解釈によっても違いがあります。いわゆるローカルルールです。

筆者もかつて、社会福祉施設長に就任する際、すでに社会福祉施設での従事経験が二年以上ありましたが、主に事務職での経験ということで、県の判断によ

用語解説

＊**経営責任者と運営責任者**　社会福祉施設には、純粋な民間施設と市区町村が運営する公的施設がある。ここでは、民間の施設長は経営責任者、市区町村立あるいは児童養護施設などの措置施設の施設長は運営責任者、として区分している。

社会福祉施設長資格認定講習課程（図表 13）

学期	科目	主な内容
第1学期	社会福祉概論	現代社会の特徴と傾向、社会福祉制度の発展と課題、社会福祉の理念と政策、社会福祉の法体系、福祉行財政と福祉計画、福祉サービスの組織と経営、福祉サービスの特質と理念 等
	心理学	人の心理学的理解、人の成長・発達と心理、日常生活と心の健康、心理的支援の方法と実際 等
	医学一般	人体の構造と機能、一般臨床医学の概要、疾病と障害の概要、公衆衛生の動向と対策 等
	人事・労務管理論	人事管理の重要性、リーダーシップ、施設の長としての心構え、労働法・労基法、労働契約、ワーク・ライフ・バランス、集団労働関係と法 等
第2学期	社会福祉援助技術論	相談援助の基本概念と発展過程、相談援助の基盤と専門職、ソーシャルワークの展開過程、ソーシャルワークの実施、ソーシャルワークの評価、ソーシャルワークを支える要素、就労支援サービス 等
	介護概論	介護の目的、機能および介護の展開方法、介護と家政、看護・医療との関係、関連専門職との連携 等
	社会福祉施設経営管理論	社会福祉施設の体系と制度の概要、サービス管理業務の実際、組織の構成と組織運営の実際 等
	財務管理論	社会福祉法人の会計、社会福祉法人における資金の調達と運用、内部統制、予算管理、財務分析、情報開示 等
第3学期	老人福祉論	高齢者福祉の発展過程、高齢者ケア・介護の実際、高齢者福祉関係の法制度 等
	公的扶助論	現代社会における貧困問題の現状と課題、公的扶助の理念と役割、生活保護制度をはじめとする制度の概要、公的扶助における相談援助活動 等
	地域福祉論	地域福祉の基本的考え方、地域福祉の推進方法、地域福祉に係る組織や団体および専門職ならびに地域住民 等
	社会保障論	現代社会における社会保障制度の体系と概要および課題、年金保険・医療保険・社会福祉制度等の概要 等
第4学期	児童家庭福祉論	児童家庭福祉の理念と意義、児童家庭福祉制度の発展過程、児童家庭福祉に係る法制度、援助の実際 等
	障害者福祉論	障害者福祉の基本理念、障害者福祉制度の発展過程、障害の概念、障害者総合支援法および関連法制度、支援サービス提供の実際 等
	法学	法の役割と理解、相談援助活動と法、成年後見制度、権利擁護活動の実際、更生保護制度 等
	社会学	現代社会の理論、人と社会の関係、社会問題、社会調査の基礎 等

（参考：全国社会福祉協議会 中央福祉学院資料）

り、社会福祉施設長資格認定講習を受講することになりました。施設長の仕事をしながら、一年間の通信教育と連続五日間のスクーリングは、結構ハードだった記憶がありますが、社会福祉の基礎理論を学ぶには、よい機会となりました。

この社会福祉施設長資格認定講習は誰でも受講できるわけではなく、社会福祉施設長に五年以内に就任予定の者で、対象となる社会福祉施設で現在働いている者のみが対象となっています。ですから、異業種で働いている方が、将来の転職などに備えて、あらかじめ施設長資格を取っておくといったことはできません。

施設によって配置義務の有無は異なる

なお、介護保険法の介護老人福祉施設と介護老人保健施設の人員基準には、施設長の配置義務はありません。しかし、老人福祉法上の特養には、施設長の必置義務があります。

一方で、介護老人保健施設は、老人福祉法が根拠法ではありませんので、法的には施設長は存在しません。老健で施設長という職名を聞くことがありますが、これは医師で管理者を意味します。また、障害者総合支援法の障害者入所支援施設には、施設長の配置が明記されています。ただし、兼務も認められています。

このように、法的にみれば施設長という職名には厳密な定義が存在しますが、実際には呼称として幅広く使われています。サ高住の長、デイサービスの長、放課後等デイサービスの管理者を施設長と呼んでいるケースも散見されます。

社会福祉施設長資格認定講習のカリキュラムは、社会福祉概論に始まって社会学まで一六科目あります。冒頭で、施設長は経営責任者だと書きましたが、カリキュラムの中の経営に関する科目は、人事・労務管理論、社会福祉施設経営管理論と財務管理論の三科目だけです。しかも初歩的な理論ですので、福祉にも経営が必要とされるようになった昨今、施設長は、実務を通して幅広く経営を学び続ける必要があります。

7 職種と資格② 管理者

福祉業界の管理者とは、デイサービスやグループホーム、障害者の生活介護事業所などの比較的小規模な事業所の管理責任者を指します。ここでは、管理者の資格要件とその役割・責任を解説します。

福祉業界における管理者とは

福祉業界でいう管理者とは、基本的には、第一種社会福祉事業の社会福祉施設長以外の管理責任者を指していると考えて差し支えないでしょう。センター長や所長といった呼称が使われる場合もあります。施設長と違い、管理者には特段の資格要件はありません。ただし、デイサービス(通所介護)などで生活相談員を兼務する場合は、図表14にあるとおり、社会福祉主事、介護福祉士、介護支援専門員、あるいは「介護保険施設または通所系サービス事業所において、常勤で二年以上(勤務日数三六〇日以上)介護等の業務に従事した者(直接処遇職員に限る)」のいずれかの要件が必要です。

稼働率・利益率・離職率に責任を持つ立場

管理者が専任の場合、管理者自体には資格要件はありませんので、異業種から転職していきなり管理者、というケースもあります。また、オーナー経営者が管理者を兼ねているケースも見受けられます。デイサービスがどんどん増えていた五〜六年前までは、デイサービスの施設長(管理者)候補という求人募集がたくさんありました。年収四五〇万円、未経験者歓迎といった求人チラシだったと記憶しています。デイサービスやグループホーム等の管理者には資格要件がありませんので、異業種からの就任は容易です。

ただし、このように外から管理者を募集するケースは、利用者開拓の営業回り、営業要員の募集と考えて

通所介護の指定基準（図表 14-1）

～通所介護の指定基準等について～

1　**業務内容**

通所介護とは、居宅要介護者について、老人福祉法第５条の２第３項の厚生労働省令で定める施設又は同法第20条の２の２に規定する老人デイサービスセンターに通わせ、当該施設において入浴、排せつ、食事等の介護その他の日常生活上の世話であって厚生労働省で定めるもの及び機能訓練を行うこと（認知症対応型通所介護に該当するものを除く。）をいいます（法第８条第７項）。

2　**通所介護の指定**

通所介護事業については、現在、法律に基づく事業規制はなく、厚生労働省令で人員及び運営に関する基準が定められています。介護保険制度のもとで通所介護事業を行う場合は、この指定基準を満たしていることが必要です。

3　**通所介護指定基準**

【人員基準】

●**管理者**

管理者は、常勤であり、原則として専ら当該通所介護事業に従事する者でなければなりません。ただし、以下の場合であって、管理業務に支障がないと認められるときには、他の職務を兼ねることができます。

①当該通所介護事業の従業者としての職務に従事する場合
②当該通所介護事業所と同一敷地内にある他の事業所、施設等の職務に従事する場合

●**生活相談員**

単位ごとに、提供時間帯を通じて、専ら当該指定通所介護の提供に当たる生活相談員を１以上配置しなければなりません。なお、生活相談員の資格要件は、次の①～④のいずれかに該当するものです。

①社会福祉主事（社会福祉法第19条第１項各号のいずれかに該当する者）
②介護福祉士
③介護支援専門員
④介護保険施設又は通所系サービス事業所において、常勤で２年以上（勤務日数360日以上）介護等の業務に従事した者（直接処遇職員に限る）

●**看護職員、介護職員**

＜事業所の利用定員が１１人以上の場合＞

（1）看護職員

単位ごとに、サービス提供日ごとに、専ら提供に当たる看護職員を１以上配置。

おいたほうがよいでしょう。

管理者の役割は、第5章で詳しく述べたとおりですが、稼働率と利益率、そして離職率に責任を持つ立場といえます。

通所介護の指定基準（図表 14-2）

（2）介護職員

単位ごとに、提供時間帯を通じて、専ら提供にあたる介護職員を利用者数に応じて次のとおり配置。

利用者	必要介護職員数	利用者	必要介護職員数
～15人	1人以上	26～30人	4人以上
16～20人	2人以上	31～35人	5人以上
21～25人	3人以上	36～40人	6人以上

（以降、利用者が5又はその端数を増すごとに介護職員を1加える）

<事業所の利用定員が10人以下の場合>

看護職員又は介護職員

単位ごとに、提供時間帯を通じて、専ら提供に当たる看護職員又は介護職員を1以上配置。

● **機能訓練指導員**

機能訓練指導員を1以上配置。

（神奈川県横須賀市ホームページより）

職種と資格③ 生活相談員

生活相談員とは、どのような職種でしょうか。ここでは、生活相談員の資格要件とその仕事内容をみていきます。

資格要件は事業種別により異なる

生活相談員とは、特養、老健、デイサービス、ショートステイなどの事業所では配置が義務付けられている職種です。生活相談員の資格要件は、前節の図表14にも出ていますが、これはあくまでもデイサービスの生活相談員の資格要件であって、特養の生活相談員や老健の生活支援員の場合は、原則、社会福祉士、精神保健福祉士、社会福祉主事任用資格のいずれかが必要になります。

デイサービスの生活相談員の場合は、県によっては実務経験のみで、福祉介護系の資格はいらないところもありますが、生活相談員になるためには、少なくとも**社会福祉主事任用資格**は持っていたほうが安心でしょう。

社会福祉主事任用資格の取得ルートは五つあります。一つ目は、大学の社会学部などで社会福祉に関する科目を三科目以上履修して卒業するケース。二つ目は、全国社会福祉協議会中央福祉学院での一年間の通信教育で合格して取得するケース。三つ目は、指定養成機関で二二科目一五〇〇時間の授業を受講して取得するケース。四つ目は、都道府県が主催する講習会で一九科目二七九時間の授業を受講して取得するケース。五つ目は、社会福祉士、精神保健福祉士の資格を取得すると自動的に付与されるケースです。

利用者や家族への相談援助業務が中心

生活相談員の仕事内容についてみてみましょう。一般的には、利用者および家族に対する相談援助業務が中心になります。デイサービスの生活相談員の場合は通所利用計画書を作成しますが、特養、老健等には施設ケアマネジャーが配置されていますので、利用計画書のようなケアプランの作成は行いません。

介護保険制度で施設ケアマネが必置となった特養や老健では、生活相談員の仕事の範囲があいまいになってしまいました。ケアプランの作成は施設ケアマネの業務ですが、ケアプランの作成過程で相談にも応じますので、生活相談員の相談業務が減ったという実態があります。その結果、利用者確保のための営業活動を行っている生活相談員も少なくありません。

このように、他機関への営業活動なども行うことがあるので、社会福祉に関する知識だけでなく、人間力や幅広いコミュニケーション能力が必要とされます。また、特養などでは、生活相談員が施設長に次ぐポストとして、課長職に登用されている場合も少なくありません。

社会福祉主事任用資格の取得方法（図表15）

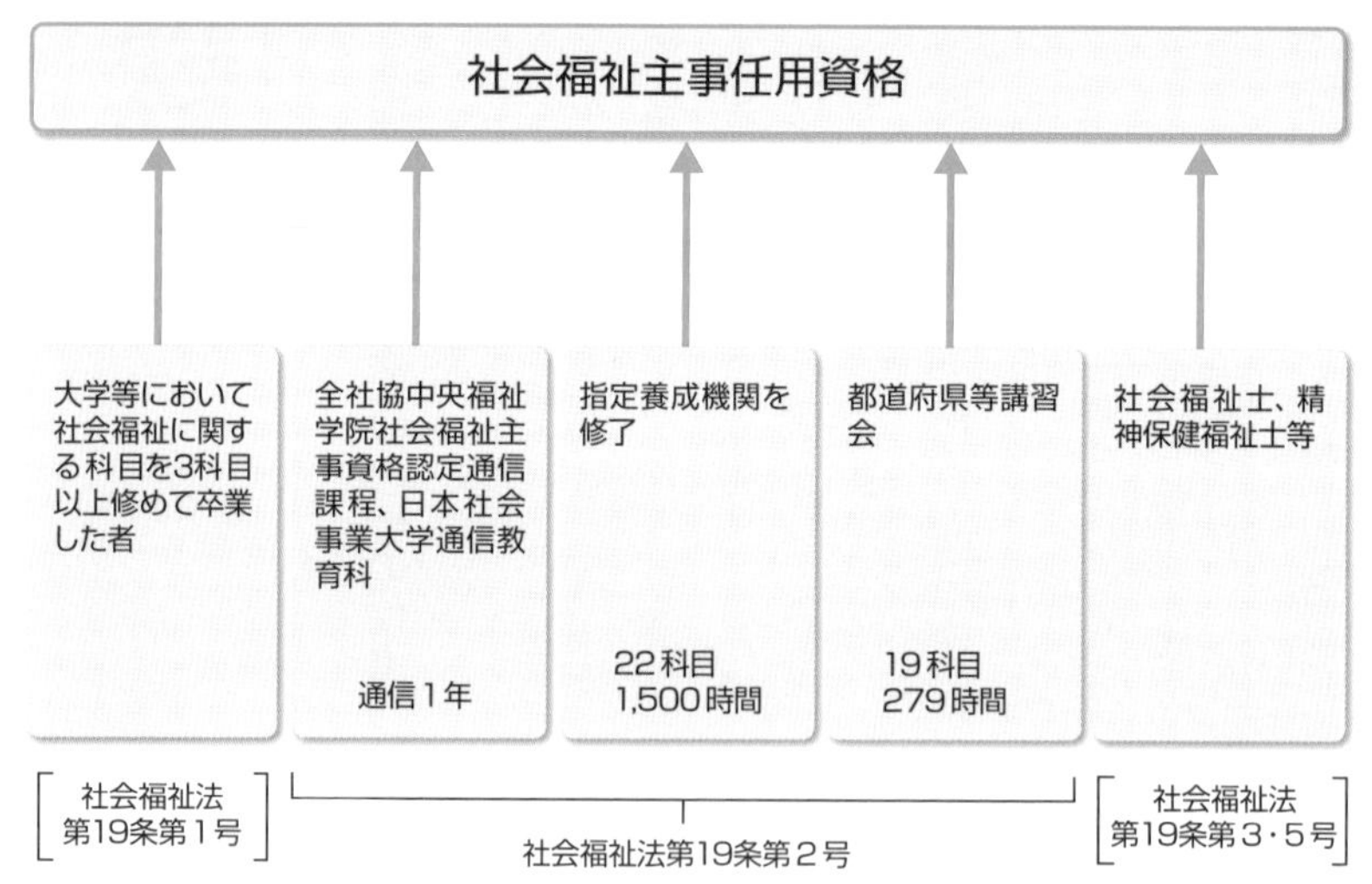

（参考：厚生労働省資料）

9 職種と資格④　介護職員

介護職員とは、高齢者の介護を行う職員のことをいいます。ここでは、介護職員の資格要件と仕事内容について述べます。

介護職員の就職先は幅広い

介護職員とは、第一種社会福祉事業の養護老人ホーム、軽費老人ホーム、および介護保険事業である介護老人福祉施設（特養）、介護老人保健施設（老健）や介護療養型医療施設（療養病床）といった介護施設、加えて訪問系を除くほとんどすべての在宅サービスで、高齢者の介護に携わる職員のことを指します。

介護施設・事業所に配属されて、介護の仕事に従事することになりますが、介護事業を行っている経営体は、社会福祉法人、医療法人、株式会社、有限会社（合同会社）、一般社団法人、ＮＰＯ法人、生協、農協と幅広くあります。各経営体には、様々な特徴や違いがあります。就業規則一つをとっても違います。賞与の支給月数などもまちまちです。介護職として就職先を選ぶ場合は、どのような経営体がその介護施設・事業所を経営しているかも重要なポイントになります。単に施設や介護の資格を研究するだけでなく、そうした経営体についても研究しておくことで、選択肢や視野が広がります。

介護職員というと、すぐに**介護福祉士**という資格が頭に浮かびますが、介護職員には資格要件はありません。誰でもなれます。高校の新卒で入社（職）して、五年間の介護経験を経て、試験に合格して介護福祉士にな

介護福祉士資格の取得ルート（図表 16）

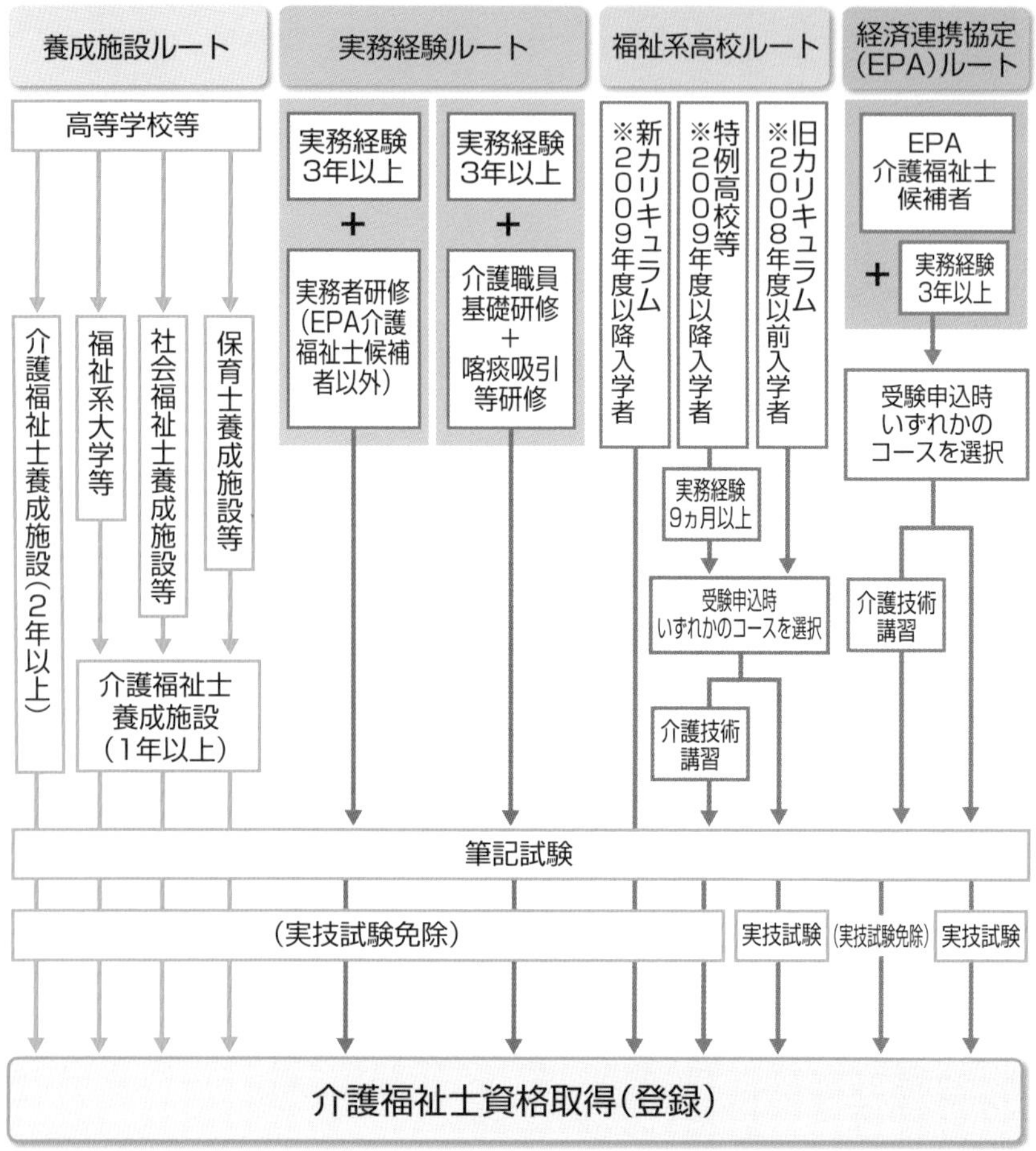

（参考：（公財）社会福祉振興・試験センター ホームページ）

る人もいます。介護福祉士資格を含めて、福祉介護系の資格は国家資格ないし知事免許ですが、**名称独占**＊といって、名乗ることのできる資格であり、その資格がないと業務に就けないわけではありません。

つまり、介護福祉士にしかできない業務が存在するわけではないのです。ここが、医師や看護師などとは違うところです。医師や看護師などの医療系資格は、**業務独占**＊といって、その資格がなければその仕事に従事できません。

介護職員の仕事内容

次に、介護職員の仕事内容をみていきます。一般的には、起床・着替えの介助に始まり、食事、おむつ交換、入浴介助といった業務が主となります。特養や老健、介護付き有料老人ホームなどの入所施設で働く場合、二四時間フルタイムの介護が必要ですので、夜勤が月四回程度回ってきます。

二交代制の夜勤体制の施設と、三交代制の夜勤体制をとっている施設がありますが、二交代制が多い実態です。二交代制の夜勤の場合、一六時頃から勤務が始まり、翌日九時か一〇時頃、退勤するイメージです。あとは、九時から一七時までの通常日勤と早出、遅番など、だいたい四～五パターンの勤務シフトで働くことになります。

三交代制の場合は、通常の日勤業務と夕方から深夜一二時までの准夜勤、深夜一二時頃から翌日朝までの深夜勤務の三つの勤務形態をとっています。

夜勤が嫌、日曜祭日は休みたいと希望する人が多いこともあって、特養等の入所施設よりデイサービスのような平日の日中だけの勤務を望む人が増えています。しかしながら、夜勤も悪いことばかりではありません。夜勤明けのその日は自由時間であり、その翌日もたいてい休日になります。平日二日の自由時間は貴重だということで、慣れてしまうと夜勤がそれほど苦にならない人もいます。

用語解説

＊**業務独占と名称独占**　業務独占資格の場合、無資格で業務を行うと懲役や罰金刑という処罰があるが、名称独占資格は、その名称を名乗った場合のみ、懲役や罰金刑を受けることになる。資格がないままでその業務を行ったとしても、罰則規定はない。この点が、業務独占資格と名称独占資格の大きな違いである。

10 職種と資格⑤ 支援員

支援員とは、主に障害福祉サービス事業所の利用者に対して生活サポートなどを行う職種をいいます。ここでは、支援員の資格要件とその仕事内容についてみていきます。

未経験者向けの求人も多い

支援員とは、障害福祉サービス事業所を利用している障害者に対して、入浴や排せつ、食事の介助等の生活サポート全般を担う職種です。具体的には、障害者入所支援施設、生活介護、就労継続支援A・B型事業所、グループホーム（共同生活援助）などに配属されて、障害者の生活支援全般に従事することになります。介護事業と同様、社会福祉法人、医療法人、株式会社、有限会社（合同会社）、一般社団法人、NPO法人、生協、農協などが経営していますので、就職・転職の際は、そうした経営体の研究も必要です。

支援員になるために必要な資格や免許、実務経験は一切ありません。通所系のサービスでは、未経験者歓迎の求人も多いので、就職・転職の際の間口は広いと思います。また、利用者の送迎等で車を運転するケースが多いため、普通自動車運転免許を持っていて、運転が得意な方は、現場で重宝されるといったこともあります。最近では、介護施設で介護に携わっていた方が、障害者施設へ転職してくるケースも見かけるようになりました。

持っていると有利な資格も

資格は必要ありませんが、実際には、社会福祉士や精神保健福祉士、介護福祉士、介護職員実務者研修修了、介護職員初任者研修修了などの資格を持っているほうが有利です。

障害者入所支援施設では、介護施設と比べて行動障害や重い知的障害を持った利用者も多いので、大学などで障害者に関する専門的知見を学んできた人たちを求める傾向があります。また学生のほうも、要介護高齢者というある意味変化の少ない利用者より、自分たちの関わり方次第では変化する可能性のある障害者を対象とした障害者施設を選択する傾向があります。そうした双方のニーズがマッチして、結果として、社会福祉士資格を持っている割合が介護施設より多い、という実態があります。

支援員の仕事内容は、介護職員と同様に、利用者の起床・着替えの介助に始まり、食事、入浴介助といった業務もありますが、障害者の成長を助けるリクリエーションや作業療法も行います。日中は、障害者と一緒になって課外活動などを行いますので、外へ出て活発に活動するのが好きな方には向いています。

また、障害者と一緒に買い物に行くことや、通院の付き添いなども日課になっていますので、施設外での活動も少なくありません。なお、入所支援施設やグループホームでは、特養などと同じ二四時間フルタイムのケアが必要ですから、夜勤も月四回程度回ってきます。

社会福祉士資格の取得ルート（図表 17）

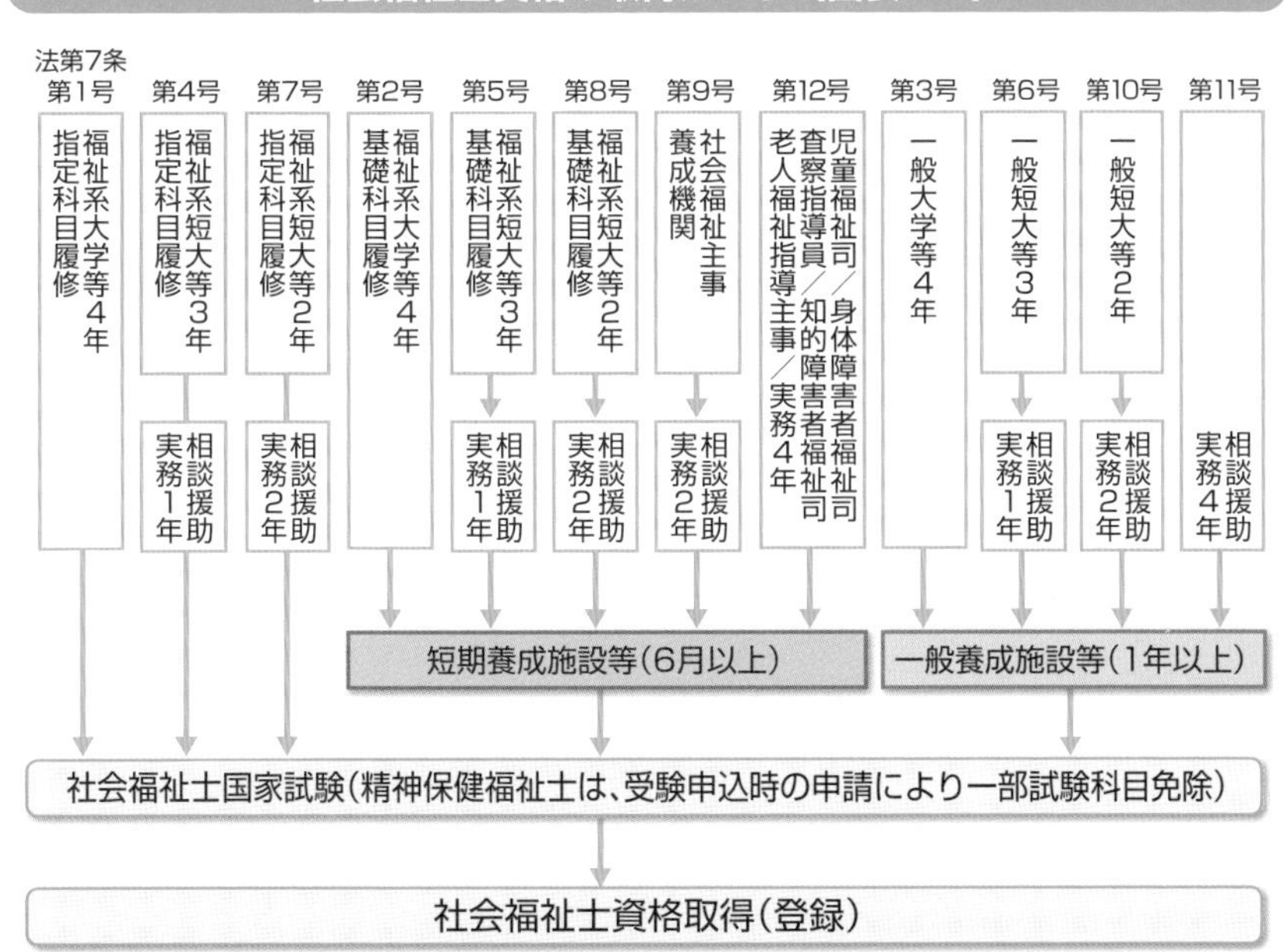

（参考：（公財）社会福祉振興・試験センター ホームページ）

11 職種と資格⑥ 事務員

福祉業界の事務員は、福祉介護施設や事業所で総務、経理、人事関連の事務作業を行っています。ここでは、業務の内容や資格の必要性などについてみていきます。

従業員や施設運営に関わる業務を行う

福祉業界の事務員とは、施設や事業所で運営管理業務に携わる職種です。介護職員や支援員は、利用者に直接サービスを提供する職種ですが、事務員は、利用者に直接関わることは少なく、従業員や施設運営に関わる業務が中心となります。

一般的には、施設や事業所に一～二名配置されていますが、大規模な法人企業になりますと、本部事務局（本社）があって、そこに一〇～二〇名前後の事務員が配置されていて、総務、経理、人事関連の事務作業を行っています。事務の仕事だけで捉えるのではなく、介護職と同様、社会福祉法人、医療法人、株式会社、有限会社（合同会社）など、どこが経営しているかという研究も必要です。

事務の仕事は、ある程度は固定化されていて、日次で行うこと、月次で行うこと、年次で行うこと、不定期に行うことの四つに分けることができます。まず、日次で行うことは、一〇万円前後の小口現金の管理、利用者の預かり金の管理、入出金の経理処理、外来訪問者の受付、電話対応、消耗品や備品の補充、タイムカードや出勤簿による残業時間の計算などがあります。

月次で行うことは、福祉介護事業所の場合、当月分の介護報酬や支援費報酬の国保連への請求、利用者の利用料（介護報酬の利用者自己負担分、利用者が利用した居室料や食事代等）の実費請求、保育所等の場合なら、役所に対する保育所運営費の請求書の作成、加えて、従業員の給与計算や給与振込、納入業者からの

事務員の主要業務事例（図表 18-1）

大区分	中区分	項目	日次	月次	年次	不定期
入退職	採用時	履歴書・誓約書・通勤届・住居届等の点検管理(新卒・中途)			○	○
		資格、免許証の点検管理(新卒・中途)			○	○
		厚生年金・雇用保険加入手続き(新卒・中途)			○	○
		パートの契約更新				○
		派遣契約の管理				○
		シルバー人材の契約管理				○
		給与格付け案作成(新卒・中途)			○	○
	退職時	厚生年金・雇用保険脱退手続き				○
		行政への届け出				○
		ハローワークへの求人募集(求人票の作成)、中途採用				○
勤務実績	勤怠管理	勤務表の作成		○		
		欠勤届、早退、遅刻届の点検管理	○			
		勤務変更願の点検管理	○			
		休暇願の点検管理	○			
		超過勤務届の点検管理	○			
		有給休暇処理簿の点検管理		○		
		旅費精算書の点検管理	○			
	給与計算	タイムカードの管理、諸届の確認		○		
		勤務実績(出欠勤、超勤、管理当直等)点検		○		
		有給休暇取得日数の点検管理		○		
		給与データの作成		○		
		給与の振込		○		
営繕	営繕・環境整備	車両の安全運転管理	○			
		公用車両の運行および管理	○			
		防災訓練の実施と管理				○
		各種設備機器の点検管理		○		
		保守点検記録等のチェック、管理		○		
利用者	利用者管理	利用契約書、同意書等の管理				○
		家族関係、保証人の確認				○
		預かり金等の管理	○			
		軽微な苦情および事故処理	○			
介護保険	介護保険関係	指定申請書作成				○
		運営規定の修正				○
		変更届の作成				○
		介護給付費算定に係る加算届				○
		監査対応			○	

※入退職は、新卒定期採用と中途採用があるため、年次と不定期に○が付く。

事務員の主要業務事例（図表 18-2）

大区分	中区分	項目	日次	月次	年次	不定期
会計経理	会計・経理	国保連、利用者への請求書の発行		○		
		同入金管理		○		
		業者請求書の明細チェック、支払		○		
		通帳残高確認	○			
		小口現金、商品券管理	○			
		月次試算表の作成		○		
		決算書の作成			○	
各種団体	法人・関係機関	理事会の対応				○
		県市区町村等の対応				○
		各種学校等の対応				○
		市民団体の対応				○
		地元住民、ボランティア、見学者の対応				○
		研修生、実習生の受け入れ				○
		アンケート調査への回答				○

（筆者作成）

請求書の点検と代金の振込、月次試算表の作成などがあり、毎月中旬からはこの作業で多忙になります。

年次で行う業務としては、決算書の作成や次年度予算案の作成、就業規則の改定、従業員の昇給案の作成などがあります。また、不定期の業務として、退職した人や新しく採用された人の厚生年金脱退・加入手続き、雇用保険関係の届け出処理、理事会資料の作成、役所など関係機関へ提出する書類の作成などがあります。

これらの業務を事務員一人でこなしているケースもあれば、二〜三人で分担して行っているケースもあります。本部事務局がある場合、全施設・事業所のこれらの業務を一括集中で行っているケースもみられます。

経営に関する知識や能力も必要

事務員になるために必要な資格や免許、実務経験は一切ありません。ただし、簿記二級などを採用要件にしているところもあります。仕事の内容から簿記・会計の知識やパソコン操作、行政文書の読解力などの技能が必要になります。

職種と資格⑦ 保育士

保育士とは、児童の保育および保護者への保育に関する指導を行う職種だと定義されています。ここでは、保育士の資格要件とその仕事内容について解説します。

数少ない業務独占資格

女子がなりたい職業の上位を、保育士と看護師が競っていた時代もありましたが、いまでは慢性的な人手不足の状態です。保育士とは、児童福祉法で「保育士の名称を用いて、専門的知識及び技術をもって、児童の保育及び児童の保護者に対する保育に関する指導を行うことを業とする者をいう」と定義されています。このように保育士は、福祉系資格の中では数少ない業務独占資格です。保育士資格がなければ保育士の仕事はできません。

保育士の就労先として一番多いのは「保育所」でしょう。保育所には認可保育所と認可外保育所がありますが、認可保育所はさらに、地方公共団体が運営する公立保育所と社会福祉法人が経営する私立保育所に分かれます。

加えて、乳児院、児童館、児童養護施設、母子生活支援施設などの児童福祉施設、近年では企業内保育所や商業施設内のキッズルームなどにも就業先が広がっています。また、保育士資格と幼稚園教諭免許の両方を持っている場合には、幼稚園と保育所を一体化した「認定こども園」でも就業が可能です。

保育士資格の取得方法は二つ

保育士資格を取得するルートは、大きく分けると二つになります（図表19参照）。一つ目は、厚労省指定の養成機関（大学・短大・専門学校等）を卒業して保育士資格を取得するルート。二つ目は、保育とは関係のない大学や短大を卒業した人、中卒・高卒の人たちが、受験資格を満たした上で、試験に合格して保育士資格を取得するルートです。

保育士試験は、毎年六〜七万人が受験する人気の資格ですが、合格率が約二割といわれる難関です。筆記試験で全科目六割以上の得点を目指すのは大変なことですので、養成機関を卒業して保育士資格を取得するケースが多い実態です。

ただし、合格した科目については、その年を含めて三年間の有効期間が認められていますので、働きながら三年かけて資格を取得する人たちもいます。

試験科目には筆記試験と実技試験があります。受験資格や試験科目については、一般社団法人全国保育士養成協議会のホームページに詳しく掲載されています。

保育士資格の取得方法（図表19）

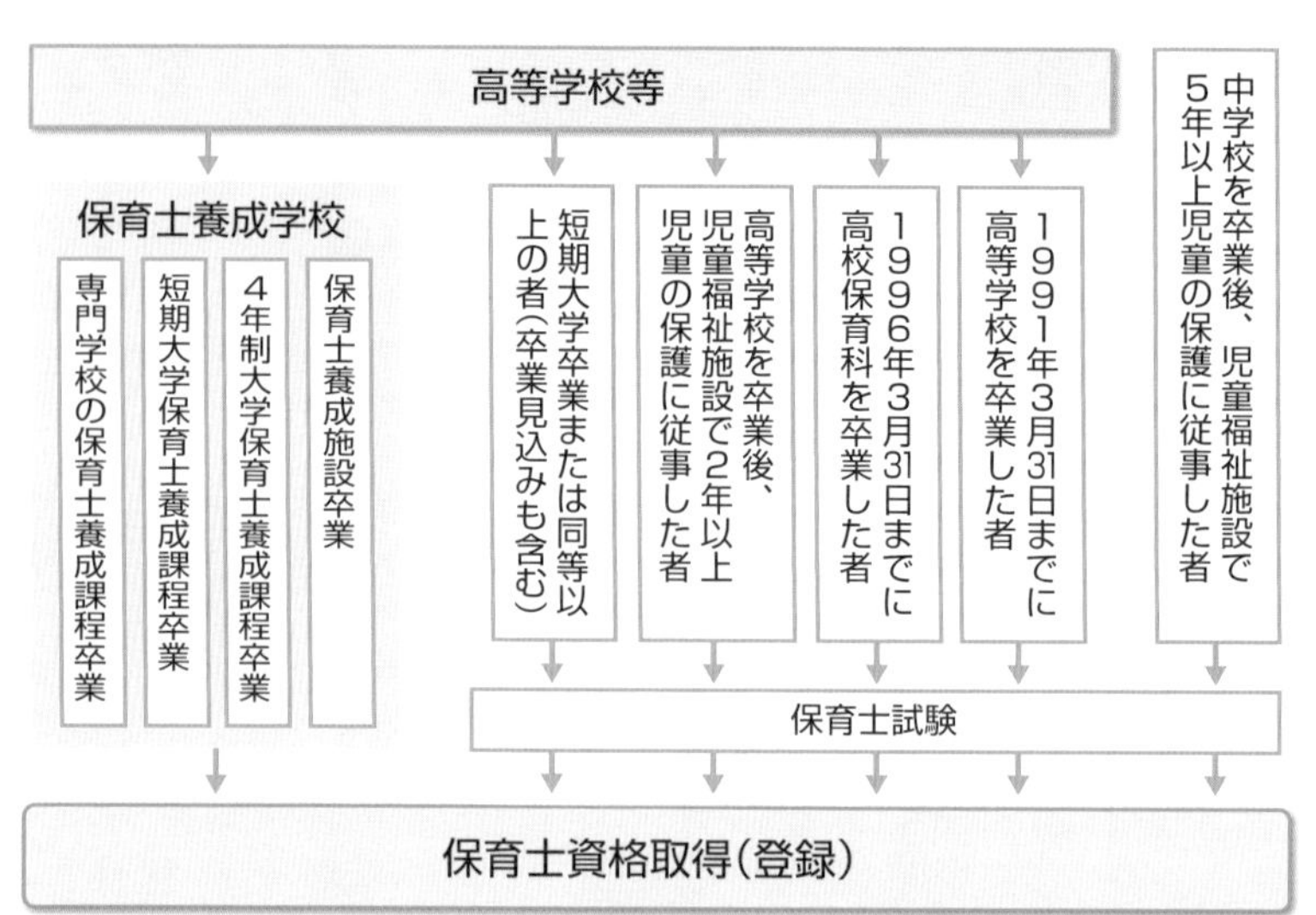

※すでに幼稚園教諭免許を保持する人には、実務経験の有無にかかわらず、2科目の筆記試験と実技試験の免除がある。また、免除科目以外の筆記試験科目についても指定保育士養成施設で当該の科目を履修することで受験が免除される。保育士の資格取得後、公立の場合は公務員試験、私立の場合は各施設の採用試験にそれぞれ合格して仕事に就く。

保育士は児童福祉法で定められた国家資格ですが、一方、幼稚園教諭は教育職員免許法による教員免許となります。

保育士の一般的な仕事内容は、朝七時頃から夜八時頃まで、〇～六歳の未就学児の面倒をみることです。食事や排せつなど身のまわりの世話をはじめ、年齢に応じて一緒に散歩や外遊び、お遊戯をしたり、読み聞かせなどをしたりします。一人ひとりの子どもが、その日どのように過ごしたか、体調の変化がなかったかなどを保護者への連絡ノートに記録し、迎えに来た保護者と面談したりして、保護者の育児の相談に乗ることも大事な仕事です。最近では、アレルギーの問題や交通事故、外部からの侵入者等、幅広い注意が必要になってきているようです。

当然ですが、子どもたちの社会性を育むため、一人ひとりの個性を尊重しながら教え導いていく育成能力も必要とされます。少子化による保育士不足に加えて、精神的にも体力的にもハードな仕事ということもあって、離職率も高い傾向です。

保育士試験合格者数の推移（図表20）

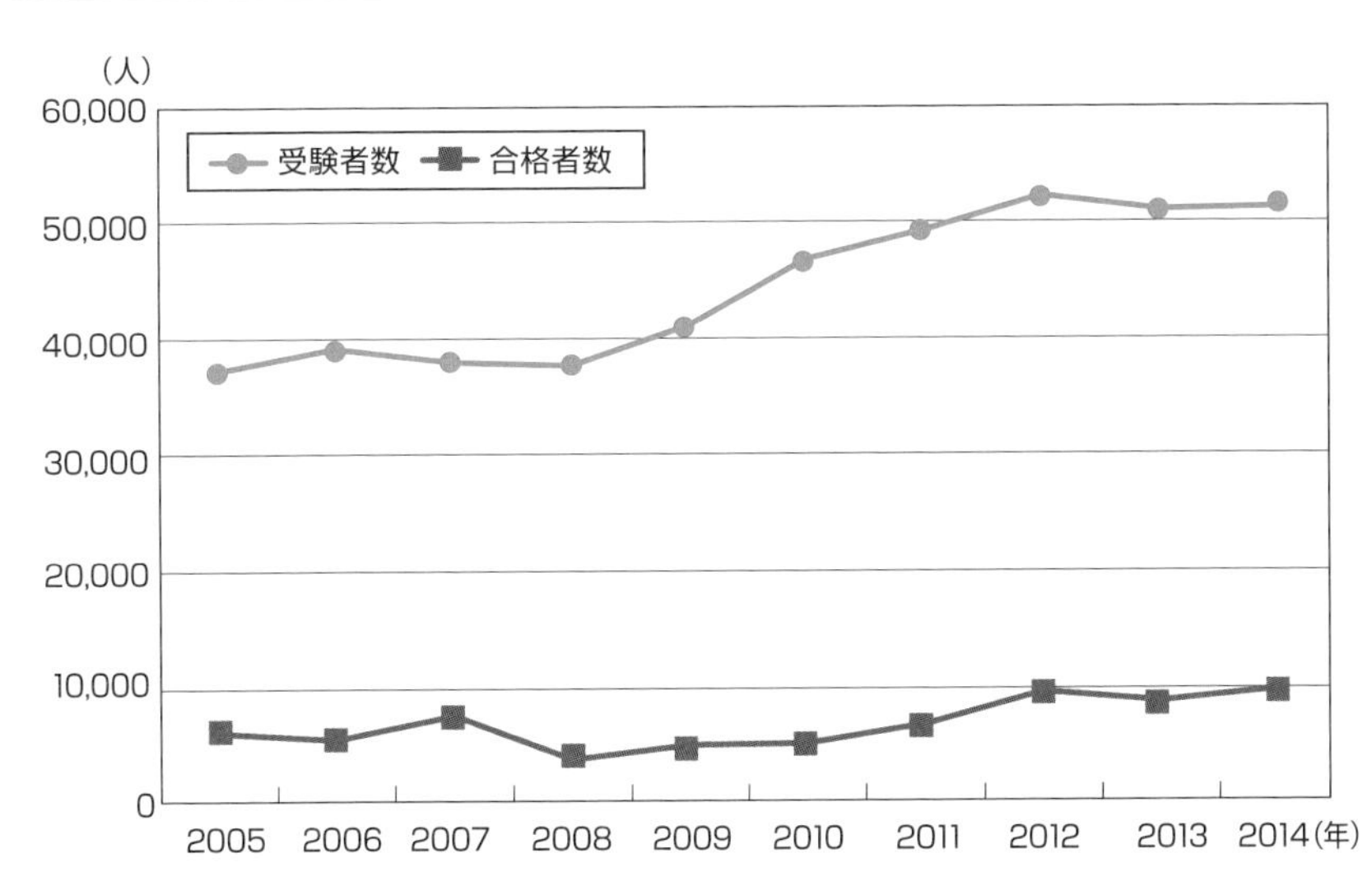

13 職種と資格⑧ 看護職員

看護職員とは、福祉介護施設などで医師のサポートや利用者の医療的ケアを行う職種です。ここでは、看護職員の資格要件とその仕事内容について解説します。

看護師と准看護師の二つがある

看護職員とは、看護師（正看）と**准看護師**（准看）の二つの資格者を合わせた厚生労働省の用語です。介護職員や障害者の支援員と同様、多くの福祉施設・事業所では、看護職員を必置か、あるいは兼務で配置することになっています。

正看は病院勤務者が多く、その数も限られていますので、正看だけで福祉介護施設・事業所の人員基準を満たすことは不可能です。ですから、准看でも配置要件を満たせるようにするため、看護職員とくくった名称を使っています。実際、福祉介護施設・事業所で働いている看護職員は、准看が比較的多いという実態があります。

それでは、看護師と准看護師の違いはどこにあるのでしょうか。看護師は厚生労働大臣によって付与される国家資格ですが、准看護師は都道府県が認可する知事免許です。各々の資格取得方法を図表22・23に示します。

看護師は、高校を卒業したあと、四年制の看護大学や、三年制の看護専門学校・短大で学んだのち、看護師試験に合格すると看護師資格が取れます。そして、厚労省に看護師登録したあと、看護師として働くことができるようになります。一方、准看護師は、中学卒業後、二年制の准看護学校を卒業し、准看護師試験に合格すると准看護師資格が取れます。また、高校の衛生看護科を卒業後、准看護師試験に合格すると准看護師資格が取れます。

このように、正看と准看では教育課程が違うため、准看は医師や看護師の指導のもとでしか業務を行えない、看護師に指示を出すことはできないという制約があります。また、医療業界では管理職に就くこともできません。医療職は、医師を頂点としたヒエラルキーが確立されていますので、准看護師が看護師の上の役職に就くことはあり得ないわけです。

ところが、一部の福祉介護施設・事業所では、その違いが理解されず、勤続年数の長い准看護師が、新しく採用された看護師の上司になっているようなこともあって、看護師の離職につながるケースもあります。なお、看護師・准看護師資格は業務独占資格です。

施設利用者の健康管理全般を担当

看護職員の仕事内容は、特養や障害者入所施設、デイサービスなどの場合は、施設利用者の健康管理全般です。点滴などの医療行為は、病院と比べると極めて限定的です。夜勤もほとんどありません。バイタルチェック、配薬管理、傷の手当てなどの簡単な医療処置や、介護職員への医療に関する指導が主な仕事です。

看護師・准看護師の就業場所（図表21）

（単位：人、カッコ内は%）

区分		看護師		准看護師	
年次		2015	2016	2015	2016
総数	総数	1,176,859	1,210,665	358,302	347,675
	前年からの増減	34,540	33,806	−5,759	−10,627
	指数	133.3	137.1	87.1	84.5
保健所		1,051(0.1)	1,105	43(0.0)	68
都道府県		−(0.1)	680	−(0.0)	19
市町村		6,816(0.6)	7,154	1,195(0.3)	1,115
病院		821,306(69.4)	840,508	141,488(38.7)	134,606
診療所		188,179(16.1)	194,770	127,988(36.2)	125,941
介護老人保健施設		23,743(2.0)	23,645	22,642(6.2)	21,434
訪問介護ステーション		38,224(3.5)	42,245	3,913(1.3)	4,411
社会福祉施設		16,327(1.4)	16,399	10,356(2.7)	9,309
介護老人福祉施設		21,088(1.8)	22,111	18,007(5.1)	17,607
居宅サービス		28,938(2.8)	33,907	28,054(8.6)	29,952
事業所		6,418(0.4)	4,795	1,485(0.4)	1,265
看護師学校養成所・研究機関		16,147(1.3)	16,120	53(0.0)	45
その他		8,622(0.6)	7,226	3,078(0.5)	1,903

看護師資格の取得方法（図表 22）

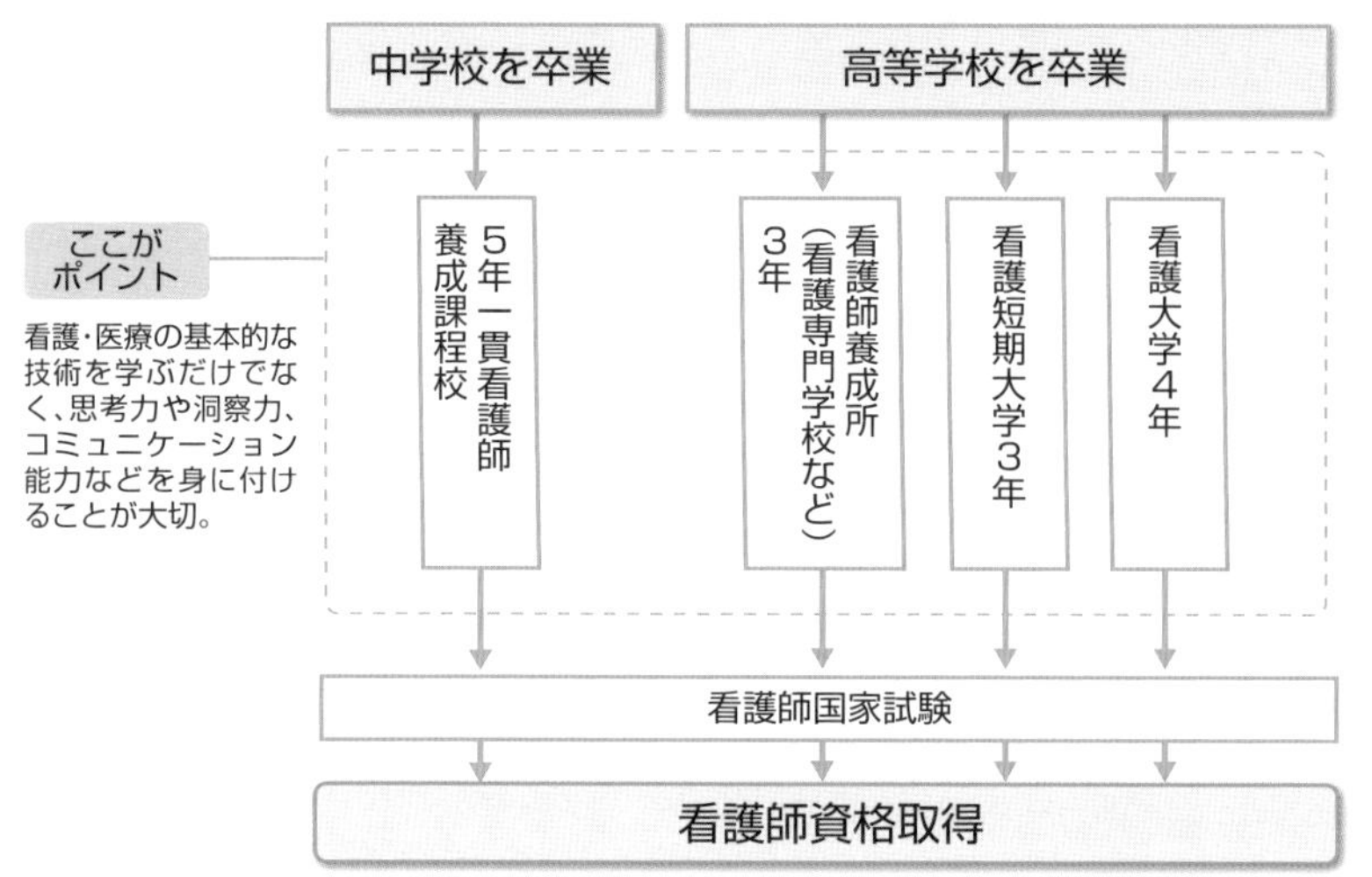

（参考：日本看護協会ホームページ）

准看護師資格の取得方法（図表 23）

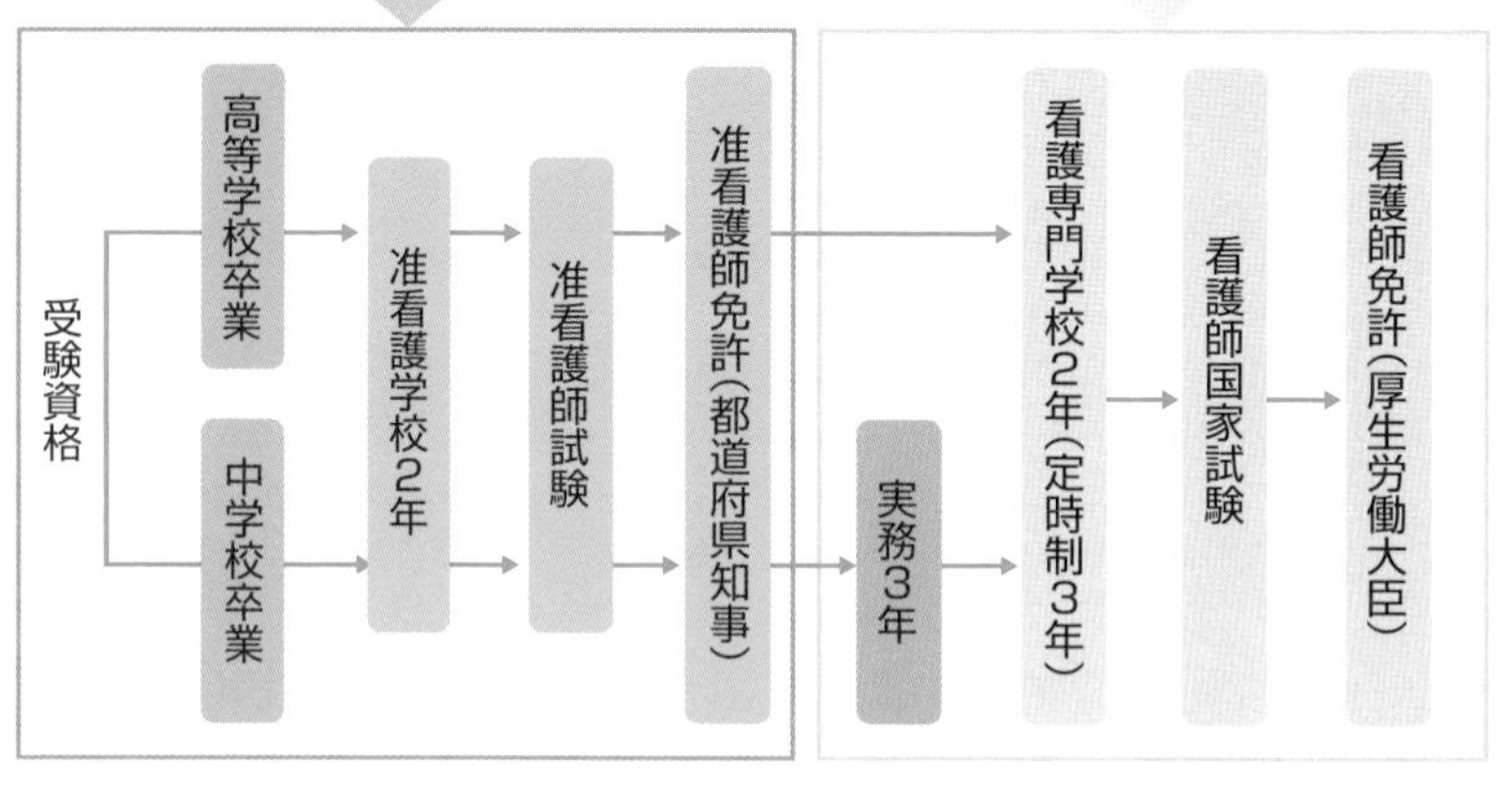

（参考：一般社団法人日本准看護師連絡協議会ホームページ）

職種と資格⑨ 栄養士

栄養士とは、個人や集団への食事・栄養の指導、献立作成や食材の発注などの食事の管理といった業務を行う職種です。ここでは、栄養士の資格要件とその仕事内容について解説します。

栄養士と管理栄養士の違い

給食を提供する入所施設では、**栄養士**や**管理栄養士**が必置か、あるいは兼務で配置することになっています。栄養士と管理栄養士の違いは何でしょうか。管理栄養士は、看護師と同様に厚生労働大臣が付与する国家資格です。一方、栄養士は、准看護師と同様に都道府県知事が付与する知事免許です。栄養士と管理栄養士の資格取得方法を図表24に示します。

栄養士、管理栄養士になるには、高校卒業後、管理栄養士養成課程もしくは栄養士養成課程のある大学、短期大学、専門学校に入学し、所定の専門課程を修得して卒業することが必要です。これらの学校は、管理栄養士養成施設、栄養士養成施設と呼ばれ、全国に管理栄養士養成施設は一四三校、栄養士養成施設は一三七校あります(二〇一五〈平成二七〉年現在、一般社団法人全国栄養士養成施設協会より)。管理栄養士は、栄養士免許取得後、管理栄養士の国家試験に合格しないとなれません。

管理栄養士は、病気や高齢で食事がとりづらくなっている人に対し、専門的な知識と技術によって栄養指導や給食管理、栄養管理などを行うのが主な役割とされています。一方、栄養士は、主に健康な方を対象に栄養指導や給食の運営を行うとされています。

福祉介護施設における配置は、栄養士でも管理栄養

管理栄養士・栄養士の資格取得方法（図表24）

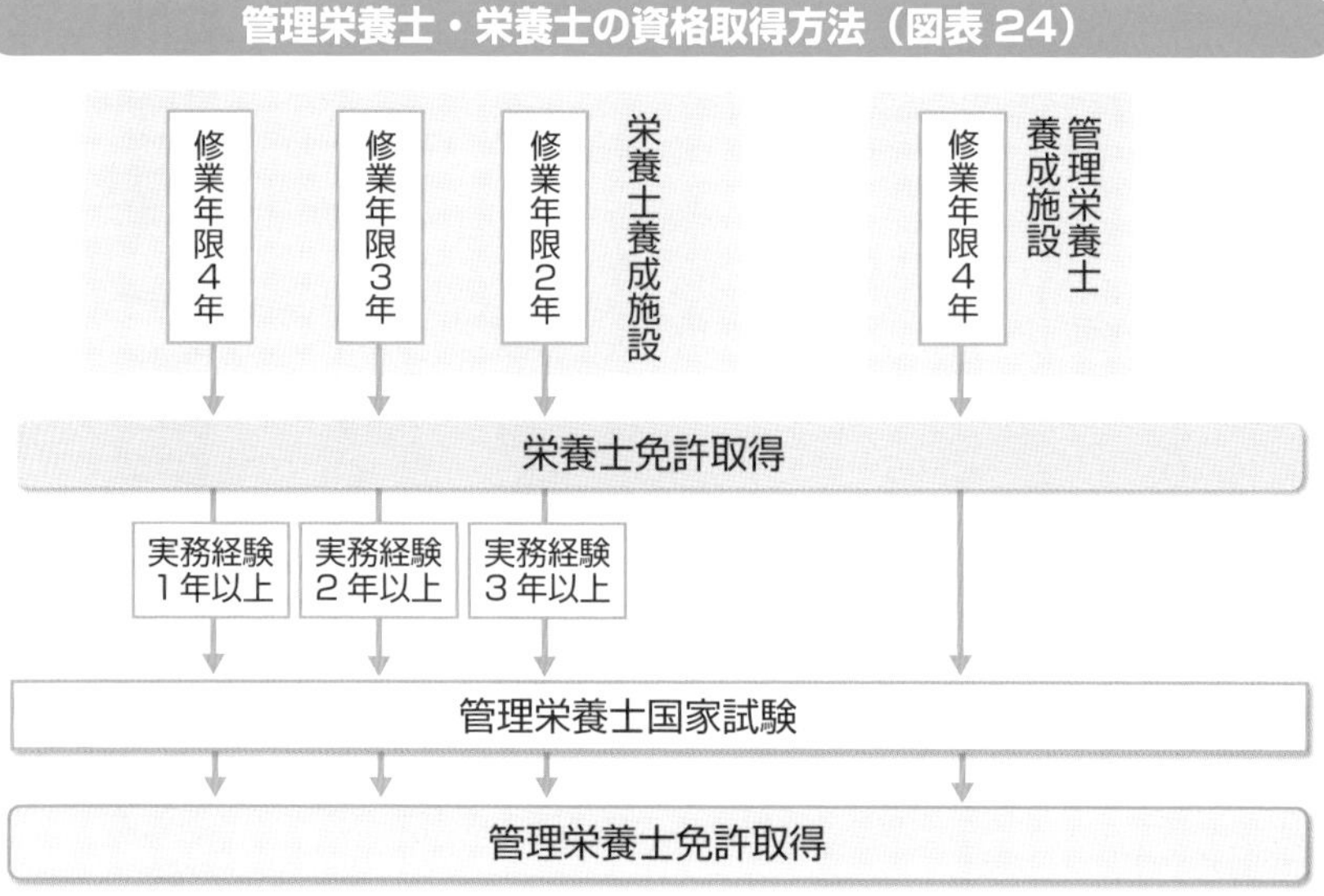

（参考：公益財団法人日本栄養士会ホームページ）

士でも構いません。ただし、加算の要件として管理栄養士の配置が必要なケースもあります。

利用者に応じた食事と栄養管理を行う

栄養士、管理栄養士の仕事は、特養や老健、障害者支援施設などの給食を提供している施設に勤務し、利用者の生活状況、身体の状況に応じた食事の提供と栄養管理を行います。高齢者に対して適切な栄養が摂れるように献立を工夫することも重要です。

また、介護職員などと協力をして利用者の健康をサポートします。児童養護施設や保育所に勤務する場合は、○歳から小学校入学前の子どもたちの成長に必要な調乳や離乳食・幼児食の提供をします。食物アレルギーのある子どもも少なくないため、保護者や保育士、医師、看護師との連携も必要です。最近では、外部の給食業者に委託する特養、老健、障害者支援施設が増えています。給食を外部委託している施設では、外部の委託業者が献立を作成するため、施設配置の栄養士業務が減っています。せっかくの専門性が活かせず、施設の事務仕事に従事している栄養士も散見されます。

職種と資格⑩ 介護支援専門員

介護支援専門員（ケアマネジャー）は、二〇〇〇（平成一二）年の介護保険制度の施行とともに誕生した職種ですが、近年、資格者も増えてきたことから、受験資格が厳しくなってきました。ここでは、介護支援専門員の資格要件とその仕事の内容をみていきます。

居宅ケアマネと施設ケアマネの二つに分かれる

ケアマネジャーは、**居宅ケアマネ**と**施設ケアマネ**の二つに分かれます。「居宅ケアマネ」の就労場所は、主に居宅介護支援事業所ですが、地域包括支援センターで働く場合もあります。

居宅介護支援事業所は、二〇一六（平成二八）年一〇月現在の統計資料によると、全国に約三万五〇〇〇事業所あります。大阪府が一番多く三三三三事業所、次いで東京都の二九一三事業所、三位が神奈川県の一九一〇事業所となっています（図表25参照）。

そして、居宅介護支援事業所の四九・九％は、株式会社が経営しています。次いで、社会福祉法人が二五・一％、医療法人の一六・〇％の順です。介護職員の節でも述べましたが、経営主体がどこかによっても待遇や条件が違いますので、居宅介護支援事業所ならどこでも同じというわけではありません。

一方で、「施設ケアマネ」は、特養や老健といった介護施設で働き、入居している利用者のケアプランを作成するのが主な仕事です。定員一〇〇名まで一名の配置ですので、最大一〇〇件のケアプランを作成・管理する

都道府県別の居宅介護支援事業所数（図表 25-1）

	事業所数	実利用人数						
	総数	1～9人	10～19人	20～29人	30～39人	40～49人	50～99人	100人以上
全国	35,392	1,899	3,085	4,467	4,432	2,556	10,248	7,422
北海道	1,417	80	112	178	177	110	366	333
青森	506	14	44	70	63	30	143	128
岩手	418	14	23	45	38	18	139	120
宮城	599	34	49	78	58	32	173	149
秋田	369	15	23	36	43	19	113	110
山形	342	14	25	31	38	21	102	106
福島	569	27	30	65	71	47	168	149
茨城	747	35	73	93	79	47	242	150
栃木	498	18	44	74	76	33	150	88
群馬	665	29	67	93	97	57	193	106
埼玉	1,609	81	116	198	229	127	458	349
千葉	1,617	97	130	181	237	124	486	282
東京	2,913	193	233	330	344	180	835	632
神奈川	1,910	101	118	216	230	123	559	498
新潟	700	24	43	73	84	41	233	185
富山	313	6	22	23	41	26	96	89
石川	305	19	27	33	28	20	108	60
福井	244	17	25	27	24	16	73	54
山梨	266	20	28	32	46	13	68	49
長野	626	28	50	62	73	43	177	171
岐阜	575	33	49	57	54	42	155	147
静岡	974	44	68	131	109	60	307	221
愛知	1,638	96	125	194	218	128	458	373
三重	564	24	41	84	69	42	143	135
滋賀	387	16	32	47	41	34	117	89
京都	641	33	50	43	59	39	201	199
大阪	3,233	223	377	474	421	240	878	486
兵庫	1,590	85	169	229	201	125	417	309
奈良	490	44	68	88	54	34	116	66
和歌山	442	38	60	69	45	40	109	69
鳥取	164	9	13	18	11	15	47	48
島根	261	13	22	29	33	23	79	58
岡山	584	23	34	72	99	44	187	117

都道府県別の居宅介護支援事業所数（図表 25-2）

	事業所数	実利用人数						
	総数	1〜9人	10〜19人	20〜29人	30〜39人	40〜49人	50〜99人	100人以上
広島	840	31	60	117	118	61	255	174
山口	462	19	37	46	61	38	154	98
徳島	302	24	38	31	40	21	77	57
香川	323	15	23	34	61	22	94	63
愛媛	473	15	48	71	65	29	133	98
高知	235	2	22	36	25	20	79	40
福岡	1,436	95	150	198	197	107	410	233
佐賀	236	17	23	21	22	28	70	47
長崎	486	23	61	62	59	37	149	82
熊本	670	28	69	101	81	59	203	109
大分	411	15	46	60	53	40	108	74
宮崎	386	10	34	62	46	27	136	62
鹿児島	556	31	42	89	74	42	169	93
沖縄	400	27	42	66	40	32	115	67

※2016年10月現在。

介護支援専門員の資格取得方法（図表 26）

生活困窮者自立支援法第2条第2項に規定する事業に従事する主任相談支援員

障害者総合支援法第5条第16項および児童福祉法第6条の2第6項に規定する事業に従事する相談支援専門員

介護老人保健施設において、要介護者等の日常生活の自立に関する相談援助業務に従事する支援相談員

（地域密着型）介護老人福祉施設、（地域密着型）特定施設入居者生活介護（介護予防を含む）において、要介護者等の日常生活の自立に関する相談援助業務に従事する生活相談員

医師、歯科医師、薬剤師、保健師、助産師、看護師、准看護師、理学療法士、作業療法士、社会福祉士、介護福祉士、視能訓練士、義肢装具士、歯科衛生士、言語聴覚士、あん摩マッサージ指圧師、はり師・きゅう師、柔道整復師、栄養士、精神保健福祉士

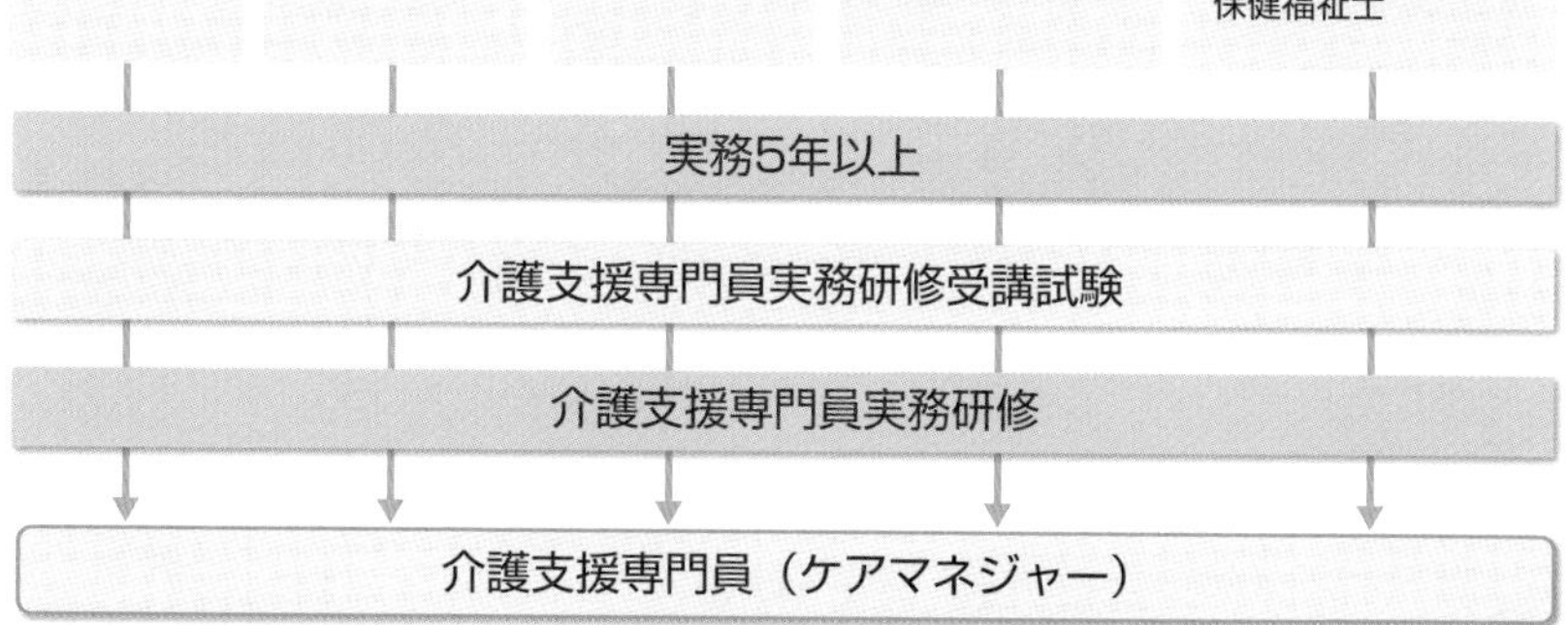

（参考：WAM NETホームページ）

ことになります。

介護支援専門員実務研修受講試験合格が必要

ケアマネジャーになるためには、介護支援専門員実務研修受講試験に合格する必要があります。この試験は国家試験ではありません。また、知事免許でもありません。ケアマネジャーに従事するための公的資格といった性質です。

二〇一七(平成二九)年までは、介護職員初任者研修修了(ホームヘルパー二級)の資格所有者や無資格者でも、介護業務の経験年数によっては受験資格がありましたが、二〇一八(平成三〇)年からは介護福祉士資格が必要になっています。

また、ケアマネ資格には有効期間があります。有効期間は五年間で、有効期間の満了日までに特定の研修を修了し、更新しなければ、ケアマネジャーとして業務に従事できなくなります。法定研修が一番多く義務付けられているのもケアマネ資格の特徴です。

居宅ケアマネの仕事は、「要介護認定業務」と「介護支援サービスに関連する業務」の二つに分けられます。要介護認定とは、高齢者の要介護度を判定するためのものです。この認定調査を、市区町村から委託されたケアマネジャーが行うことが多々あります。

次に、介護支援サービスに関連する業務ですが、ケアプランを通して利用者の状態像を管理・改善する仕事です。課題分析(アセスメント)、ケアプラン作成、モニタリング、そして、モニタリングの結果を新しいケアプランに盛り込む、というＰＤＣＡサイクルで管理・改善するのが主な仕事です。

また、ケアマネ事業所には近隣の介護サービス事業所からの営業訪問や営業電話が頻繁にあります。自事業所のサービスをケアプランに盛り込んでもらうための営業です。こうした営業活動にも対応しなければなりませんので、非常に多忙です。

16 職種と資格⑪ サービス管理責任者

サービス管理責任者（通称：サビ管）は、障害者総合支援法に基づき、障害福祉サービスを提供している事業所ごとに配置することが義務付けられた職種です。ここでは、サービス管理責任者の資格要件とその仕事内容をみていきます。

サビ管の概要

サービス管理責任者は、障害福祉サービスを提供している障害者支援施設、居宅介護（ホームヘルプ）事業所、療養介護、障害者グループホーム、就労継続支援A型・B型事業所などで就労する職種です。同じ資格要件の児童発達支援管理責任者（通称：児発管）は、放課後等デイサービスをはじめとした児童福祉施設に従事する職種です。

サビ管は大人の障害者向け事業所、児発管は障害児向け事業所に配置される職種と言い換えることもできます。「サービス管理責任者等の業務実態の把握と質の確保に関する調査研究事業報告書」（厚生労働省平成二八年度障害者総合福祉推進事業）によると、勤務先の法人の種類は、社会福祉法人が最も多く五五・二%、NPO法人（特定非営利活動法人）で二五・〇%と、この二つで八〇%を占めています。

サビ管になるためには、障害者の保健、医療、福祉、就労、教育分野等で、厚生労働大臣が定める実務経験と研修の修了が必要になります。ただし、ケアマネジャーのような試験に合格する必要はありません。

図表27は神奈川県の事例ですが、指定された実務経

サービス管理責任者の資格要件（神奈川県）（図表 27）

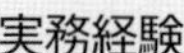

サービス管理責任者研修（3日間）

相談支援従事者初任者研修

サービス管理責任者補足研修（2日間）

または

2006年度以降実施の相談支援従事者初任者研修

↓

サービス管理責任者

験年数を満たした上で、サービス管理責任者研修（三日間）と、サービス管理責任者補足研修（二日間）または相談支援従事者初任者研修を受講すれば、サビ管になれます。都道府県によっても若干の違いがありますので、事業所を所轄する都道府県の定めに応じた条件を満たす必要があります。

障害者に対するケアマネ業務を行う

仕事の内容は、利用者に対するアセスメント、障害者の個別支援計画の作成、利用者との面接、個別支援計画作成に関する会議の運営、利用者・家族に対する個別支援計画の説明と交付、個別支援計画の実施状況の把握（モニタリング）、定期的なモニタリング結果の記録、個別支援計画の変更および修正、支援内容に関連する関係機関との連絡調整、サービス提供職員に対する技術的な指導と助言、自立した日常生活が可能と認められる利用者への必要な援助とされています。

しかしながら厚生労働省の実態調査では、利用者に対するアセスメント、個別支援計画の作成、利用者との面接、利用者・家族に対する個別支援計画の説明と交付までが業務の大半を占めているようです。

ケアマネジャーが、課題分析（アセスメント）、ケアプラン作成、モニタリング、そして、モニタリングの結果を新しいケアプランに盛り込むというPDCAサイクルで管理改善するのが主な仕事だったように、サビ管の仕事は障害者に対するケアマネ業務だと言い換えることができます。管理責任者という名前が付いているため、施設長や管理者と混同されるケースもありますが、施設長や管理者のような役職を意味するものではありません。

一部の施設では、サビ管資格を取得すると役職者に登用されるケースもみられますが、これは組織論的には弊害もあります。サビ管はケアマネ同様、あくまでも一つの専門職種という捉え方をする必要があります。

サービス管理責任者について（図表28）

サービス管理責任者の概要

○障害者総合支援法においては、サービスの質の向上を図る観点から、新たにサービス事業所ごとに、サービス管理責任者の配置を義務付け

※旧体系サービスでは、サービス管理責任者の配置は義務付けられていない。

○サービス管理責任者は、以下の役割を担う

①個々のサービス利用者のアセスメントや個別支援計画の作成、定期的な評価などの一連のサービス提供プロセス全般に関する責任

② 他のサービス提供職員に対する指導的役割

サービス管理責任者の要件

①実務経験（障害者の保健・医療・福祉・就労・教育の分野での直接支援・相談支援などの業務における実務経験〈5～10年〉）

②研修修了

・相談支援従事者初任者研修（講義）（11.5時間）

・サービス管理責任者研修（講義および演習）（19時間）、サービス分野ごとの研修も実施

サービス管理責任者の配置基準

○障害福祉サービス事業所ごとに、

療養介護、生活介護、自立訓練、就労移行支援、就労継続支援…利用者60人当たり1人

グループホーム…利用者30人当たり1人

17 職種と資格⑫ 訪問介護員

訪問介護員（ホームヘルパー）とは、介護サービスを必要とする高齢者や障害者の自宅に出向いて日常生活の支援を行う職種です。ここでは、ホームヘルパーの資格要件と仕事内容について解説します。

ホームヘルパーの概要

ホームヘルパーは、介護保険法では訪問介護員と呼ばれています。ホームヘルパーの歴史は古く、「老人家庭奉仕員事業及び老人福祉センターの助成について」（昭和三七年四月二〇日付社発第一五七号厚生省事務次官通知）で、家庭奉仕員（ホームヘルパー）という名前で初めて登場します。特養などが制度化されたのが一九六三（昭和三八）年の老人福祉法ですので、それより以前からある職種です。

現在のホームヘルパーは、介護保険事業や障害者支援事業である訪問介護事業所に採用されて、介護サービスを必要としている高齢者や障害者の自宅を訪問し、日常生活における手助けをします。訪問介護事業所は全国に三万五〇〇〇ヵ所以上ありますが、経営しているのは株式会社などの営利法人が一番多く、六四・一％と過半数を超えています。二番目は社会福祉法人ですが、一四・一％にすぎません。

ホームヘルパーとして働くためには、実務経験は必要ありませんが、介護職員初任者研修（旧ホームヘルパー二級資格）を修了する必要があります。介護職員初任者研修修了の資格を持っていると、訪問介護事業所に留まらず、特養や老健、療養病床等の施設や、ほとんどすべての在宅サービス事業所で介護職員として採用される際に有利ですので、失業率が高かった頃、ハローワークに登録している求職者に対して、受講を奨励する政策がとられていました。

また、二〇一八(平成三〇)年から「生活援助従事者研修」が新しく制度化されています。最近はホームヘルパーが高齢化しており、またその担い手も極端に不足しています。それを補うための制度といえます。

この研修を修了することで、訪問介護の生活援助サービスに携わることができるようになります。

身体介護と生活援助に分かれる

ホームヘルパーの仕事内容は「身体介護」と「生活援助」の二つに大きく分けられます。身体介護は、利用者の身体に直接触れて行う介助の総称で、就寝や起床における介助、排せつの介助、食事の介助、入浴・清拭の介助、着替えの介助、移動の介助などを行います。

また、生活援助は、利用者が日常生活を送るために必要な、掃除、洗濯、炊事、買い物などの援助を行います。ただし、ホームヘルパーができないサービスもあります。例えば、換気扇の掃除、キッチンの排水溝の掃除、ベランダの掃除、床のワックスがけ、家具の入れ換え、大量のごみの処分、修理・修繕、車の洗車、庭の掃除、植木の水やり、草むしり、ペットの世話、手の込んだ料理、公共機関への支払いなどは、介護保険外サービスになっています。

このように、ホームヘルパーが提供できる介護サービスは介護保険法により厳格に定められているため、利用条件やサービスの種類に様々な制限があります。介護保険内では提供できないサービスを提供するのが「介護保険外(自費)サービス」です。ダスキン等の民間事業者が積極的に参入しているビジネス領域です。

開設（経営）主体別事業所数の構成割合（図表 29）

	総数	地方公共団体	社会福祉協議会	社会福祉法人（社会福祉協議会以外）	医療法人
訪問介護事業所数	906,508	2,038	61,630	128,219	57,283
比率	100.0%	0.2%	6.8%	14.1%	6.3%

	社団・財団法人	協同組合	営利法人	特定非営利法人(NPO)	その他
訪問介護事業所数	11,036	28,007	580,865	35,253	2,177
比率	1.2%	3.1%	64.1%	3.9%	0.2%

（参考：厚生労働省「平成29年介護サービス施設・事業所調査の概況」）

介護職員初任者研修カリキュラム（図表 30）

科目名	時間	備考
1. 職務の理解	6時間	・講義と演習を一体で実施すること。 ・必要に応じて見学等の実習を活用すること。
2. 介護における尊厳の保持・自立支援	9時間	・講義と演習を一体で実施すること。
3. 介護の基本	6時間	
4. 介護・福祉サービスの理解と医療との連携	9時間	
5. 介護におけるコミュニケーション技術	6時間	
6. 老化の理解	6時間	
7. 認知症の理解	6時間	
8. 障害の理解	3時間	
9. こころとからだの仕組みと生活支援技術	75時間	・講義と演習を一体で実施すること。 ・介護に必要な基礎知識の確認および生活支援技術の習得状況の確認を行うこと。
10. 振り返り	4時間	・講義と演習を一体で実施すること。 ・必要に応じて、施設の見学等の実習を活用すること。
合計：130時間		

（参考：日本ホームヘルパー協会ホームページ）

資格偏重の弊害

福祉業界は、資格を絶対視する傾向が強いように感じます。多くの事業で、資格者の配置が義務付けられていることや、資格保有者の割合によって取れる加算もありますので、当然な部分もあります。しかしながら、福祉系の資格の多くは、名称独占資格です。資格にこだわりすぎて、逆に経営がおろそかになっているケースも見受けられます。資格がないから等級を上げない、あるいは、新しい事業所の長は任せられないといったこともよく耳にしますが、果たして合理的な判断でしょうか。

松下幸之助は、「人材育成とは、経営がわかる人間を育てること」だと明言しています。製造業はじめ一般産業には、資格を取ったら昇格するというような考え方はありません。それよりは、組織を束ねる統率力や結果を出せる実践力が重要です。多くの場合、資格はそれらを担保しません。福祉事業は、行政のルールに従うという「運営」の部分がありますので、松下幸之助が言うような100%経営で考えれば済む話ではないかもしれませんが、実際には弊害も感じます。

介護職や支援員がケアマネ資格を取ったとたんに、条件のよい事業所に転職していくことも少なくありません。何らかの理由でその会社でキャリアアップすることが考えられないので、別の事業所に転職することで、資格を活かしたキャリアアップを図るのです。また、一度取った資格にあぐらをかいて、自分本位の仕事の仕方を改めず、職場で困った存在になっている人も少なからず見てきました。

資格偏重が離職率を高めることにつながっていないだろうか——。資格を取ったら転職する、資格がないとここでは冷遇されるから、といって業界内を渡り歩く福祉介護職員を見ていると、そう感じずにはいられません。

福祉系の資格を持っているに越したことはありませんが、そのことを絶対視するのは危険だと思います。福祉に経営感覚が必要とされる昨今、松下幸之助が言う「経営がわかる人間を育てること」のほうが大事なような気がしてなりません。

MEMO

第7章

福祉業界の周辺ビジネス

福祉業界では様々な事業が展開されていることから、周辺ビジネスも多く存在します。本章では、福祉業界の主な周辺ビジネスを紹介した上で、業務内容や参入方法などをみていきます。

1 給食委託業者

多くの福祉介護施設や保育所などでは、利用者への給食は欠かせませんが、給食業者に委託するケースと自前で食事を提供しているケースに分かれます。ここでは、給食業者に委託する場合のメリット・デメリットについて考えていきます。

外部委託している施設が多い

特養、老健、あるいは障害者支援施設などの入所施設では、給食を外部委託しているところも多いのではないでしょうか。筆者は全国の特養や老健を訪問することが多いのですが、七〜八割が外部委託している印象です。

給食会社に委託する理由の一つに、調理員の労務管理の問題があります。調理員は比較的短期間で辞めるケースが多く、離職率が高い職種です。やはり職場の人間関係の問題ですが、厨房という狭い空間で終日作業をしていますので、人間関係の軋轢（あつれき）が大きいことや、調理に対する個々人のこだわりなどもあって、長続きしないようです。

筆者も老人福祉施設で働いているとき、調理員同士の人間関係の苦情をよく聞いていた経験があります。離職による欠員補充のための求人活動や日々の労務管理から解放されるのが、給食会社に委託するメリットの一つでしょう。

自前給食と外部委託の費用面の違い

一方、費用面ではどうでしょうか。一部では、自前給食より外部委託のほうが、費用が安く済むという考えもあるようですが、果たして本当でしょうか。給食会社への委託にかかる費用については、多くの場合、給食会社のホームページなどには記載されていませんので、問い合わせてみないとわかりません。

給食会社の契約形態には**管理費制**と**単価制**があります。管理費制は、人件費等の管理費に加えて、利用者数分の食材料費を請求する方法です。

一方、単価制は、食材料費や諸経費を含めて、一食当たりの単価を設定して契約する方法ですが、一般には管理費制のほうが多く採用されています。管理費の内訳は、人件費、(狭義の)管理費、消耗品費、通信費、献立作成料に加えて、本社経費と利益分までが上乗せされます(図表1参照)。食材費は、入所施設では三食分とおやつ分、通所施設では一食分とおやつ分が加算されます。

二ヵ所のデイサービスを経営するある法人が、給食委託を自前給食に切り替えたことがあります。結果、年間約三〇〇万円の収支改善につながりました。

また、食材は、近隣から安くて良質な魚などを調達しましたので、給食会社に支払ってい

給食会社の管理費内訳（実際の事例）（図表1）

管理費細目	詳細
①給料	栄養士・調理員の給料
②諸手当	責任者手当・年末年始手当・早出遅出手当・通勤手当
③引当金	賞与引当金・退職引当金
④社会保険料	健康保険料・厚生年金保険料・雇用保険料・労災保険料・児童手当拠出金
⑤保健衛生費	健康診断費・検便費・クリーニング代・被服費・作業靴費
⑥研修費	研修・講習会参加費
⑦事務用品費	封筒・ボールペン等
⑧業務連絡費	業務連絡旅費・通信費等
⑨消耗品費	厨房用消耗品費
⑩献立作成料	栄養士業務
Ⅰ.　小計	①〜⑩までの小計
本社経費・利益	Ⅰ.小計の10%
Ⅱ.　合計	Ⅰ.小計+(本社経費・利益)
消費税	Ⅱ.合計の10%
Ⅲ.　月間管理費	Ⅱ.合計+消費税

（実際の事例をもとに筆者作成）

た食材費より安い費用で食事のクオリティーを上げることもできました。

このように自前給食と外部委託では、外部委託のほうがコストはかかります。一方で、栄養士・調理員の労務管理は不要になります。それぞれにメリット・デメリットがありますが、給食の外部委託で失敗しないためには、利用者が喜ぶ給食が提供できるかが大きなポイントになるでしょう。

以前、障害者入所支援施設で給食委託に切り替えるときは、三社コンペの見積り合わせをしたあと、試食会を行いました。試食会には、経営層だけでなく施設職員や筆者のような外部の人間も一緒に食べて、全員の合議で決めたことがあります。金額だけで決めるのではなく、利用者にとってどこが最適かという視点で選ぶことが、給食を外部委託する際のポイントではないでしょうか。

給食委託から自前給食への切替前後の収支（実際の事例）（図表 2）

（金額の単位：円）

	細目	2019年度（自前給食）A	2018年度（給食委託）B	比較（A-B）
収入	食数	14,324	13,722	602
	食費収入	12,368,158	11,307,964	1,060,194
支出	人件費	5,801,892	0	5,801,892
	食材費	4,399,059	5,279,849	-880,790
	消耗品費	376,815	147,059	229,756
	管理費	0	7,153,920	-7,153,920
	支出合計	10,577,766	12,580,828	-2,003,062
収支差額		1,790,392	-1,272,864	3,063,256

（実際の事例をもとに筆者作成）

2 人材派遣・紹介業者

首都圏や大都市圏を中心に、介護職員や保育士の人材確保が厳しくなり、人材派遣・紹介会社を利用して、人員配置を満たしている施設・事業所も増えています。

人材派遣・紹介会社を使う施設が増加

特養、老健、保育所などでは、最近、人材派遣会社や人材紹介会社を使って人員基準を満たしているところが増えてきました。筆者のコンサル先をみますと、離職率が年間三～五％で、人材派遣・紹介会社を使っていない法人が約二割。離職率が一五％以上で、人員基準を満たすために、緊急避難的にときどき人材派遣・紹介会社を利用している法人企業が六割。残り二割が、三〇％以上の離職率のため、恒常的に人材派遣・紹介会社に頼っているという実態です。

人員配置を満たさないと報酬の三割が減算されますので、収入が三割減るよりは、人材派遣を使うほうが、まだメリットがあるという考え方でしょう。一人でも欠けると三〇％減算されるいまの制度が、そもそも厳しすぎるのではないでしょうか。

離職を食い止めることが先決

二〇一八（平成三〇）年に東京都社会福祉協議会が実施した人材派遣に関する調査（都内八二一の社会福祉法人に対し回答数三一三件、回収率三八・一％）によりますと、人材派遣・人材紹介を利用している割合は、介護事業のみを経営する法人が八一・九％、保育のみ

人材派遣料の内訳（図表3）

（単位：万円）

	回答数	平均値	最大値	中央値
全体	127	1742.64	15300.00	899.00
介護のみ経営	61	2029.61	15300.00	1261.00
障害のみ経営	6	146.58	228.00	155.50
保育のみ経営	29	888.41	8900.00	410.00
その他	1	180.00	180.00	180.00
複数事業を経営	30	2356.20	8188.00	1835.00

（参考：東京都社会福祉協議会「福祉人材の確保・育成・定着に関する調査結果報告」）

人材紹介料の内訳（図表4）

（単位：万円）

	回答数	平均値	最大値	中央値
全体	119	379.85	5600.00	173.00
介護のみ経営	55	495.40	5600.00	200.00
障害のみ経営	12	164.67	885.00	99.50
保育のみ経営	22	298.05	1000.00	183.5
その他	3	161.67	300.00	95.00
複数事業を経営	27	331.00	1641.00	194.00

（参考：東京都社会福祉協議会「福祉人材の確保・育成・定着に関する調査結果報告」）

人材派遣・紹介会社を利用する理由（図表5）

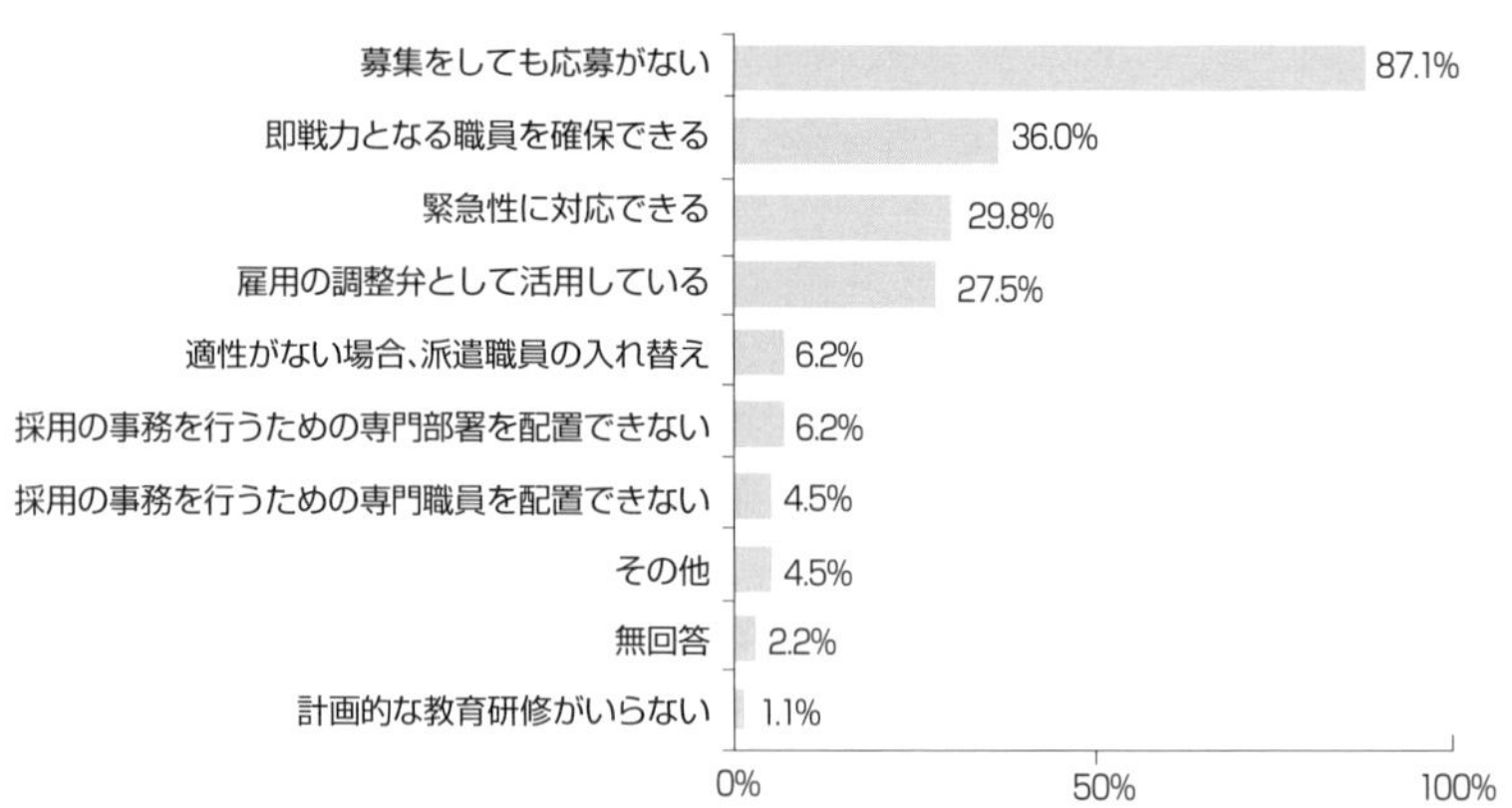

経営法人が五〇・〇％、障害のみ経営法人で三一・八％という結果なので、介護のみ経営する法人と、筆者のクライアント法人の実態がほぼ一致します。介護のみ経営法人の派遣費用の総額は、年間平均約二〇三〇万円、最高額が一億五三〇〇万円。加えて紹介料は、平均約四九五万円、最高額五六〇〇万円という結果となっています。

人材派遣・紹介会社を利用する理由の第一位は、募集をしても応募がない（八七・一％）、次いで、即戦力となる職員を確保できる（三六・〇％）、第三位が緊急性に対応できる（二九・八％）です。そもそも、人材派遣・紹介会社が必要になるのは、離職率が高いからです。前述の介護労働安定センターの調査報告書でも、離職率三〇％以上の介護事業所が二割ほどありました。年間三〇％以上の離職率では、人材派遣・紹介会社に恒常的に頼らざるを得なくなってしまうでしょう。

まずは、職場環境、労働環境を整備して、離職を食い止めることが先決です。介護報酬や障害福祉サービス報酬、保育所の運営費という公金が、人材派遣・紹介会社に必要以上に流れてしまうことには、問題があるといわざるを得ないでしょう。

人材派遣・紹介会社を利用しない理由（図表6）

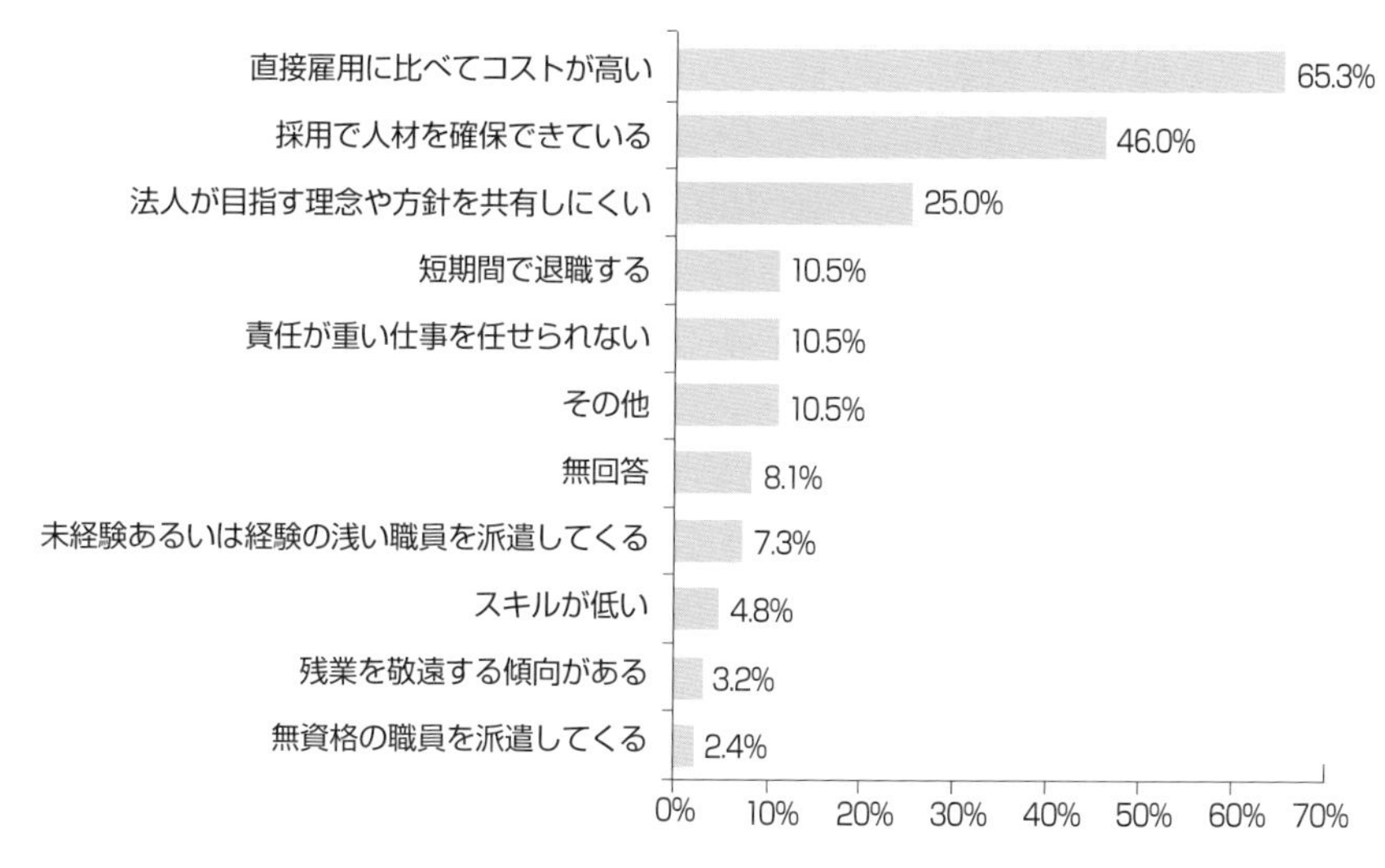

3

会計事務所

福祉事業においては、月次の試算表や決算書の作成、節税対策などを目的に会計事務所と顧問契約を結ぶ場合があります。ここでは、会計事務所をうまく活用する方法について考えます。

会計事務所を活用するメリット

会計事務所と顧問契約を結んでいる法人企業もあると思います。筆者のクライアントでは、全体の二割くらいが会計事務所と顧問契約を結んでいます。会計事務所と顧問契約を結ぶ理由は、月次の試算表と決算書の作成、それから節税対策ではないでしょうか。

株式会社や医療法人は、法人税や固定資産税が課税されますので、会計事務所を利用して、節税につながれば、メリットは大きいと思います。なぜなら、税理士は税務の専門家だからです。

しかし、一方で社会福祉法人は非課税です。職員給食等で一〇〇〇万円以上の売上があれば消費税が課税されますが、職員給食で年間一〇〇〇万円も収入がある法人は少数派でしょう。いずれにしても、社会福祉法人の場合、節税の余地はありません。

また、多くの社会福祉法人には、事務員が配置されています。第6章でも述べましたが、事務員の主要業務は会計経理と給与計算です。社会福祉法人が会計事務所と顧問契約を結ぶメリットは少ないと思います。

財務会計と管理会計の違い

そもそも、会計は、管理会計と財務会計に大別されます。管理会計とは、経営者や部門の責任者が経営判断の材料として活用することを目的とした会計のことです。経営分析、予算管理、予実管理などの管理情報をもとに、予算の達成状況を評価したり、業績改善の

主な経営体別の税率（図表 7-1）

	社会福祉法人	学校法人	公益社団法人・公益財団法人	特定非営利活動法人（認定NPO法人除く）	医療法人	社会医療法人	株式会社
法人税	原則非課税 ※収益事業により生じた所得に限り、19%課税	原則非課税 ※収益事業により生じた所得に限り、19%課税	原則非課税 ※収益事業により生じた所得に限り、25.5%課税（ただし所得800万円までであり、また、公益目的事業に該当するものは、収益事業であっても非課税）	原則非課税 ※収益事業により生じた所得に限り、25.5%課税	課税 所得の25.5%（ただし所得の800万円まで19％。持分ありの医療法人は資本金が1億円以下の場合に限る）	原則非課税 ※医療保健業以外の業務により生じた所得に限り19%課税	課税 ・所得の25.5%（ただし所得の800万円まで19％。資本金が1億円以下の場合に限る）
道府県民税	原則非課税 ※収益事業を行う場合は、均等割：2万円、法人税割：法人税の5% ※ただし、収益の90%以上を社会福祉事業の経営に充てるならば、収益事業としては取り扱われない	原則非課税 ※収益事業を行う場合は、均等割：2万円、法人税割：法人税の5% ※ただし、収益の90%以上を私立学校の経営に充てるならば、収益事業としては取り扱われない	原則課税 ※博物館の設置または学術の研究を目的とする法人は非課税 ・均等割：2万円 ・法人税割：収益事業により生じた所得に限り、法人税の5％（ただし、公益目的事業に該当するものは、収益事業であっても非課税）	課税 ・均等割：2万円 ・法人税割：収益事業により生じた所得に限り法人税の5%	課税 ・均等割：2～80万円 ・法人税割：法人税の5%	課税 ・均等割：2万円 ・法人税割：医療保健業以外の業務により生じた所得に限り、法人税の5%	課税 ・均等割：2～80万円 ・法人税割：法人税の5%

主な経営体別の税率（図表 7-2）

	社会福祉法人	学校法人	公益社団法人・公益財団法人	特定非営利活動法人（認定NPO法人除く）	医療法人	社会医療法人	株式会社
事業税	原則非課税 ※収益事業により生じた所得に限り課税 所得のうち、400万円以下5%、400万円超800万円以下7.3%、800万円超9.6%	原則非課税 ※収益事業により生じた所得に限り課税 所得のうち、400万円以下5%、400万円超800万円以下7.3%、800万円超9.6%	原則非課税 ※収益事業により生じた所得に限り課税 所得のうち、400万円以下5%、400万円超800万円以下7.3%、800万円超9.6% ただし、公益目的事業に該当するものは、収益事業であっても非課税	原則非課税 ※収益事業により生じた所得に限り課税 所得のうち、400万円以下5%、400万円超800万円以下7.3%、800万円超9.6%	社会保険診療に係る収入は益金に不算入、経費は損金に不算入となり、非課税 ※社会保険診療以外の業務により生じた所得に限り課税 所得のうち、400万円以下5%、400万円超6.6%	原則非課税 ※医療保健業以外の業務により生じた所得に限り課税 所得のうち、400万円以下5%、400万円超6.6%	課税 所得のうち、400万円以下5%、400万円超800万円以下7.3%、800万円超9.6%
固定資産税	社会福祉事業の用に供する固定資産については原則非課税	学校において直接保育または教育の用に供する固定資産は非課税 学校または専修学校に係る寄宿舎の用に直接供する固定資産については非課税	原則課税 ※社会福祉事業用、学術研究用固定資産、図書館、博物館等は非課税（収益事業は課税） ※所有する重要無形文化財の公演のための施設の用に供する土地および家屋について課税標準を1/2とする ・税率 1.4%	課税 ・税率1.4%	課税 ※一部の社会福祉事業または特定医療法人による看護師等医療関係者養成所の用に供する固定資産は非課税	課税 ※一部の社会福祉事業または特定医療法人による看護師等医療関係者養成所の用に供する固定資産は非課税 ※救急医療等確保事業に係る業務の用に供する固定資産は非課税	課税 ・税率1.4%

ための施策を講じたり、経営者が意思決定するための管理方式です。具体的には、5-9節で紹介した経営分析や5-12節の月次実績管理などのための管理ツールを指します。この管理会計は、財務諸表も一部活用しながら、会社独自に開発する必要があります。

一方、財務会計とは、貸借対照表、損益計算書、キャッシュフロー計算書といった財務諸表を作成することです。多くの会計事務所では、ここまでが顧問契約の範囲です。株式会社や医療法人などは、決算を経て税金の申告をしなければなりません。社会福祉法人は、国や国民、地方行政といった利害関係者に対して報告する義務があります。

貸借対照表、損益計算書、キャッシュフロー計算書の作成は、利害関係者への報告や税金計算を目的として行うものです。社内で作成した決算書で税金計算をしてしまうと、客観性が保たれません。

その決算書を見た利害関係者に正しい情報が提供されない可能性もあります。そこに第三者機関としての会計事務所の存在価値があります。

また、社会福祉法人の決算書類は、税理士や公認会計士が監事監査をすることで正式な決算書として認められます。

このようにみていきますと、「財務会計」とは企業の利害関係者に経営情報を開示することを目的とした会計、「管理会計」とは経営者や責任者が経営判断の材料として活用することを目的とした会計であるといえます。多くの場合、財務諸表だけでは、業績管理や経営判断はできないことを理解しておく必要があります。

会計事務所と顧問契約を結ぶ動機には様々なものがあると思いますが、以上述べてきた管理会計と財務会計の違いを十分理解した上で検討することも必要でしょう。

社労士事務所

4

福祉事業においては、給与計算事務や賃金台帳の作成、就業規則の作成などの代行を目的に、社労士事務所と顧問契約を結ぶ場合があります。ここでは、社労士事務所をうまく活用する方法について考えます。

社労士事務所を活用するメリット

社労士事務所と顧問契約を結んでいる法人企業もあると思います。図表8は、二〇一八(平成三〇)年に岡山県社会福祉協議会が調査した社会福祉法人の顧問契約先の状況(社会福祉法人三三五件、回収件数は二〇四件、回収率は六〇・九%)です。これをみますと、税理士と社会保険労務士が一位、二位を競っています。

社労士事務所と顧問契約を結ぶ理由は、給与計算事務や賃金台帳の作成、就業規則の作成、人事賃金制度の導入、助成金申請事務の代行などではないでしょうか。事務員がいない保育所や小規模事業者では、給与計算事務を委託するために、社労士事務所と顧問契約を結んでいるケースが多くみられます。

一方で、事務員が数名配置されている法人企業では、社労士事務所に給与計算事務を委託するのは、コスト的に問題があると思われます。前述のとおり、事務員の主要業務は会計経理と給与計算だからです。

社労士事務所の活用方法

社労士事務所の活用方法には二つあると思います。一つは、事務員のいない小規模事業者が、給与計算や就業規則作成等の事務作業を委託する場合。多くの社労士事務所では、月額一〇万円くらいで請け負ってくれますので、新たに事務員を採用するより、コストが少なくて済みます。外部委託先として、社労士事務所を活用するわけです。そしてもう一つは、労務管理の品質改善です。労務管理とは、求人・採用から始まり、配置、人事異動、人材育成・人事評価、賃金、昇給昇格、そして退職までの一連の人事管理を指します。福祉業界では、事務員は配置していても、人事部がない法人企業も少なくありません。こうした人事部の役割を外から担ってもらうわけです。求人採用に関するアドバイスや訴求力のある求人票の作成、人材採用時に受給できる助成金の申請、あるいは人材開発助成金を申請しての階層別研修の開発、最新の労働基準法についての職員研修などが考えられます。

もともと、社労士は労働基準法の専門家ですから、就業規則の作成などでその専門性を活用することができます。ただし、福祉事業は、一般産業とは違う特殊な業界ですので、福祉業界に精通した社労士事務所を選択することが、極めて重要になります。実際、岡山県社会福祉協議会の調査報告によると、社会福祉に精通した社労士に対するニーズがかなり高い実態が見てとれます(図表9参照)。地元の社労士事務所は、数も限られていると思いますが、手間を惜しまず、ネットなどで検索して、福祉業界に精通した社労士事務所を見つけることも大事なポイントといえるでしょう。

社会福祉法人の顧問契約先（図表8）

事業分野	総計	弁護士	公認会計士	税理士	社会保険労務士	その他
高齢	58	18	25	36	35	3
障害	25	6	10	14	9	0
児童	47	5	11	27	24	4
その他	0	0	0	0	0	0
高齢＋障害	6	4	3	3	4	0
高齢＋児童	5	2	1	2	4	1
高齢＋障害＋児童	8	6	3	5	6	0
高齢＋障害＋児童＋その他	0	0	0	0	0	0
障害＋児童	5	3	3	3	4	0
無回答	3	1	1	2	1	0
計	157	45	57	92	87	8

（参考：岡山県社会福祉協議会「社会福祉経営基礎調査」）

岡山県社協に期待する経営支援（図表 9）

区分	1	2	3	4	5	無回答
高齢	40	24	7	5	6	7
障害	22	8	4	7	1	3
児童	42	20	11	11	0	14
その他	0	0	0	0	0	0
高齢＋障害	5	0	1	1	0	2
高齢＋児童	4	1	0	1	0	2
高齢＋障害＋児童	6	4	0	0	0	2
障害＋児童	5	3	1	0	0	0
高齢＋障害＋児童＋その他	1	0	0	0	0	0
無回答	2	0	1	1	0	0
小計	127	60	25	26	7	30

1. 施設種別独自の課題に応じた、テーマ別の研修会や学習会を開催してほしい。
2. 法人・施設の所在地に応じた、地域別の研修会や学習会を開催してほしい。
3. 社会福祉に精通した専門家（社会保険労務士など）を法人・施設へ派遣してほしい。
4. 社会福祉に精通した専門家（社会保険労務士など）の情報が知りたい。
5. その他

（参考：岡山県社会福祉協議会）

人事労務管理の課題（図表 10）

区分	1	2	3	4	5	6	7	8	9	10	11	12	13	無回答
高齢	26	11	28	28	11	11	19	5	17	13	14	7	5	0
障害	14	5	13	8	6	8	8	10	7	1	8	1	4	1
児童	32	4	16	10	6	2	38	15	12	13	21	15	11	0
その他	0	0	0	0	0	0	0	0	0	0	0	0	0	0
高齢＋障害	3	1	2	3	2	4	4	1	1	1	1	1	1	0
高齢＋児童	2	1	0	3	0	1	2	1	1	2	1	1	1	0
高齢＋障害＋児童	1	2	3	3	0	2	5	1	3	3	2	0	2	0
高齢＋障害＋児童＋その他	0	0	0	0	0	0	0	1	1	0	0	0	1	0
障害＋児童	1	4	1	0	1	0	2	1	4	0	1	2	1	0
無回答	2	1	0	0	0	0	1	0	0	2	0	0	0	0
計	81	29	63	55	26	28	79	35	46	35	48	27	26	1

1．キャリアパスの構築　2．障害者雇用に関する整備　3．賃金体系の整備　4．人事の活性化（人事交流など）　5．福利厚生制度の充実　6．高齢者の就労促進（定年延長など）　7．有給休暇の取得促進　8．正規職員と非正規職員の格差是正　9．多様な働き方（短時間勤務など）　10．ICTの導入　11．長時間労働の改善（時間外労働の削減など）　12．育児・介護への支援（休暇・休業制度の充実、取得奨励）　13．その他

（参考：岡山県社会福祉協議会）

5 弁護士事務所

福祉事業においては、従業員の労働問題や利用者からの苦情への対応、訴訟対策などを目的に、弁護士事務所と顧問契約を結ぶ場合があります。ここでは、弁護士事務所をうまく活用する方法について考えます。

弁護士事務所を活用するメリット

弁護士事務所と顧問契約を結んでいる法人企業もあると思います。先ほどの図表8でも、社会福祉法人の三割弱が弁護士との顧問契約を締結しています。

弁護士事務所と顧問契約を結ぶ理由は、従業員の労働問題と利用者からの苦情への対応や訴訟対策ではないでしょうか。最近では、従業員も、利用者やその家族も、権利意識が強くなってきています。福祉サービスも一般の消費と同様に扱われるようになってきています。

近年、福祉介護事業所では、職員に対する利用者からのセクハラやパワハラも問題になっています。また、通常の福祉介護サービスの枠を超えて、過大な要求をする利用者も増えてきました。通常は契約書と重要事項説明書に福祉介護サービスの範囲を明記していますが、日々の現場では、その要求がサービスの範囲なのか、それを超えているのかを判断するのが難しいケースもあります。

そうなると施設長が、利用者あるいは家族と話し合いをすることになりますが、なかなか納得してもらえないケースもあるようです。クレームが起きたときは、スピーディな対応が重要ですが、初動対応を誤ったことで紛争が複雑化・長期化することもあります。加えて、最近では、介護事故による損害賠償請求事件の裁判も増えています。

トラブルの抑止力にもなる

一方、従業員がパワハラで上司や経営者を訴えたり、怪文書を流したりするようなこともたまに耳にします。残業代請求や解雇問題などの労働問題も頻発しています。極端な例ですが、社会福祉法人の理事長が突然解任されるような事例もありました。

このような苦情、事故あるいは労使紛争などを未然に防ぐには、日常的に顧問弁護士が関与して、契約書、重要事項説明書、業務マニュアル、就業規則などの規定をチェックしてもらうことも、経営上、必要になってきています。日常的にそれらの書類を整備点検することが、経営上のトラブルを未然に防止することにつながります。

また、顧問弁護士がいれば、ホームページに弁護士事務所名を表示することもできます。こうしたことが、抑止力になるケースもあるのではないでしょうか。

老人福祉施設の施設別事故発生比率（図表11）

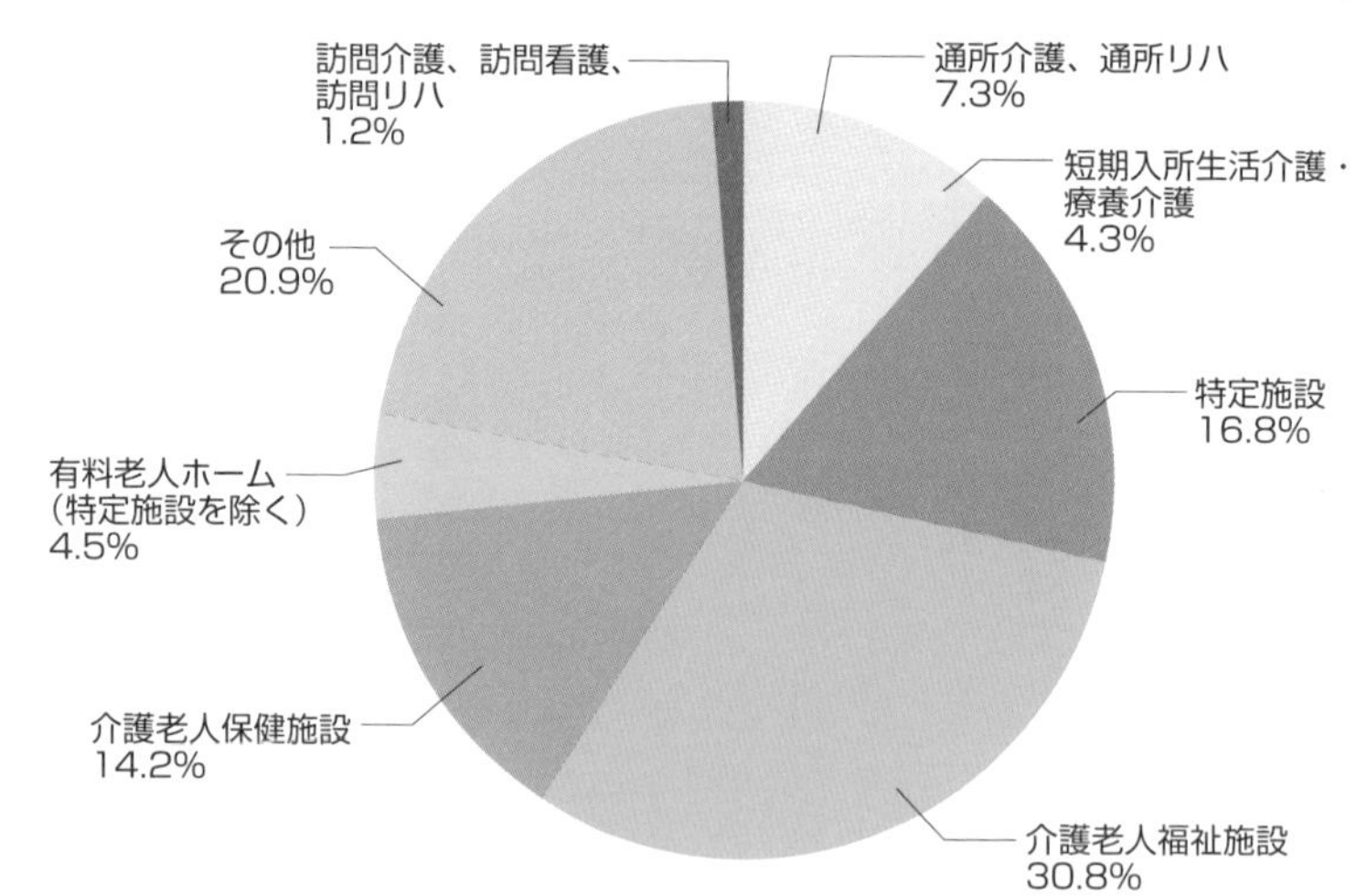

（参考：厚生労働省「平成28年度 老人福祉施設等における事故報告 集計・分析結果」）

6 ビル管理・保守業者

特養や老健などの入所施設では、施設の保守管理の良し悪しが生産性に大きく影響します。ここでは、施設建物の保守管理のあり方について考えます。

装置産業としての福祉介護事業

福祉介護事業は労働集約型産業ですが、一方で**装置産業***という側面もあります。特に特養や老健などの大規模入所施設の場合、この側面も見逃せません。

実際、福祉介護施設と性質が似通ったホテル旅館業も、「装置産業」と「労働集約型産業」の両方の分類となっています。福祉介護施設もホテルも、利用者数にかかわらず、電気・ガス・水道などの光熱水費や建物維持のためのコストが発生します。

ですから、福祉介護施設の生産性向上のためには、人材の有効活用だけでなく、ビル管理（ビルメンテ）の効率性も求められます。老健や特養などでは、電気設備保守点検、空調設備保守点検、厨房などの衛生設備保守点検、消防用設備保守点検、老朽化防止のための屋上・外壁の点検、電気・ガス・水道のメーター検針といった業務を個別に専門業者に委託しているケースが一般的ではないでしょうか。これらをビル管理専門業者に一本化することで、建物保守管理業務の効率化を図り、コストダウンにつながるケースがあります。

多くの場合、エレベーターの保守だけを専門業者一社に依頼すると割高です。また、施設内清掃も専門の清掃業者を入れると割高になります。これらを一括発注することでコストダウンにつなげるという考え方です。

***装置産業**　一定以上の規模の生産やサービスの提供のために、巨大な装置が必要とされる産業のこと。

巡回点検基準（某老健の事例）（図表 12）

区分	設備名	内容	点検回数	備考
電気設備	照明設備	共用部分店頭確認	1回／月	受変電設備、発電機は保安協会等の定期点検で実施する
		不点灯管球交換	1回／月	
空調設備	空冷チリングユニット	運転状態点検	1回／月	
	冷温水ポンプ	運転状態点検	1回／月	
	空気調和機	運転状態外観点検	1回／月	
	蒸気式加湿器	運転状態点検	6回／年	
	ファンコイルユニット	運転状態点検	6回／年	
	全熱交換器	運転状態外観点検	1回／月	
	マルチエアコン(屋外機)	運転状態点検	1回／月	
	給気ファン	運転状態点検	2回／年	
	排気ファン	運転状態点検	2回／年	
衛生設備	加圧給水ポンプ	運転状態確認	1回／月	
	受水槽	自主点検	1回／月	
		水位制御、警報試験	1回／年	
	電気湯沸器	運転状態点検	2回／年	
	温水ボイラー	運転状態点検	1回／月	
	貯湯槽	槽外観点検	1回／月	
	濾過(ろか)器設備	槽外観点検	1回／月	
	衛生器具	状態点検、水量調整、増締め	1回／年	
	排水枡(ます)	排水状況点検	2回／年	
消防・防災設備	自動火災報知器	消防計画に基づく自主点検	1回／月	
	防排煙	同上	1回／月	
	非常放送	同上	1回／月	
	誘導灯	同上	1回／月	
	スプリンクラー	同上	1回／月	
	避難器具	同上	2回／年	
建築	屋上・外壁	ルーフドレン点検	1回／月	
		外壁	1回／年	
		屋上防水目視点検	2回／年	
検針	電気	取引メーター検針	1回／月	点検時に検針し、報告書に記入
	ガス	取引メーター検針	1回／月	
	水道	取引メーター検針	1回／月	

納入取引業者

福祉介護事業所が取引する納入業者は少なくありません。地域密着型サービスである福祉事業では、地元の取引業者を使うケースが多いと思いますが、それによる問題も指摘されています。

納入取引業者を適切に選択

福祉介護事業の三大コストは人件費、材料費、業務委託費です。

ここでは、食材等の材料費について考えてみたいと思います。入所施設の場合、米・味噌・醤油・肉・魚等の食材費は、収入（売上）の七〜八%を占める費用です。また、水道、電気、灯油やガソリンなどの燃料費は三〜四%を占めます。収入の一〇%以上を占める、これらの材料費を適正に保ち、福祉介護事業による利益が安易に外部に流れないようにするためには、納入取引業者の適切な選択が必要です。

筆者の経験では、納入取引業者を何年も見直さずそのまま契約し続けていると、市場価格の二割増しの単価になっていることなどもよくあります。事業規模にもよりますが、年間二〇〇万円を超える費用については、業者二〜三社の相見積りをとって、定期的に単価交渉をする必要があります。

納入取引業者をむやみにいじめるようなことをしてはいけませんが、適度な営業努力を迫ることも経営者、管理者の重要な役割ではないでしょうか。

納入取引業者の管理（図表 13）

項目	基本的視点	具体的方法(可能性)
給食関係	委託費の交渉力向上 食材費の削減 献立統一による省力化 栄養士の有効活用	・委託業者の統一と委託費交渉 ・委託契約内容の見直し ・法人給食委員会での献立作成 ・メニュー開発等による逆提案(行事食等) ・大量購入による食材費の交渉 ・仕入れ業者選定基準の作成と定期的評価
介護用品(おむつ等)	業者選定の妥当性 価格交渉力向上	・商品(数種類)の選定、使用量の把握、倉庫容量の把握、発注から納品までの期間、発注担当者、納品検品者の再検証 ・本部一括購入の再検討 ・業者プレゼンによる価格交渉
事務備品	業者選定の妥当性 価格交渉力向上 経費削減	・発注の量・費用の管理(受発注集中管理による効率化と経費削減の可能性があるかは要検討。金額等による選定もあり) ・予算管理による削減促進
建物保守	業者選定の妥当性 価格交渉力向上 経費削減	・業者評価(費用・内容・利便性等)の比較 ・業者プレゼンによる価格交渉
修繕・改修	計画的取り組みによる修繕積立金の確保	・修繕・改修・設立計画策定 ・業者評価(費用・内容・業界理解等)の比較 ・価格の妥当性検討
車両関係	補助金活用促進 安全管理水準の統一	・補助金情報収集と申請事務の一本化 ・乗車前点検の統一と実施状況の把握(内部監査活用) ・研修開催もしくは情報提供 ・車検・保険・廃車等の資産管理(省力化、効率化の可能性要検討)
保険関係	リスク管理能力の統一	・保険内容と保険料の再検討 ・保証条件の統一 ・事例共有による補償範囲の職員周知

（筆者作成）

8

介護ロボット

人手不足の解決策として介護ロボットの導入・活用が推進されていますが、果たして実態はどのようなものでしょうか。ここでは、福祉業界における活用の状況と利用の多い機器の種類などをみていきます。

本格的な普及はこれから

恒常的な人手不足という課題の解決策の一つとして、二〇一三(平成二五)年に介護ロボットの普及拡大が重点施策として位置付けられて以降、経済産業省と厚生労働省が中心となって、介護ロボットの普及のための政策が展開されていますが、本格的な普及には至っていないのが現状です。

二〇一九(令和元)年に埼玉県が県内四二〇の特養に対して調査したところ、導入している施設が五一%、導入していない施設が四九%という結果が出ています(図表14)。そして、導入内容の過半数が、見守りセンサーなどの見守り機器となっています。

二〇二〇(令和二)年三月、厚生労働省が介護給付分科会の資料として、介護ロボットの効果実証に関する調査研究事業の結果を提出しています。それによると、特養で見守り機器を九台(四五%)導入しているフロアと、見守り機器未導入のフロアとの比較をしたところ、夜勤職員の「直接介護」にかかる時間が、見守り機器未導入のフロアで二六〇分、見守り機器四五%導入のフロアでは一八二・七分と、八〇分近く削減されたことがわかりました。

また、「巡回・移動」にかかる時間は、見守り機器未導入フロアで七八分、見守り機器四五%導入のフロアでは六三・八分という結果となっています。

導入が容易な機器は利用が進む

このように、導入が比較的簡単な見守りセンサーのような機器は、今後も導入事例が増えていくものと思われますが、一方で、利用者の移乗作業などで生じる腰への負担を軽減してくれるアシストスーツなどは、装着に時間がかかる、重すぎるなどの理由で、結局使われなくなり、倉庫の肥やしになっているケースもあるようです。

開発サイドが、作り手側の発想だけではなく、使い手側や、最終的には利用者のＱＯＬ向上までを視野に入れたロボットを開発できないと、介護現場でのロボット普及は進まないのではないか、という印象です。

同じ埼玉県の調査報告では、介護ロボット導入の課題として、本体や設備が高額という問題に加えて、「職員の負担軽減の効果がわからない」「利用者の処遇向上効果がわからない」などが挙がっています。

介護ロボットの導入状況（図表14）

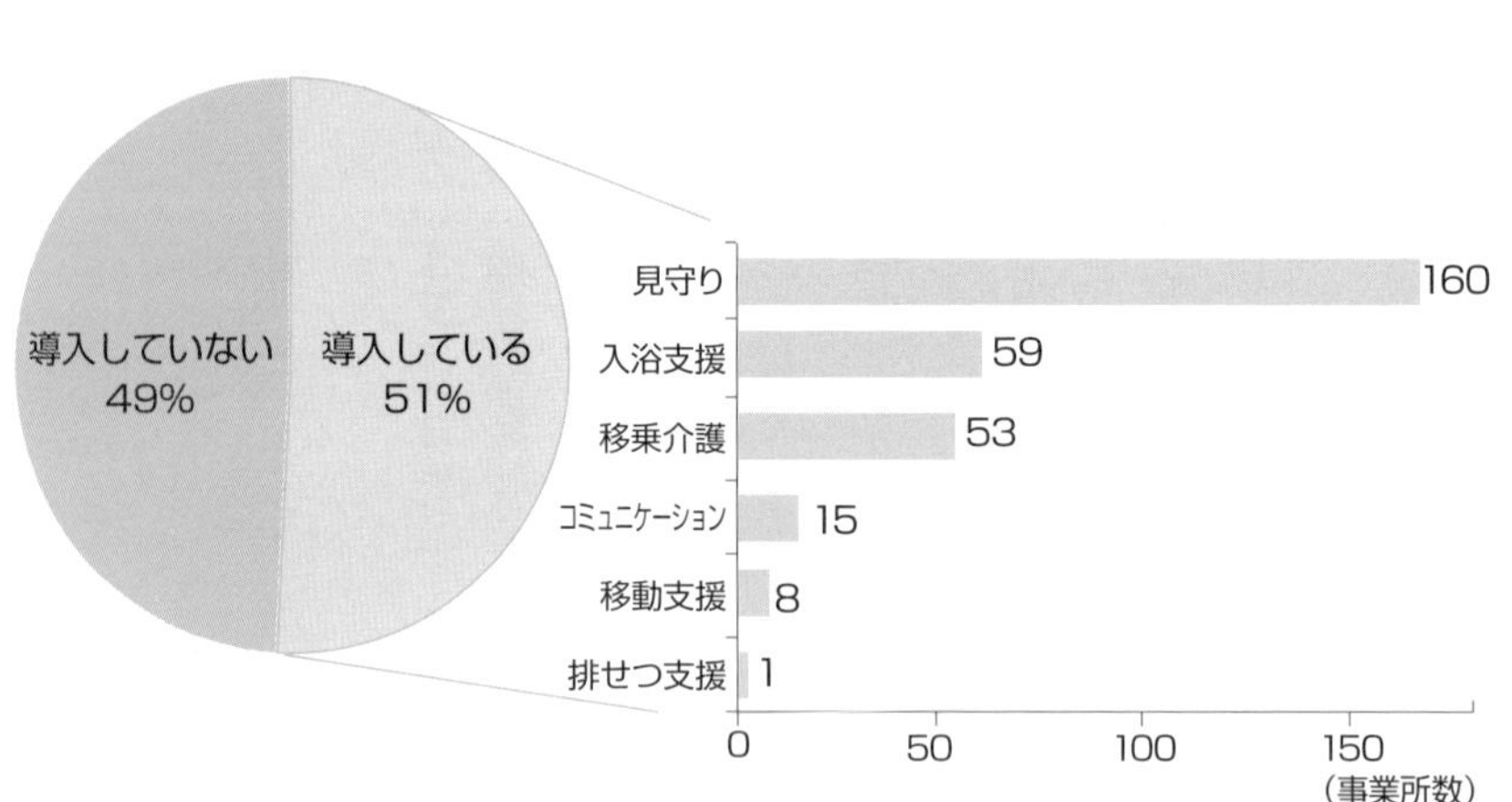

（参考：埼玉県「令和元年度介護ロボット効果実証導入促進事業報告書」）

社会問題と福祉ビジネス

2019(令和元)年度の自殺者数が、年間2万人あまり。その1.5倍の3万人以上がいま、孤独死しているといわれています。また、孤独死につながるひきこもりが、推計115万人(15〜39歳54万人、40〜64歳推計61万人)以上とされていて、8050問題とともに社会問題化しています。

各都道府県や市区町村では、地元の事業者との間で「地域見守り活動に関する協定」を締結し、行政につなげる取り組みを行っていますが、増加の一途をたどるこの問題の解決には至っていません。少なくとも、抜本的な対策にはなっていないように感じます。

新自由主義経済下では、自助が基本とされています。しかし、孤独死やひきこもりといった問題は、自助が破綻し、互助の助けも得られず、共助のような制度からも漏れた結果として生じる社会問題であり、「公助」によるセーフティーネットとしての支援が必要とされているように思えてなりません。

「民間ができることは民間に委ねる」という規制改革の嵐の中、孤独死やひきこもりといった社会問題までもが、社会福祉法人や民間の福祉ビジネスに委ねられ、本来、政府(公助)が行うべき社会福祉がおろそかになっていると感じるのは、私だけでしょうか。

また、小さな政府を実現するための財源論も足かせになっています。プライマリーバランスの適正化を大義名分にして、介護保険の財政削減のため、要支援者を切り離し、総合事業と称して市区町村に委譲し、さらに市区町村は社会福祉法人や民間介護事業者に押し付けている感も否めません。

国は、社会福祉法人や民間事業者に自立経営を要請する一方で、財政削減のしわ寄せをこれらの福祉介護事業者に担わせ、経営の自立性を損ねているように感じます。私はそのように捉えていますが、賢明な読者の皆さんはどのようにお感じでしょうか。

参考文献

- 浅井春夫『社会福祉基礎構造改革でどうなる日本の福祉』日本評論社、1999 年
- フランチェスコ・アルベローニ『組織をだめにするリーダー、繁栄させるリーダー』草思社、2002 年
- デービッド・アトキンソン『日本人の勝算』東洋経済新報社、2019 年
- 五十川将史『ハローワーク採用の絶対法則』誠文堂新光社、2018 年
- 大枝秀一『マネジメント活性化のすすめ』マネジメント社、1993 年
- 稲盛和夫『稲盛和夫の実践アメーバ経営』日本経済新聞出版、2017 年
- 大田嘉仁『JAL の奇跡』致知出版社、2018 年
- 岡田耕一郎・岡田浩子『だから職員が辞めていく』環境新聞社、2008 年
- 小倉昌男『福祉を変える経営』日経 BP、2003 年
- 香取照幸『教養としての社会保障』東洋経済新報社、2017 年
- 河合雅司『未来の年表 人口減少日本でこれから起きること』講談社、2017 年
- 公益財団法人介護労働安定センター「令和元年度介護労働実態調査」、2020 年
- 辻川泰史・小濱道博『これならわかる＜スッキリ図解＞介護ビジネス 第 3 版』翔泳社、2018 年
- 坂口孝則『未来の稼ぎ方』幻冬舎、2018 年
- 坂本光司『経営者のノート』あさ出版、2020 年
- 里見清一『「人生百年」という不幸』新潮社、2020 年
- 社会福祉法人大阪ボランティア協会『福祉小六法 2020』中央法規出版、2019 年
- 社会福祉法人岡山県社会福祉協議会「平成 29 年度 賃金実態調査報告書」、2018 年
- 社会福祉法人岡山県社会福祉協議会「平成 30 年度 社会福祉法人の経営状況ならびに地域公益活動等に関する調査報告書」、2019 年
- 社会福祉法人東京都社会福祉協議会「福祉人材の確保・育成・定着に関する調査結果報告書」、2019 年
- 生協総合研究所『生活協同組合研究 2007 年 4 月号（特集：生協の福祉事業戦略）』、2007 年
- 妹尾弘幸『デイサービス開設の手引き』QOL サービス、2009 年
- 全国老人福祉問題研究会『高齢者福祉白書 2019』本の泉社、2019 年
- 高口光子『ユニットケアという幻想』雲母書房、2004 年
- 髙山善文『図解入門業界研究 最新福祉ビジネスと業界のカラクリがよ～くわかる本』秀和システム、2016 年
- 東洋経済新報社『会社四季報 2020 年 1 集新春号』、2020 年
- 独立行政法人労働政策研究・研修機構「介護人材需給構造の現状と課題」、2014 年
- 内閣府「令和元年度 障害者白書」、2019 年
- 廣岡隆之『介護施設・事業所の人材確保定着・獲得・育成具体策』日総研出版、2016 年
- 藤尾智之『税理士のための介護事業所の会計・税務・経営サポート』第一法規、2017 年
- 古澤章良・遠山敏・佐藤彰俊・砂川直樹『福祉施設における危険予知訓練（KYT）かんたんガイド』筒井書房、2003 年
- 松下幸之助『道をひらく』PHP 研究所、1968 年
- 若松義人・近藤哲夫『トヨタ式改善力』ダイヤモンド社、2003 年

（順不同）

Data

資料編

- 我が国の総人口の推移
- 転職者数の推移
- 大学生・院生数の推移
- 看護師数の推移
- 介護福祉士国家試験の受験者・合格者数の推移
- 社会福祉士国家試験の受験者・合格者数の推移
- 介護支援専門員合格者数の推移
- 社会保障審議会
- 社会福祉関連業界団体
- 社会福祉関連業界紙

我が国の総人口の推移

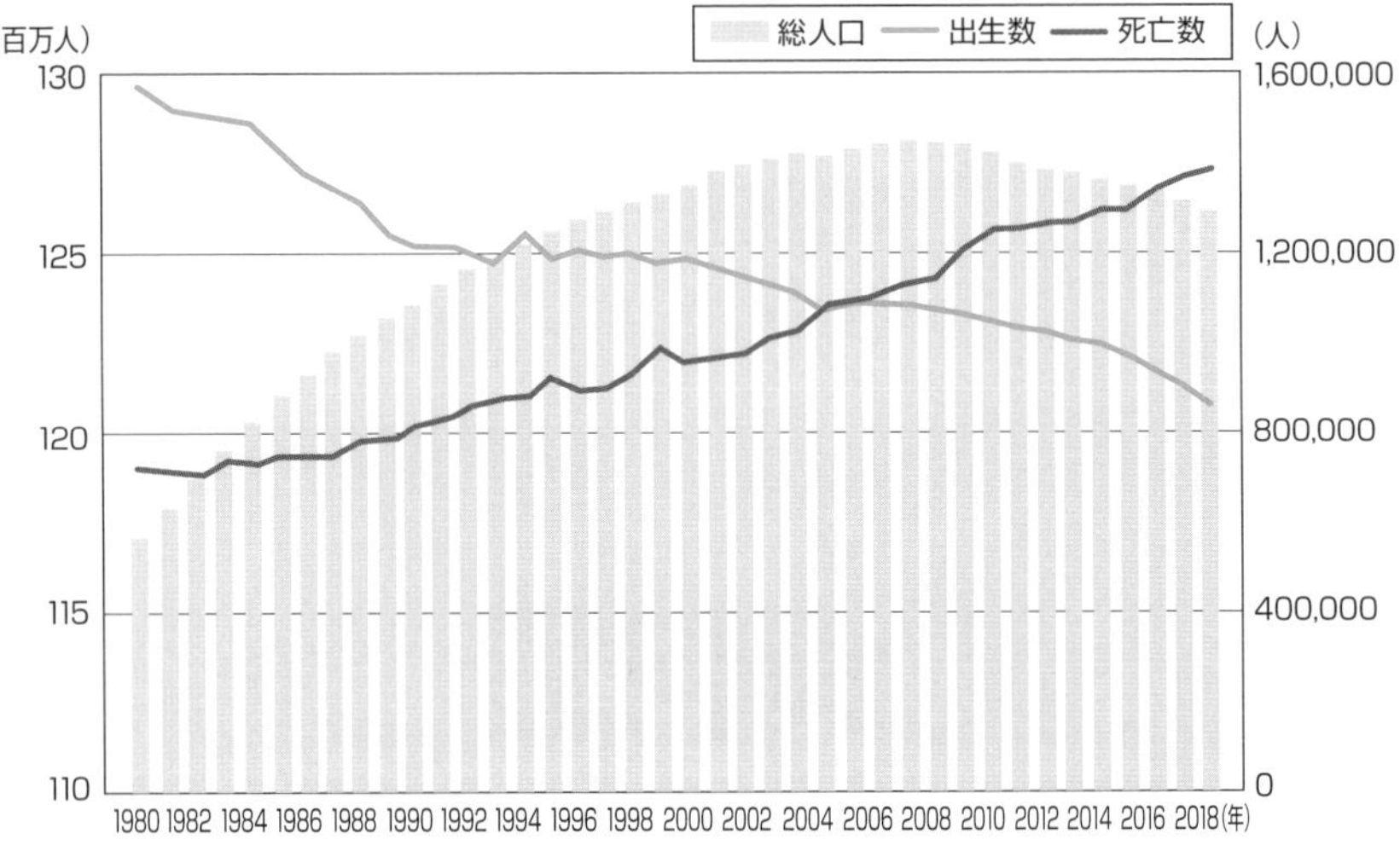

※1980、1985、1990、1995、2000、2005、2010、2015年の総人口については、総務省統計局「国勢調査」による。

（参考：e-Stat 政府統計の総合窓口）

転職者数の推移

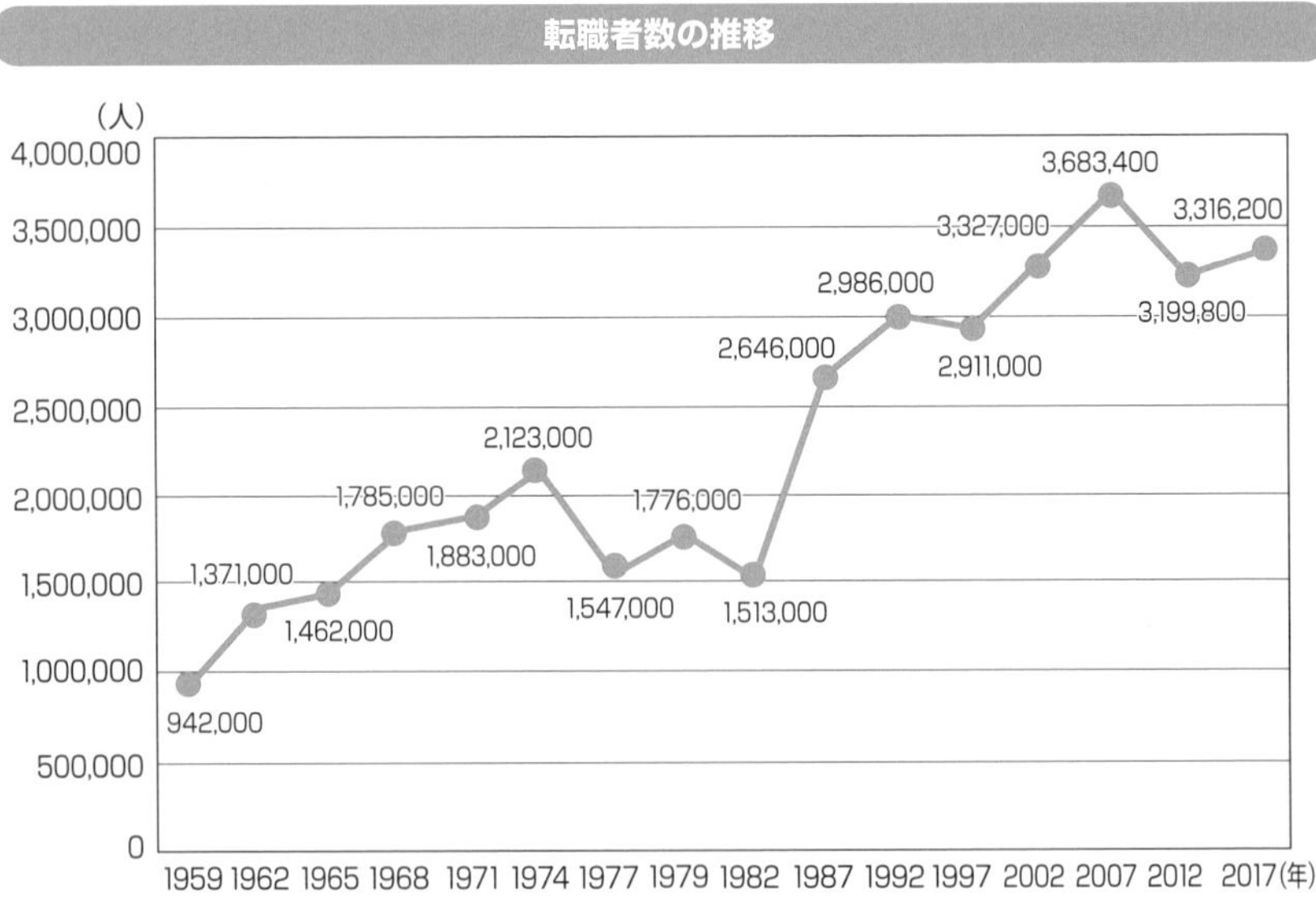

（参考：e-Stat 政府統計の総合窓口）

資料編

大学生・院生数の推移

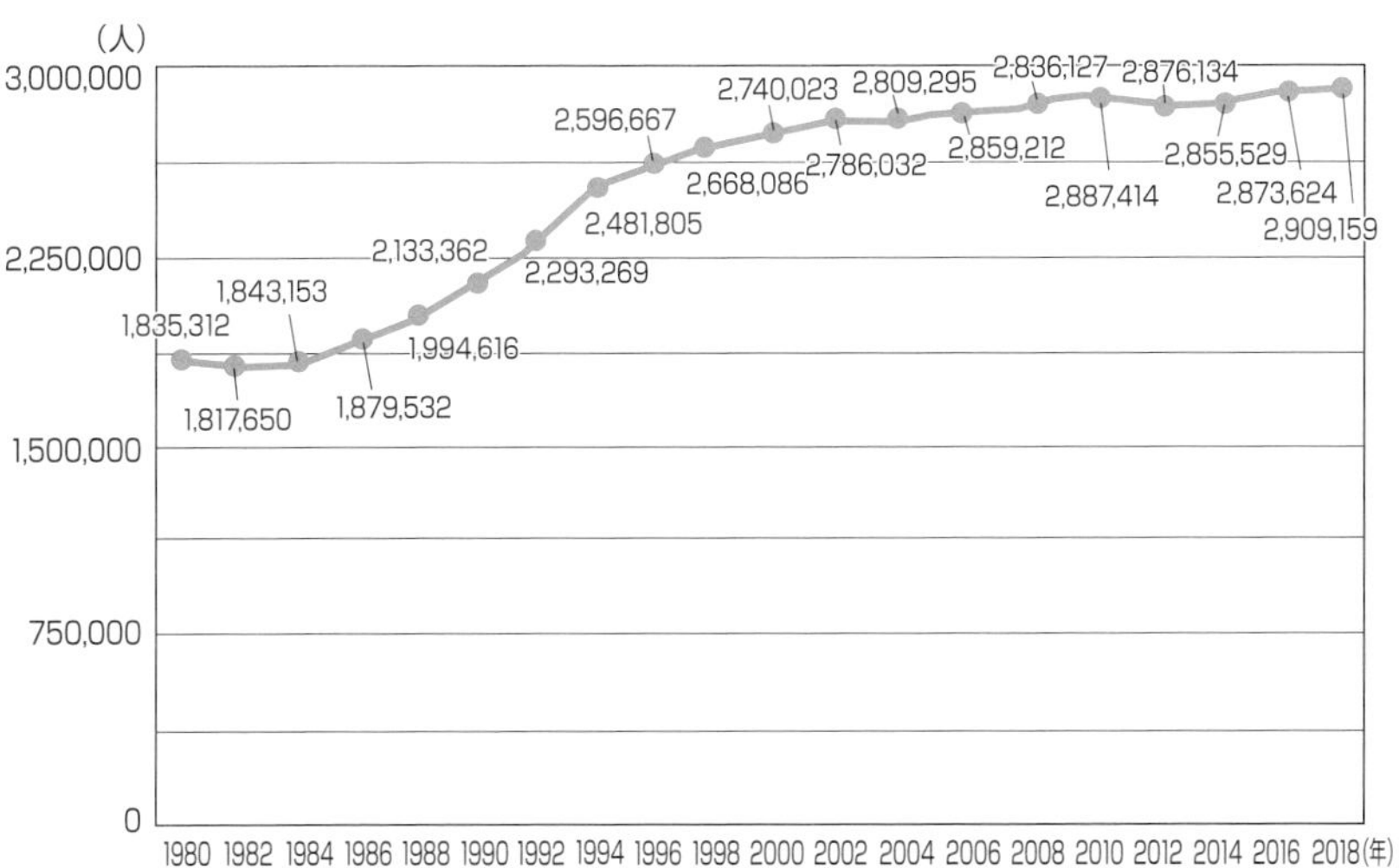

（参考：e-Stat 政府統計の総合窓口）

看護師数の推移

（参考：e-Stat 政府統計の総合窓口）

介護福祉士国家試験の受験者・合格者数の推移

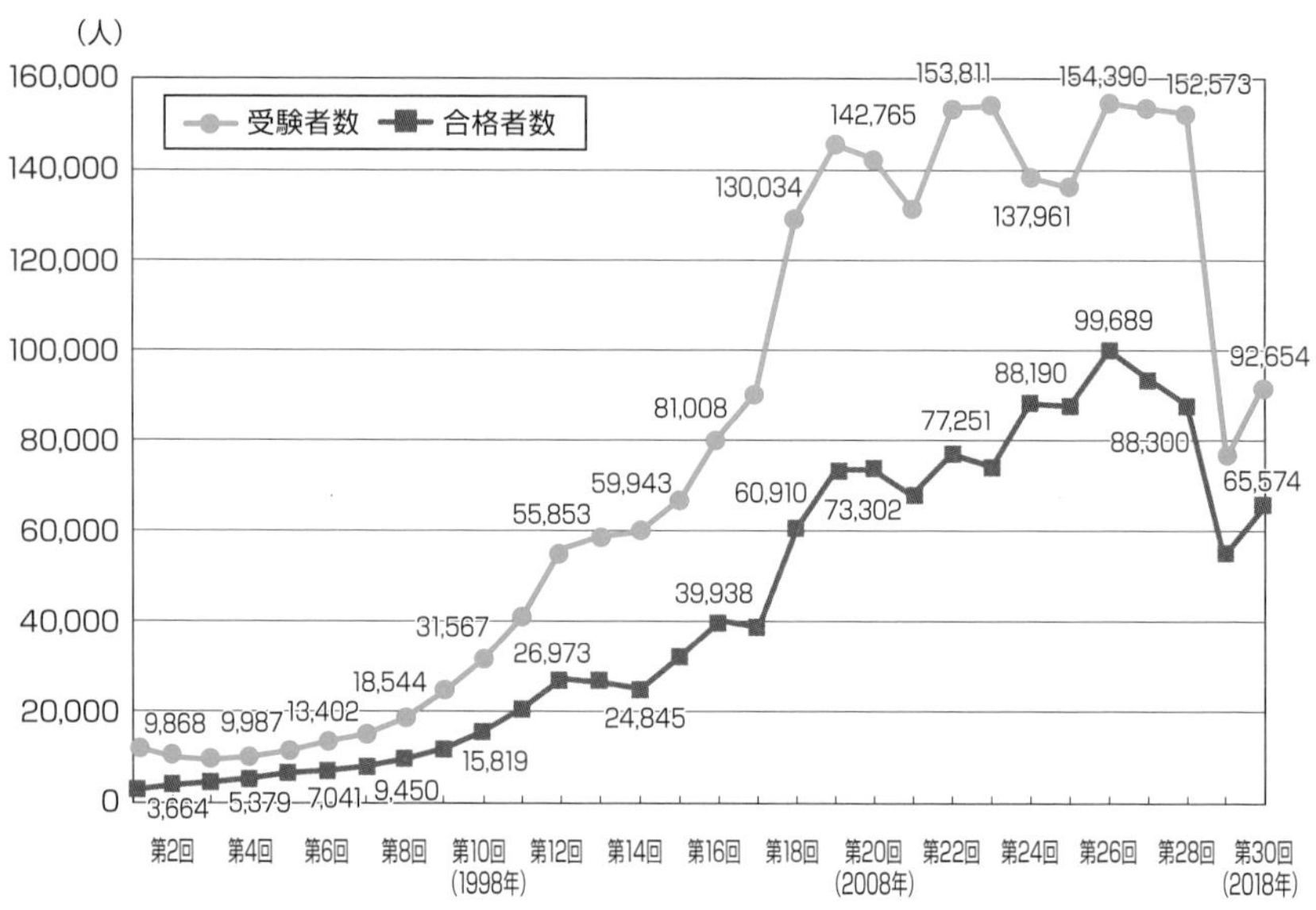

社会福祉士国家試験の受験者・合格者数の推移

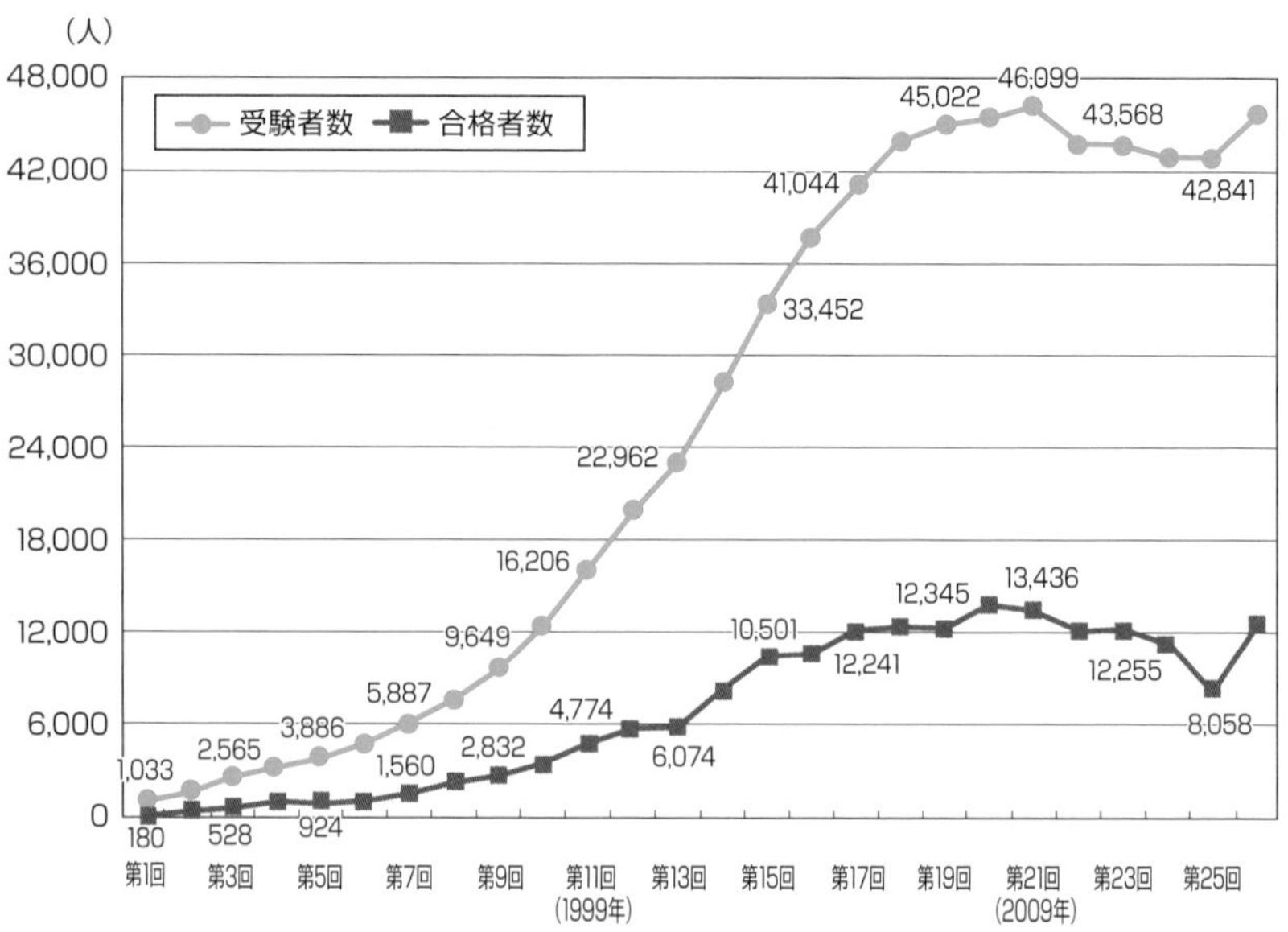

資料編

介護支援専門員合格者数の推移

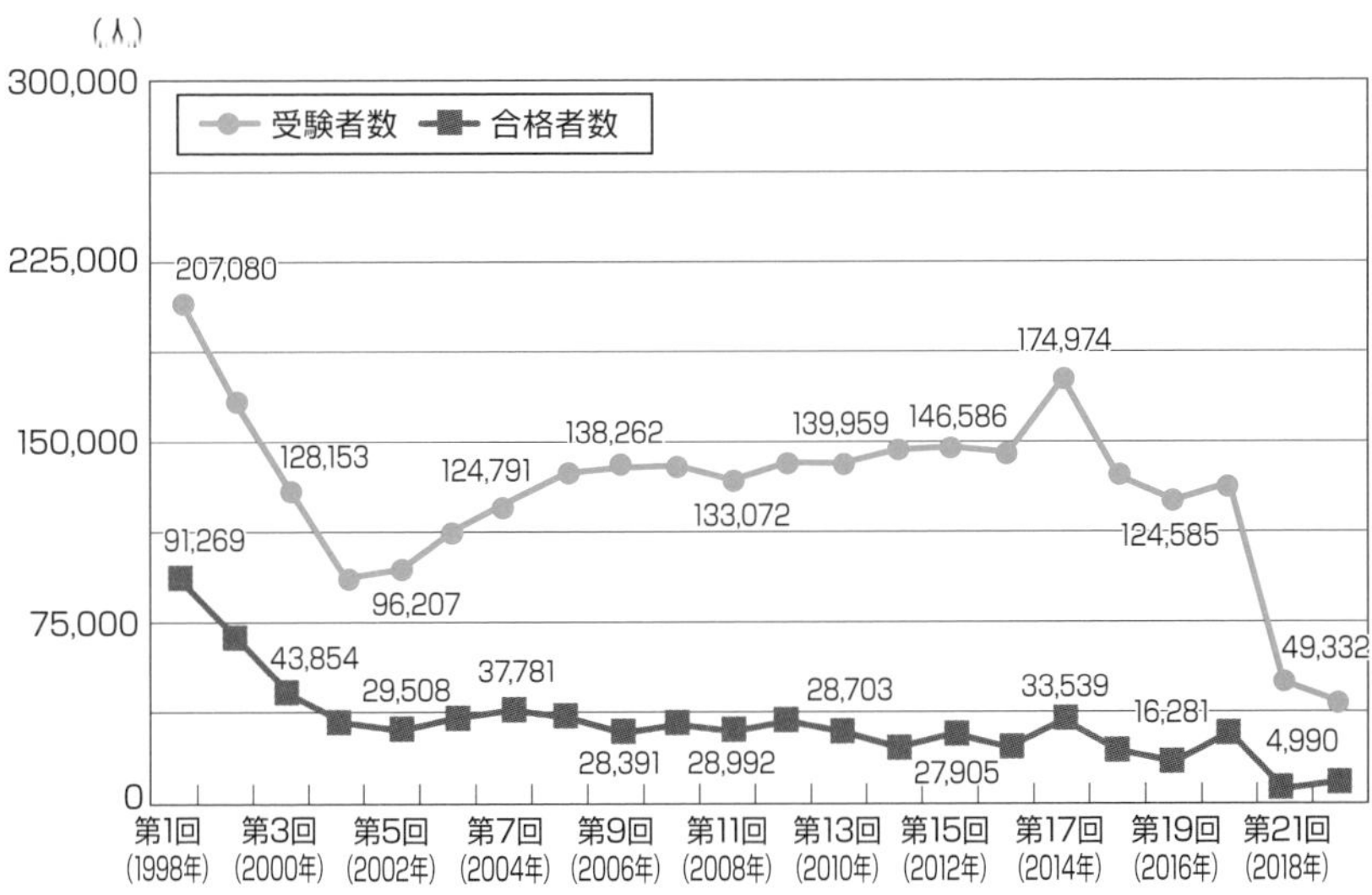

資料編

社会保障審議会

社会保障審議会	URL
福祉部会	https://www.mhlw.go.jp/stf/shingi/shingi-hosho_126700.html
介護保険部会	https://www.mhlw.go.jp/stf/shingi/shingi-hosho_126734.html
介護給付費分科会	https://www.mhlw.go.jp/stf/shingi/shingi-hosho_126698.html
障害者部会	https://www.mhlw.go.jp/stf/shingi/shingi-hosho_126730.html
児童部会	https://www.mhlw.go.jp/stf/shingi/shingi-hosho_126709.html
保育専門委員会	https://www.mhlw.go.jp/stf/shingi/shingi-hosho_314168.html
放課後児童クラブの基準に関する専門委員会	https://www.mhlw.go.jp/stf/shingi/shingi-hosho_126710.html

社会福祉関連業界団体

社会福祉関連業界団体	URL
全国社会福祉協議会	https://www.shakyo.or.jp/
全国社会福祉法人経営者協議会	https://www.keieikyo.com/
全国老人福祉施設協議会	https://www.roushikyo.or.jp/
全国老人保健施設協会	http://www.roken.or.jp/
日本知的障害者福祉協会	http://www.aigo.or.jp/
全国身体障害者施設協議会	http://www.shinsyokyo.com/
全国保育協議会	http://www.zenhokyo.gr.jp/
日本介護福祉士会	http://www.jaccw.or.jp/
福祉医療機構	https://www.wam.go.jp/hp/
介護労働安定センター	http://www.kaigo-center.or.jp/
シルバーサービス振興会	http://www.espa.or.jp/

社会福祉関連業界紙

社会福祉関連業界紙	発行元	URL
月刊福祉	全国社会福祉協議会	https://www.fukushinohon.gr.jp/
保育の友	全国社会福祉協議会	https://www.fukushinohon.gr.jp/
ふれあいケア	全国社会福祉協議会	https://www.fukushinohon.gr.jp/
生活と福祉	全国社会福祉協議会	https://www.fukushinohon.gr.jp/
月刊老施協	全国老人福祉施設協議会	https://www.roushikyo.or.jp/
福祉新聞	福祉新聞社	https://www.fukushishimbun.co.jp/
シルバー新報	環境新聞社	http://www.silver-news.com/
高齢者住宅新聞	高齢者住宅新聞社	https://www.koureisha-jutaku.com/newspaper-summary/
おはよう21	中央法規出版	https://www.chuohoki.co.jp/magazines/ohayou21/about/
月刊ケアマネジメント	環境新聞社	http://www.care-m.net/
月刊DAY	株式会社QOLサービス	https://daybook.jp/day.html
介護ビジョン	日本医療企画	http://www.jmp.co.jp/carevision/new/
日経ヘルスケア	日経BP	https://medical.nikkeibp.co.jp/all/info/mag/nhc/
さぽーと	日本知的障害者福祉協会	http://www.aigo.or.jp/menu01/

索引

INDEX

た行

な行

は行

ま行

や行

ら行

わ行

数字・英語

MEMO

■著者紹介

大坪　信喜（おおつぼ　のぶよし）

福祉マネジメントラボ 代表。株式会社サンライズ 代表取締役。

福祉介護事業専門の経営コンサルタント。

福祉介護法人・企業の組織、人事、財務、戦略、人材育成などをトータルで支援できる経営コンサルタントとして定評がある。

富士通等の上場企業から福祉介護施設へ転職。一般企業での常識と福祉介護施設の常識の違いに困惑し、苦労した経験から経営コンサルを志す。上場企業の組織運営のノウハウと施設長経験を融合した経営コンサルタント活動を通して、福祉介護業界の生産性向上をライフワークとしている。1999年以来、約20年間で延べ200社以上の社会福祉法人、福祉介護事業所のコンサルに携わる。また、業界団体主催のセミナーや管理職研修等で年50回以上の講演活動も行っている。著書に、『会議・ミーティングを見直す』、『リーダーの役割を果たす』（いずれも実務教育出版）、『福祉介護事業の経営者・施設長のための経営ノート』（セルバ出版）等がある。

【ホームページ】 https://fukushi-mng.jp/
【メールアドレス】 info@fukushi-mng.jp
【メルマガ会員登録】 fukushi-mng.jp/mailmagazine/

図解入門業界研究
最新　福祉ビジネスの
動向とカラクリがよくわかる本

発行日　2021年 2月 5日　第1版第1刷
　　　　2022年 8月 1日　第1版第2刷

著　者　大坪　信喜

発行者　斉藤　和邦
発行所　株式会社　秀和システム
〒135-0016
東京都江東区東陽2-4-2　新宮ビル2F
Tel 03-6264-3105（販売）Fax 03-6264-3094
印刷所　三松堂印刷株式会社　Printed in Japan

ISBN978-4-7980-6281-5 C0033